国家社会科学基金青年项目 "社会管理复杂性视角下乡镇政府组织结构变革研究"(12CGL084) 结项成果

曾维和 著

乡镇政府组织结构变革研究

XIANGZHEN ZHENGFU
ZUZHI JIEGOU BIANGE YANJIU

中国社会科学出版社

图书在版编目(CIP)数据

乡镇政府组织结构变革研究/曾维和著. —北京：中国社会科学出版社，2019.12
ISBN 978-7-5203-5483-7

Ⅰ.①乡… Ⅱ.①曾… Ⅲ.①乡镇—地方政府—组织结构—研究—中国 Ⅳ.①D625

中国版本图书馆 CIP 数据核字（2019）第 232481 号

出 版 人	赵剑英
责任编辑	刘 艳
责任校对	陈 晨
责任印制	戴 宽

出　　版	中国社会科学出版社
社　　址	北京鼓楼西大街甲 158 号
邮　　编	100720
网　　址	http://www.csspw.cn
发 行 部	010-84083685
门 市 部	010-84029450
经　　销	新华书店及其他书店
印　　刷	北京明恒达印务有限公司
装　　订	廊坊市广阳区广增装订厂
版　　次	2019 年 12 月第 1 版
印　　次	2019 年 12 月第 1 次印刷
开　　本	710×1000　1/16
印　　张	20
插　　页	2
字　　数	288 千字
定　　价	108.00 元

凡购买中国社会科学出版社图书，如有质量问题请与本社营销中心联系调换
电话：010-84083683
版权所有　侵权必究

目 录

第一章 导论 …………………………………………………… (1)
 第一节 研究缘起与研究意义 ……………………………… (1)
  一 研究缘起 …………………………………………… (1)
  二 研究意义 …………………………………………… (4)
 第二节 国内外相关研究述评 ……………………………… (6)
  一 国内文献述评 ……………………………………… (7)
  二 国外文献述评 ……………………………………… (11)
 第三节 资料来源与研究方法 ……………………………… (17)
  一 资料来源 …………………………………………… (17)
  二 研究方法 …………………………………………… (19)
 第四节 分析路线与研究创新 ……………………………… (20)
  一 分析路线 …………………………………………… (20)
  二 创新意图 …………………………………………… (25)
 第五节 核心概念界定 ……………………………………… (26)
  一 社会治理复杂性 …………………………………… (26)
  二 乡镇政府 …………………………………………… (26)
  三 组织结构 …………………………………………… (27)
  四 乡镇政府组织结构 ………………………………… (28)

第二章 乡镇政府组织结构变革的历史演变 ………………… (31)
 第一节 行政权全面渗透下的一元化乡镇政府组织结构 …… (31)
  一 民国时期一元化组织结构的建立 ………………… (32)

二　新中国成立初期一元化组织结构的重建 …………… (33)
三　人民公社时期一元化组织结构的利弊 …………… (35)
第二节　行政权和自治权分离下的两层级乡镇政府组织
　　　　结构 ……………………………………………………… (41)
一　"乡政村治"体制下乡镇政府组织结构分化 …………… (41)
二　乡镇政府边界化组织结构异化的两种表征 …………… (47)
第三节　农村税费改革后两层级乡镇政府组织结构的
　　　　变革 ……………………………………………………… (52)
一　乡镇政府组织结构内卷化及表现 ……………………… (52)
二　服务职能转变与乡镇政府组织结构变革 ……………… (56)
三　乡镇机构改革全面推开与乡镇政府组织结构创新 …… (61)
第四节　乡镇政府组织结构变革路线 …………………………… (67)

第三章　基于社会治理复杂性的乡镇政府组织结构变革
　　　　分析框架 …………………………………………………… (71)
第一节　乡镇社会治理复杂性的表现与成因 …………………… (71)
一　社会治理复杂性的理论分析 …………………………… (71)
二　乡镇社会治理复杂性的表现分析 ……………………… (75)
三　乡镇社会治理复杂性的主要成因 ……………………… (80)
第二节　乡镇社会治理复杂性对乡镇政府组织结构变革的
　　　　影响 ……………………………………………………… (92)
第三节　两层级组织结构变革的分析框架构建及内容 ………… (96)
一　组织结构变革维度选择的理论归纳 …………………… (97)
二　两层级乡镇政府组织结构变革的基本要素 ………… (102)
三　"一性两层四要素轴"的分析框架构建 ……………… (107)

第四章　乡镇政府体制化组织结构变革 ……………………………… (109)
第一节　乡镇政府体制化组织结构的理论分析 ……………… (109)
第二节　精简与整合：机构改革下乡镇政府组织结构
　　　　变革 …………………………………………………… (112)
一　乡镇政府精简型组织结构变革 ……………………… (112)

二　乡镇政府整合型组织结构创新 …………………………… (128)
第三节　授权与共享：权力重组下乡镇政府组织结构
　　　　变革 ……………………………………………………… (140)
　　一　乡镇政府授权型组织结构变革 …………………………… (141)
　　二　乡镇政府共享型组织结构创新 …………………………… (150)
第四节　乡镇政府体制化组织结构变革的内在逻辑 ………… (159)
　　一　以机构改革为载体：从机构精简到功能整合 …………… (159)
　　二　以权力重组为核心：构建乡镇权力制衡机制 …………… (160)
　　三　以职能转变为依归：推进乡镇服务型政府建设 ………… (162)

第五章　乡镇政府边界化组织结构变革 ………………………… (164)

第一节　乡镇政府边界化组织结构变革的理论基础与
　　　　实践维度 ………………………………………………… (164)
　　一　乡镇政府边界化组织结构变革的理论基础 ……………… (164)
　　二　乡镇政府边界化组织结构变革的维度选择 ……………… (172)
第二节　调适与协商：互动关系建立下乡镇政府组织
　　　　结构变革 ………………………………………………… (175)
　　一　乡村互动关系的理论分析 ………………………………… (175)
　　二　乡镇政府调适型组织结构变革 …………………………… (177)
　　三　乡镇政府协商型组织结构变革 …………………………… (188)
第三节　合作与共生：网络关系优化下乡镇政府组织
　　　　结构变革 ………………………………………………… (197)
　　一　乡村治理的网络关系理论分析 …………………………… (197)
　　二　乡镇政府合作型组织结构变革 …………………………… (199)
　　三　乡镇政府共生型组织结构变革 …………………………… (205)
第四节　乡镇政府边界化组织结构变革的生成机理 ………… (211)
　　一　政策驱动与社会选择：社会资本要素生长 ……………… (211)
　　二　开放系统的要素吸纳与扩展：组织结构机制创新 ……… (214)
　　三　新型组织结构的功能目标：优质公共服务职能
　　　　执行 ……………………………………………………… (216)

第六章 乡镇政府组织结构变革复杂适应治理模型 …………（217）
  第一节 复杂适应治理模型的提出 …………………………（217）
    一 治理需求复杂性：乡镇政府组织结构变革根本
      动力 ……………………………………………………（217）
    二 两层级结构性要素：乡镇政府组织结构变革理论
      维度 ……………………………………………………（220）
  第二节 复杂适应治理模型的框架构建 ……………………（223）
  第三节 复杂适应治理模型的内在机理 ……………………（224）
    一 机构改革到权力重组：内核裂变下的服务改进 ………（225）
    二 规范建立到关系再造：边界创新下的服务提升 ………（227）
  第四节 复杂适应治理模型的变革路径及应用 ……………（229）

附录一 案例分析乡镇的基本概况 ……………………………（231）

附录二 调研乡镇的领导构成与组织结构基本概况 …………（234）

附录三 分析的乡镇相关政策文本情况 ………………………（238）

附录四 创新乡镇社会治理：一个复杂系统的分析框架 ………（247）

附录五 大数据驱动下乡镇政府整合型组织结构实践模式 ……（265）

主要参考文献 …………………………………………………（286）

后记 ……………………………………………………………（313）

第一章　导论

本书是中国基层政府改革及其社会治理的一项实证研究，主要聚焦于基层政权组织的末梢——乡镇政府。在对我国乡镇政府组织结构变革的历史演进、实践模式和复杂适应机理进行深入分析之前，先对本书的研究意义、研究方法、国内外文献述评及特色创新、核心概念等进行必要的阐释，以利于下文研究的展开。

第一节　研究缘起与研究意义

乡镇政府组织结构不仅是一个公共管理的研究领域，也是一种政府改革与治理的研究方法，对我国乡镇政府组织结构变革进行系统分析具有重要的理论与现实意义。

一　研究缘起

从词源组成看，组织结构由"组织"和"结构"两部分组成。组织（organization）是指人类交往活动的任一复杂的系统，包括明确规定出成员之间角色关系的"正式组织"和没有任何目标的表达或确定的角色关系的"非正式组织"；结构（structural）则是相关角色或人群之间固定化关系的一种形式，它包括正式的角色关系和非正式的角色关系。[①] 组织结构（organizational structure）是一个静态与动态

[①] ［美］杰克·普拉诺等：《政治学分析辞典》，胡杰译，中国社会科学出版社1986年版，第173—174页。

相结合的概念。从静态看，组织结构是指组织的各构成要素的配合与排列组合方式。主要包括组织的各成员、单位、部门和层级之间分工协作与联系沟通的方式。从动态看，组织结构主要强调其形成过程中人们的相互作用，强调组织结构的动态变化性。组织结构就是"在相互作用过程中不断形成并得以重新创造，同时反过来相互影响、相互作用的一种控制媒介"[①]，它是组织实现其目标的基本工具和发挥作用的重要载体，对基层政府有效地履行其治理职能具有重要的作用。组织结构既是政府改革的一个研究领域，也是政府改革的一种研究方法。

作为一种研究领域的政府组织结构，它开始属于"政治结构"范畴。"政治结构"是政治学中探讨政治角色的特定组合和特定政治行为模式的一个基本概念。后来逐渐进入公共管理的研究领域，属于行政体制改革和组织间关系的研究领域。行政体制改革中的组织结构变革主要包括行政层级的优化和行政区划科学设置，如省管县改革，强县扩权、强镇扩权改革，行政机构改革和机构编制控制，行政管理方式创新和行政成本控制，体制内的协调、沟通机制改革等。组织间关系改革主要包括政府内部关系、地方政府重组、公私合作伙伴关系等内容。政府内部关系（intergovernmental relations）起源于20世纪30年代的美国，创始人威廉·安德森将它界定为"美国联邦制度中所有类型和所有层次的政府单位（或之中）出现的大量重要活动和相互作用"，组织结构视域下的政府内部关系具有如下五个方面的研究重点：国家—州—地方、国家—地方、地方—地方之间的关系；公职人员的态度和行为；那些跨越一国内部政治疆界的日常工作关系所包含的规则性、连贯性和规范性；所有公职人员存在的价值；财政关系等政策问题。[②] 地方政府重组（local government reorganization）也是政府组织结构研究的一个重要内容，它是地方政府疆界和职能重新修订的

---

① Ranson, Stewart, Bob Hinings, and Royster Greenwood, "The Structuring of Organizational Struatures", *Administrative Science Quarterly*, 1980 (25): 1–17.

② [英] 戴维·米勒、韦农·波格丹诺：《布莱克维尔政治学百科全书》，中国问题研究所等译，中国政法大学出版社1992年版，第365页。

过程，包括地方政府规划重组、权力重组、机构重组和职能重组等。公私合作伙伴关系（public-private partnership）主要是指政府与非营利组织、企业组织等围绕公共基础设施建设、公共服务项目实施等进行的一种合作关系，这种合作关系有利于形成公私合作的网络化结构和协作性公共管理关系。因此，作为研究领域的政府组织结构，既包括政府内部构成要素之间的关系，也包括政府组织及其结构要素对外的边界变动关系。

作为一种研究方法，政府组织结构是结构功能主义分析方法的一个重要内容。结构功能主义（structural functionalism）是现代西方社会学中的一个理论流派，主要见于经典社会学家孔德（Comte，A.）、斯宾塞（Spencer，H.）和涂尔干（Durkheim，E.）等学者的有关论著，同时，结构功能主义也是一种研究方法，是"政治分析的一种研究方式，它集中研究政治系统履行的功能以及实行功能的结构。结构功能主义为分析整个系统提供了一个框架。它强调分析每一特定系统中结构和功能的相互关系，并假定，如果一个系统是持续存在的或是得到了适当维护的话，那么它就能完成一些必要的功能。在这种意义上，'功能'就能使系统保存或永存下去；'结构'则可能是一些有关的角色，其中包括政党和立法机关这样具体的组织结构。根据调查研究，结构—功能主义分析通常涉及对系统的必要职能或至少是重复职能的一种确认。这样就使各种类型的结构和履行功能的结构之间的关系结合起来了"[①]。G. 阿尔蒙德最早将"结构—功能主义"研究方法运用于政治科学中，研究政治社会化、政治录用、利益表达、利益聚集和政治通讯五个"政治的"或"输入的"功能，以及规则制定、规则运用和规则裁决三个"输出的"或"政府的"功能。[②] 之后，"结构—功能主义"方法被广泛用于政治科学有关政治过程和公共管理学有关政府结构、政府过程等研究中。

[①] [美] 杰克·普拉诺等：《政治学分析辞典》，胡杰译，中国社会科学出版社1986年版，第172—173页。
[②] [美] 加布里埃尔·A. 阿尔蒙德、小G. 宾厄姆·鲍威尔：《比较政治学：体系、过程和政策》，曹沛霖译，上海译文出版社2007年版，第334—336页。

乡镇政府是基层政权的末端层级，乡镇改革一直是新中国成立以来一个最为活跃的领域，但也是改革成效不大的一个领域，例如：每轮机构精简式改革不仅没有实现机构精简，还促使了乡镇机构的膨胀；"党政分开"是多次乡镇改革的重点，但现实中的乡镇似乎沿着党委一元化领导和一体化运作的轨迹推进；税费改革的初衷是减轻农民负担、增强乡镇的治理能力，但却使乡镇政府失去了一块稳定的收入来源，造成公共服务能力的低下；等等。正如国务院发展研究中心赵树凯所言："后农业税时代的乡镇改革依然复杂而艰巨……如何通过基层政府来认识中国政府体制存在的问题，如何通过基层政府的演变来透视中国政府的革新，似乎是一个重大的课题。"[①] 党的十八大报告在"深化行政体制改革"的条目中明确提出了"深化乡镇行政体制改革"的科学论断，党的十九大报告进一步提出了"深化机构和行政体制改革"、"实施乡村振兴战略"等重大举措。因此，乡镇政府组织结构变革无疑是中国未来基层社会治理研究的重点领域之一。同时，乡镇政府组织结构变革不仅是指乡镇政府组织结构性要素的优化组合，还是一种对乡镇政府"结构—功能"进行分析的方法和视角。例如，从乡镇政府组织结构变革中的乡镇机构改革看，它在内容上表现为机构改革，实质上是要转变乡镇政府职能，提升乡镇社会治理水平。又如，乡镇大部制改革，就是要通过结构改革的方法，从根本上解决乡镇政府条块分割、权责失衡等问题。因此，本研究把乡镇政府组织结构变革既作为一个研究领域，也作为一种研究方法而展开研究。

二 研究意义

乡镇政府组织结构变革主要指的是乡镇政府组织的各种结构性要素优化组合方式。在乡村社会变迁的不同历史场景中，乡镇政府组织结构的变革呈现出各具特色的历史形态，对乡村社会发展产生了不同的影响。本书通过对具体案例的深入探索，对乡镇政府组织结构的变

[①] 赵树凯：《乡镇治理与政府制度化》，商务印书馆2012年版，第34页。

革进行了横截面和纵截面的深度研究。在理论上具有如下两个方面的研究意义：

（1）运用结构功能主义方法系统分析了乡镇政府两层级组织结构变革，为基层组织结构变革提供了一个新的研究视角。在对传统组织结构批判和吸收的基础上，对乡镇政府组织的体制化结构和边界化结构变革进行了深入的分析。已有研究将结构与功能进行分离，多侧重于乡镇政府职能转变层面或组织结构的单要素上的分析，并且相关文献缺乏在社会治理复杂性下对两个组织间内在关联的分析。但乡镇政府组织结构在乡村治理中与县村级组织之间形成了相互联系、相互影响、相互制约的一个有机整体，由此，本书是从结构层面对乡镇政府组织的多维度进行论证，运用跨学科的理论与方法进行研究，深入探索和分析了乡镇政府组织结构的变革情况，深化对乡镇政府组织结构变革的内涵与内容的认识。

（2）归纳总结了我国乡镇政府组织结构复杂适应治理模型，形成了一种新的组织结构变革理论模式。通过对相关文献的梳理，发现目前的研究主要关注乡镇政府的体制化组织结构，对边界化结构研究尚少，尤其是对边界化结构的行动策略逻辑与内在机理缺乏研究，缺乏对边界化组织结构实践类型差异性的研究。因此，通过对两层组织结构变革内容的具体分析，力求构建一个社会治理复杂性视角下我国乡镇政府组织结构变革的理论解释模型，分析体制化结构要素和边界化结构要素对治理复杂性需求的适应程度，对组织结构变革的内容与模式进行新的探索与讨论。本书将社会治理复杂性与乡镇政府组织结构变革纳入统一的分析框架，运用跨学科的理论与方法进行研究，可以深化对乡镇政府组织结构变革的认识，有利于转变乡镇政府职能，扩展一条从组织结构视角探索基层社会治理创新和乡镇政府组织结构变革的新途径。

作为政府层级的末梢，乡镇政府组织结构变革自然而然地成为我国行政体制改革的基础性部分。乡镇担负着农村经济建设与社会治理的职能，研究乡镇政府组织结构变革，不管是对乡镇自身的改革，还是对乡村基层治理的完善，都具有重要的实践意义：

（1）结合案例场景分析乡镇政府的具体组织结构，为乡镇社会治理提供咨询，为乡镇改革提供政策建议。在相关文献中，缺少社会治理复杂性视角下乡镇政府组织结构的两层级研究，本书则采用多案例分析的方法，深入探索和分析了自新中国成立以来，尤其是税费改革后乡镇政府组织结构在体制化和边界化两层级的变革情况。多案例研究的方法在对每一个案例进行单独深入分析的基础上，将所有案例进行归纳、总结，构建新的理论框架，具有一定的普适性。同时，由于乡村社会一直发展缓慢的现实，使得随着改革的持续深化，乡村社会逐渐面临着发展乏力的问题。如何实现乡村振兴？这既是一种结构性问题，也是一种体制方面的问题，这反映了社会治理复杂性下乡镇政府组织结构变革的深层困境。因此，本书对于解决乡镇政府组织结构变革的困境具有重要的参考价值。

（2）促进乡镇政府职能切实转变，提高社会治理复杂性下乡镇政府的治理水平，改善公共服务提供品质。探究乡镇政府组织结构变革，对于乡镇政府积极转变自身治理路径、深入开展服务实践、提高职能效益具有至关重要的意义。可以说，历次乡镇改革的制度设计都将职能的转变放在极为重要的位置，新一轮依托税费改革而展开的乡镇行政体制改革更是如此。乡镇政府职能的转变推进了乡镇的"权责相符"进程，弥合了乡镇多元主体之间缺漏的关系，对于促进基层的稳定与发展、促进乡村社会和谐具有重要作用。乡镇政府担负着农村经济建设与社会治理的职能，本书既可以为干部培训与乡镇管理提供指导与咨询，也可以为乡镇管理体制改革提供政策建议，这对于提高我国乡镇政府组织的社会治理水平、改善公共服务、促进农村社会和谐发展和乡村振兴具有重要的实践意义。

第二节　国内外相关研究述评

目前，国内外学者就乡镇政府组织结构变革的相关内容已进行了多角度、多维度的论述，涌现了许多优秀的研究成果，为本书的研究展开奠定了翔实的理论基础。

一　国内文献述评

乡镇的相关研究自新中国成立以来就受到国内学者的青睐，税费改革以后研究更甚，热潮远未退去，显得更加历久弥新。学界对乡镇政府组织结构的演变及变革内容进行了广泛研究。

1. 关于乡镇政府组织结构变革发展历程研究

学界主要从机构、权力等结构性要素及乡镇职能转变展开单要素的研究。在乡镇政府机构改革上，谢庆奎等分析了从国民经济恢复时期，到"大跃进"和国民经济调整时期以及十年动乱时期，再到改革开放至今的地方政府机构设置与机构改革，他们认为，新中国成立以来，地方政府机构始终沿着"精简—膨胀—再精简—再膨胀"的路径[①]；张全在和贺晨指出，从1949年至今，镇一级政府机构经过几次重大调整，1950年和1955年可以说是为了适应当时基层社会发展的需要而不断进行的完善，1958年的机构调整是在人民公社的背景下对乡镇建制的暂时废除，1983年是对其的恢复与渐趋完善[②]；吴理财分析了乡镇恢复建制以来经历的几次较大的机构改革，如山东莱芜在1986年提出的"简政放权"改革，20世纪90年代全国进行的一场声势浩大的因县乡机构的膨胀问题日益突出而催生的县乡机构改革，以及随后各地在税费改革中进行的以"减人减事减支"为主线的乡镇机构改革。

乡镇政府组织结构变革发展历程的研究总体上以乡镇政府职能转变为主线。有学者指出，在税费改革前，乡镇政府在汲取式整合中扮演着重要角色，从农村汲取资源的权力运行逻辑长期存在，直到1998年提出进行税费改革以及随后提出的新农村建设，才宣示了乡镇政府从汲取式整合向供给式整合的转变[③]；有学者认为，在计划经济时期，乡镇执行的是完成以政治性任务为主的政治指令和稳定辖区

[①] 谢庆奎、燕继荣、赵成根：《中国政府体制分析》，中国广播电视出版社1995年版，第106—111页。

[②] 张全在、贺晨：《镇政府管理》，中国广播电视出版社1998年版，第102—104页。

[③] 吴理财：《改革与重建——中国乡镇制度研究》，高等教育出版社2010年版，第55—58页。

的职能;改革开放后,乡级政府作为发展当地经济的推动者的角色被突出强调起来,其后随着"乡政村治"格局的逐渐确立,乡镇政府向综合性社会治理单位转变,其政治职能、社会管理职能、公共服务职能被慢慢凸显。[1]

2. 关于乡镇政府体制化组织结构的研究

这方面的研究缺乏直接相关的具体分析,尤其缺乏结合乡镇政府组织结构变革的基本要素进行体制化结构变革的研究,相关成果主要分散于乡镇体制和乡镇建制的研究上。詹成付对我国基层政权体制改革过程进行了分析,他指出:新中国成立后到改革开放之前,实行的是人民公社体制为单一主体系统的行政格局;1978年后,随着改革开放的实行,人民公社体制逐步瓦解,逐渐确立了中央、省、县、乡四级政权层次体系。[2] 许才明认为,新中国成立后,我国的乡镇管理体制历经了从乡、村政权并存制(1949—1953),"议行合一"的乡政权体制(1949—1958),"政社合一"的人民公社体制(1958—1982)到"乡政村治"的二元体制(1983—)四个阶段[3]。

就乡镇建制的去留问题,归纳起来主要有三种论断:一是以徐勇、邓大才等为代表提出的乡派论,他们主张乡镇政府组织结构的变革采取"县政、乡治、村派"的结构模式[4];二是以于建嵘等为代表提出的自治论,即主张撤销乡镇政府,实现乡镇自治,进一步增强乡镇的相对自主性或独立性[5];三是部分学者提出的强乡论,即尊重现有的基层政权,继续维持乡镇政府作为国家基层政权单位的性质,使得乡镇政府能真正发挥一级政府的作用[6]。在乡镇建制研究

---

[1] 剧锦文:《转轨过程中乡镇政府的角色与行为——甘肃省华亭县砚峡乡调查》,中国社会科学出版社2010年版,第45—53页。
[2] 詹成付:《基层政权建设和社区建设》,中国社会出版社2009年版,第32—35页。
[3] 许才明:《乡镇政府管理改革研究》,江西人民出版社2009年版,第10—13页。
[4] 徐勇:《县政、乡派、村治:乡村治理的结构性转换》,《江苏社会科学》2002年第2期。
[5] 于建嵘:《乡镇自治:根据和路径》,《战略与管理》2002年第6期。
[6] 潘维:《质疑"乡镇行政体制改革"——关于乡村中国的两种思路》,《开放时代》2004年第2期。

的基础上,也有不少学者对乡镇改革的模式选择问题进行了深化研究,但主要还是围绕上述三种观点所进行的各自配套改革的补充性研究。

3. 关于乡镇政府边界化组织结构的研究

这方面的研究更是缺乏直接相关的理论研究,相关研究主要集中在乡村关系的研究上。在村民自治前,乡村关系处于一体化控制,关系呈现单向性。金太军以村庄权力结构的历史演变为视角,认为在人民公社体制时期,在制度上巩固了国家对乡村社会的强力整合和控制,农村权力结构较为单一,形成了政社合一的单质权力结构①;在村民自治初期,乡村关系虽然开始发生变化,但行政控制关系还维持了一段时间。项继权则认为,乡镇与村委会之间保持着明显而强烈的上下级行政命令关系,乡镇政府对村两委的行政控制仍然是乡村关系的主要特征②;税费改革后,一些学者认为乡村关系开始走向良性互动关系。王立胜认为,税费改革前的乡村关系具有"压力型体制"+"赢利性经纪"的特点,税费改革使乡村良性互动成为可能。③ 贺雪峰认为,取消农业税从根本上改变了国家与农民的关系,改变了乡镇政府与村干部之间的利益共谋关系,推进了村级组织真正意义上的自治,乡村关系开始按照《中华人民共和国村民委员会组织法》的规定进入良性互动;④ 周飞舟则认为,取消农业税之后,乡村两级组织将会处于不作为状态,基层政权与农民之间的关系由过去的"汲取型"关系变成了更加松散的"悬浮型"关系。⑤ 随着乡村关系的不断发展,一些学者开始对乡村关系有了新的认识。赵树凯基于实地调研指出,乡镇政府从形式上强化了对村级组织进行的行政控

---

① 金太军:《村庄治理与权力结构》,广西人民出版社2008年版,第41—58页。
② 项继权:《乡村关系行政化的根源与调解对策》,《北京行政学院学报》2002年第4期。
③ 王立胜:《农村税费改革背景下的乡村关系》,《社会主义研究》2006年第3期。
④ 贺雪峰:《取消农业税对国家与农民关系的影响》,《甘肃社会科学》2007年第2期。
⑤ 周飞舟:《从汲取型政权到"悬浮型"——税费改革对国家与农民关系之影响》,《社会学研究》2006年第3期。

制,但实质上出现了农村社会与基层政府不断脱节的状况。① 吴理财认为,农村税费改革推动"乡政"的角色发生了根本改变,乡村关系开始转向民主合作型的关系。②

近年来,不少研究成果开始分析乡村关系中的互惠性规范和关系网络。有学者通过对江西某乡修路事件实证分析,探讨了乡村自主治理中的群体共享规范导致志愿惩罚陷入失败的困局,提出"重构群体规范并使之与合约、规则融通一体的模型"的对策。③ 也有学者分析了某村美丽乡村建设中多元主体参与"局部结构失衡"的问题,提出了构建"多元互动网络模型"的对策。④ 这些研究表明,规范与网络关系可以成为乡镇政府组织边界化组织结构构建的新要素。

综上所述,上述研究成果从多个视角对乡镇政府组织结构变革进行了分析,对本书的研究提供了有益的借鉴,但这些研究也存在如下不足:第一,主要集中在乡镇政府组织结构变革与绩效管理、公共服务等关系方面,对社会治理与乡镇政府组织结构变革的内在关联缺乏分析,尤其缺乏从社会治理复杂性入手的对于乡镇政府组织结构变革的系统研究;第二,主要关注乡镇政府的体制化组织结构,对边界化结构研究尚少。已有边界化结构研究具有较强的单向性,主要关注县对乡、乡对村的行政控制关系,对反向互动关系研究得不够,对边界协商、边界整合、边界张力、边界平衡、边界互动、边界共生等边界化结构实践模式创新等研究尤其不足;第三,已有研究对乡镇政府组织结构的体制、制度研究较多,并且集中在静态层面,对乡镇政府组织结构的动态运行机制研究不足,尤其是对边界化结构的策略主义行动逻辑与内在机理缺乏研究。

---

① 赵树凯:《乡村关系:在控制中脱节——10省(区)20乡镇的调查》,《华中师范大学学报》(人文社会科学版)2005年第5期。
② 吴理财:《农村税费改革与"乡政"角色转换》,《经济社会体制比较》2001年第5期。
③ 刘筱红、柳发根:《乡村自主治理中的集体搭便车与志愿惩罚:合约、规则与群体规范——以江西Y乡修路事件为例》,《人文杂志》2015年第5期。
④ 叶云、李斌琪:《试析社会网络视角下多元主体参与美丽乡村建设的结构平衡——基于湖北X村的实践》,《中南民族大学学报》(人文社会科学版)2017年第5期。

二 国外文献述评

国外学界对于乡镇政府组织结构的研究主要分为两大论域：一是在中国乡村治理的研究领域中涉及了乡镇政府组织结构变革研究的内容；二是从国外政府改革实践理论模式构建层面阐述了当代公共组织结构变革与创新的主要内容和基本逻辑。

1. 中国乡村治理视域中乡镇政府组织结构研究

国外学者对于乡村治理的研究起源于国家政权建设与乡村文化网络的研究。例如，杜赞奇（Prasenjit Duara）以乡村的文化网络为基本结构并考察其功能，通过1900—1943年间华北农村社会的政治经济文化的展示，提出了"国家政权建设"与"权力的文化网络"两个中心概念，论证了国家权力是如何通过经纪人、宗教、庙会组织等深入社会底层，逐步完成其权力的渗透的。国家政权在下沉中，汲取经济利益是其实质目的，由此衍生了"保护型经纪"与"赢利型经纪"两类变异物。而在国家政权下渗，基层乡村与国家政权的互动中，存在"权力的文化网络"这一现象。① "权力的文化网络"很长一段时间内成为乡村权力关系的一个研究视角。利用满铁"惯性调查"资料与自身在松江县华阳桥乡的8个自然村的实证调查，黄宗智以区域研究为典型，历时态论述了从1350年至1980年间长江三角洲地区农业的发展概况，指出了在这段历史长河中，即便是处于先进地区的长三角的农村地区，其农业发展也处于"勉强"状态，直到改革开放后才得以实现发展，打破了"过密化"的发展藩篱。在此期间，国家在政权建设中所扮演的角色也在发生转变。② 弗里曼（Edward Friedman）、毕克伟（Paul G. Pickowicz）、塞尔登（Paul G. Pickowicz Mark Selden）在《中国乡村，社会主义国家》一书中以1920—1960年的整个社会变迁为背景、以中国河北饶阳县五公村为

---

① ［美］杜赞奇：《文化、权力与国家——1900—1942年的华北农村》，王福明译，江苏人民出版社1996年版，第12页。
② ［美］黄宗智：《长江三角洲小农家庭与经济发展》，中华书局2000年版，第305—308页。

缩影和以村干部的生活轨迹为线索，通过农村社会所进行的一系列改革，包括减租减息、互助组、合作社、人民公社等来进一步探讨国家与乡村社会、地方干部之间的关系。①

自"乡政村治"格局确立以来，地方政府与基层政治的研究更具独立性，不少西方学者的研究视角也从中央层面转向地方政府层面，采用实地调研、访谈、观察等实证研究方法展开学术研究。有学者从微观层面对乡村治理进行研究，通过对山西、河北、江西、福建等地的316个村庄以问卷、访谈、案例等形式，采用定量和定性的方法考察研究了在中央与地方政府分权及村民自治稳步开展的背景下乡村社会公共物品及公共服务供给机制问题，提出了在不少乡村地区存在一些非正式的、潜在的村民"监督"乡镇提供公共物品的方式，简单地勾勒了一个"没有西方民主式的制度也可以问责"的制度语境。②也有学者分析了地方政府所面临的财政现状，认为地方债务已达到警戒线水平，潜在风险较大，③这种情况下乡镇的财政形势也不容乐观。林南针对1978年以来推行的农村改革，在地方法团主义的基础上，认为近年来的改革中出现了地方性市场社会主义。地方性市场社会主义是在经济体制不断变化下政治因素与意识形态的相互作用。其中，不可忽视的是社会文化，即以家庭关系为基础构建的地方关系网。他以大邱庄为案例，分析了"地方性市场社会主义"在中国农村的具体运行情况。④还有学者从财政体制变迁的视角分析地方政府行为，指出了财政包干体制下，地方政府除了获得超包干基数的财政收入外，还可以通过乡镇企业上缴利润的形式获得预算外收入。这种利益驱动在一定程度上促成了乡镇企业和一些地方工业的兴起，地方政府

---

① [美]弗里曼、毕克伟、塞尔登：《中国乡村，社会主义国家》，陶鹤山译，社会科学文献出版社2002年版，第21页。

② Lily L. Tsai, *Accountability Without Democracy: Solidary Groups and Public Goods Provision in Rural China*, Cambridge University Press, 2007: 368.

③ Aibing Kang, *Analysis of the Current Situation and Potential Risk of Local Government Debt of China*, Springer Berlin Heidelberg, 2015: 853 – 858.

④ Nan Lin, "Local Socialism: Local Corporation in Action in Rural China", *Theory and Society*, 1995, 24 (3): 301 – 354.

"法团化"或"公司化"现象明显。在这种"地方法团主义"（local state corporatism）框架下，地方干部摇身变成法团主管，利用其权威影响着"法团"的运作。①这些研究极大地丰富了乡镇政府组织结构变革的分析要素和研究内容。

在研究方法推进基础上，有学者提出一种新的分析框架。例如，黄宗智认为，不能绝对地采用近代西方国家经验里构造的国家与社会的二元对立，需要转向一种三分的观念，也就是国家与社会之间存在一个第三空间，而国家与社会又都参与其中。邓正来在此基础上提出"第三领域"（third realm）的概念，这是一个具有超出国家与社会之影响的自身特性和自身逻辑的存在。正是因为存在"第三领域"，国家可以联合社会进行一些超出正式官僚科层机构能力的公共活动，与此同时，新型的国家与社会关系正在逐渐衍生。这里也是更具协商性而非命令性的新型权力关系的发源地。②这种三维分析框架对乡镇政府组织结构变革框架的构建无疑具有一定的借鉴意义。

2. 国外改革实践理论模式构建中的组织结构变革借鉴

在当代西方发达国家公共管理改革的实践中，涌现了多种具有代表性的理论模式，例如，协作性公共管理理论、整体政府理论、公私合作伙伴关系理论、组织边界管理、组织生态学、复杂适应系统理论等，这些理论所蕴含的组织结构创新思想对于我国乡镇政府组织结构变革创新具有重要的借鉴价值。

协作性公共管理是组织网络时代中各种"跨界依赖"互动关系的总称，美国学者罗伯特·阿格拉诺夫的《协作性公共管理》一书是协作性公共管理的代表著作，该书主要分析了"政府间的"（intergovernmental）组织创新的多种形式：不仅包括联邦政府—州政府、州政府—地方政府及地方政府之间的关系，还包括政府与准政府之间的

---

① Jean Oi, "Fiscal Reform and the Economic Foundations of Local State Corporatism in China", *World Politics*, 1992, 45 (1): 99-126.
② [美]黄宗智：《中国的"公共领域"与"市民社会"》，载邓正来、[美] J. C. 亚历山大主编《国家与市民社会：一种社会理论的研究路径》，中央编译出版社1998年版，第420—443页。

关系，以及政府与政府之外的组织间种种契约的、管制的、援助的、互惠的互动关系。① 一个公共管理者可能同时涉及跨政府边界、组织边界和部门边界，且负有正式的契约责任，从而很难区分不同环境中的边界。因此，划分协作公共管理的结构类型就具有重要的意义。米尔娜·曼德尔（Myrna Mandell）和托迪·斯蒂尔曼（Toddi Steelman）根据西方国家治理经验总结了实践中协作公共管理的五种组织结构创新的网络类型②：间歇性协调（intermittent coordination）、临时性工作组（temporary task）、长期性或经常性的协调（permanent or regular coordination）、联盟（coalitions）和网络结构（network structure）。

整体政府理论是对20世纪90年代中后期以来英国、新西兰、澳大利亚等国家整体政府改革的理论总结。整体政府理论通过对"合作"、"整合"等政府治理工具的运用，以"联合"为特征进行组织结构创新。在各国地方实践具体"联合"活动的基础上，挪威的汤姆·克里斯滕森（Tom Christensen）等学者以政治与行政领导的构成性质为变量，归纳出等级式和协商式两种"整体政府"的组织结构形式③：一是等级式组织结构形式。这是基于政治与行政领导的同质性，注重权力的集中和组织各要素的统筹协调与有机配合。这种组织架构既可以采取积极的自上而下方式推动"整体政府"改革（如布莱尔政府在英国的做法），也可以从横向与纵向两个维度强化或恢复中央政府的权力。二是协商式组织结构形式。这是基于政治和行政领导的异质性，注重组织各要素通过协商与合作实现功能整合。协商是"整体政府"的题中应有之义，它的范围极其广泛：不仅包括内阁内部的协商，参与跨部门的特殊任务、计划或项目各部之间的协商，还包括联合提供服务的专业机构之间的协商。

---

① ［美］罗伯特·阿格拉诺夫、迈克尔·麦圭尔：《协作性公共管理：地方政府新战略》，李玲玲等译，北京大学出版社2007年版，第10页。

② Mandell, Myrna P., and Toddi A. Steelman, "Understanding What Can Be Accomplished through Interorganizational Innovations: The Importance of Typologies, Cortex, and Management Strategies", *Punblic Management Review*, 2003, 5（2）: 197 – 224.

③ ［挪威］汤姆·克里斯滕森、佩尔·勒格莱德：《后新公共管理改革——作为一种新趋势的整体政府》，张丽娜等译，《中国行政管理》2006年第9期。

公私合作伙伴关系（public private partnerships）是政府与私营部门合作提供公共服务的主要形式，它主要是通过公私合作的制度安排，以充分发挥公共部门与私有部门各自禀赋优势的一种跨组织结构模式。公私合作伙伴关系理论的组织结构创新既可以形成于政府和企业部门之间，也可以形成于政府和广大非营利部门之间，在政府购买服务的过程中，可以形成多种灵活多样的合作性组织结构。从伙伴关系中伙伴之间的相互搭配来看，构成当代西方国家整合性公共服务改革的伙伴关系组织结构创新主要具有如下两种关系：其一，政府与非营利组织的伙伴关系（government-nonprofit relations）。这种制度安排主要是为了弥补政府失灵、市场失灵和志愿失灵以更好地满足公共服务需求，建立一种公共服务的跨界性组织结构与替代性反应机制。其二，公私合作伙伴关系（Public Private Partnerships，PPPs）。公私合作伙伴关系兴起于后新公共管理改革时期，它主要是通过公私合作的制度安排，以充分发挥公私部门各自禀赋优势的一种跨部门组织结构模式。

组织边界（boundaries in organization）相关研究成为当代组织结构创新的一个新兴领域。英国学者赫尼斯（Hernes Tor）批评了组织结构的最新形式是向"无边界"发展的观点，他坚持认为边界是现代组织所固有的特性，组织内和组织之间的边界并没有消失，相反，它们不断地被重新绘制、重新商定，边界对组织、群体和个体的作用需要进行重新思考，尤其需要考虑边界渗透性中的文化差异所引起的一些组织后果。[①] 罗恩·阿什肯纳斯（Ron Ashkenas）等在其名著《无边界组织》一书中认为，无边界组织（boundaryless organization）是一种有机组织，它不是"没有边界"，而是指组织的边界不是由某种预先设定的结构所限定或定义的组织结构，这需要采用打破组织壁垒的方式，形成开放与合作的组织结构，具体措施包括重新界定外部边界、打破水平边界、摧毁垂直边界、适应彻底改革的灵活性和跨越地理边界。[②] 组

---

① [英]赫尼斯：《组织边界管理：多元化观点》，佟博译，经济管理出版社2005年版，第3—20页。
② [美]罗恩·阿什肯纳斯等：《无边界组织》，姜文波等译，机械工业出版社2016年版，第9—11页。

织生态学理论提出组织结构、组织之间的关系等主题研究需要组织动态性边界的理论支持,"理解组织边界的动态性就意味着要明晰社会环境对边界过程强度和精确性的影响"①。边界成为组织边界理论结构创新的一个基本工具。

复杂适应系统理论关注组织结构创新中主体之间的互动及其对环境的复杂适应过程。米勒认为,"复杂适应社会系统由那些富有思想(尽管不一定出色)的主体之间的交互作用而形成"②,他指出,组织创新可用的网络有迴圈(loop)、网格(grid)、群族(pack)、双迴圈(2loop)四种基本类型。这些网络的基本类型通过主体间的交互作用,能够有效地影响系统行为。复杂适应系统是一种开放系统,它的可理解性可以在它与环境的关系中寻找,"系统的实在本质因此既存在于开放系统与其环境的联系中"③。这说明,组织结构创新的动力不是来自内部,而是来自如何有效地适应其外部环境。

从组织结构创新的内容看,国外理论模式创新主要集中在如下三个方面:一是关注机构改革的执行化问题。例如,周志忍教授分析了英国执行机构改革的组织模式、类型特征和多样化改革趋势④;Jonathan Boston 等分析了新西兰彻底化执行机构改革的实践模式与服务效果⑤;Walter J. M. Kichert 分析了以自主化为核心内容的荷兰执行机构改革。二是关注官僚制与政府再造的问题。奥斯本针对传统官僚制的等级化组织结构低效率的弊端,提出了建立"企业家政府"的十项原则,并提出政府再造的核心、后果、顾客、控制和文化

---

① [美]迈克尔·汉南等:《组织生态学》,彭璧玉等译,科学出版社 2014 年版,第 29—33 页。
② [美]约翰·H. 米勒等:《复杂适应系统:社会生活计算模型导论》,隆云滔译,世纪出版集团·上海人民出版社 2012 年版,第 109 页。
③ [法]埃德加·莫兰:《复杂性思想导论》,陈一壮译,华东师范大学出版社 2008 年版,第 18 页。
④ 周志忍:《英国执行机构改革及其对我们的启示》,《中国行政管理》2004 年第 7 期。
⑤ Jonathan Boston, John Martin, *June Pallot and Pat Walsh*: *Public Management*, *The New Zealand Model*, Oxford: Oxford University Press, 1996.

"五 C 战略"①；Felie 等提出政府组织未来治理的效率驱动、追求卓越、服务取向和小型化与分权四种组织结构变革模式。② 三是对政府组织部门的权力关系、决策与管理过程等组织重组（reorganization）的研究。例如，Meirer 具体分析了传统行政组织结构中的利益群体控制和管理效率低下的问题，从而提出通过预算和管理改革，提高官僚机构效率，增强民众满意度的改革方案。③

总之，国外学者对公共组织结构的理论创新提出了不少有见地的理论与观点，对本书具有重要的借鉴价值，但这些理论主要是针对官僚制组织结构和封闭系统等弊端而提出的改革对策，对中国乡镇政府组织结构变革及社会治理的借鉴意义存在一定的限度：首先，在研究内容上主要是政治研究而非政府研究，在研究方法上表现为线条粗略和结论简略。其次，已有的研究虽然也涉及政府行为与组织变革，但对乡镇政府本身的组织形态和内部结构，以及政府体系内部互动过程，县乡关系、乡村关系等缺乏深入的分析。因此，本书的研究虽然也借鉴西方的公共组织结构变革前沿理论，但主要是基于中国乡镇改革的实践图景进行具体问题具体分析，深入分析一些本土化的乡镇政府组织结构变革的实践案例，并归纳出一些本土化的理论视点。

第三节　资料来源与研究方法

一　资料来源

本研究采取实证调研和网站资料统计相结合的方法获取研究资料。所选取乡镇包括湖北、江苏、四川、安徽、浙江、湖南、云南、陕西、广东、上海、河南、广西、山东13个省（市、区）的29个乡

---

① ［美］戴维·奥斯本、彼得·普拉斯特里克：《摒弃官僚制：政府再造的五项战略》，周敦仁译，中国人民大学出版社2002年版，第45页。
② Ewan Felie, L. Ashumrner, L. Fiagerad and A. Pittigrew, *The New Management in Action*, Oxford: Oxford University Press, 1996: 12–15.
③ Kenneth J. Meirer, "Executive Reorganization of Government Impact on Employment and Expenditures", *American Journal of Political Science*, 1980 (3): 396–400.

镇调研案例（见附录一）。

调研案例选取乡镇均为国家级或省级改革试点乡镇，并且大部分乡镇为各项改革的起源地，如站所转制、以钱养事、公推直选、乡财县管、强镇扩权、参与式预算改革、一组两会、四所合一等实践创新，并涉及机构、权力、人员、职能等组织结构要素方面的变革，其中，有6个乡镇荣获"中国地方政府创新奖"。乡镇样本横亘东、中、西三个地区，东部乡镇11个，中部乡镇8个，西部乡镇8个，样本在地区上基本呈现均衡分布。就具体情况而言，在29个样本乡镇中，平均人口为9.6万，人口最多的乡镇为江苏的盛泽镇，有50万人，其中本地人口13.5万，外来人口33.5万，流动人口3万，人口最少的为四川的白庙乡，仅有1.1万人。平均每个乡镇行政村（居委会）数29个，行政村（居委会）数最多的为浙江的泽国镇，有97个，最少的则是云南的豆沙镇，仅有7个。这些样本乡镇的领导构成与组织机构的基本情况见附录二。

由于部分乡镇统计信息缺失，只从29个样本乡镇中选取了21个进行具化分析。首先，从领导构成看，21个乡镇中，有5个乡镇实行交叉任职，分别是湖北的横沟桥镇、贺胜桥镇、高桥镇，四川的白庙乡，广东的白土镇，这5个乡镇均为乡（镇）党委书记兼任人大主席。领导班子数量最多的是江苏的吕四港镇，领导班子成员达到29个，除了常规意义上的"四套班子"，即党委、人大、政府和政协外，吕四港镇依托强镇政策规划，以其独到的发展先机成立的经济开发区，并根据实际情况需要配备了相应的机构与人员，这可以从其领导成员的职责分工中窥探。领导班子数量最少的是四川白庙乡，与吕四港镇相对，该地区实行乡派式改革，领导班子成员在"四套班子"为基准的原则下，实行交叉任职，即乡镇党委书记兼任人大主席。21个乡镇的领导成员平均数是15。其次，从机构设置看，数量最多的是河南的薛店镇，有21个机构（部门），有10室6所1站加工会、妇联、巡防队、武装部，作为全国新型城镇化综合试点乡镇，薛店镇在其机构中增设了新型城镇化办公室以及与之相配合的规划与建设管理办公室、巡防队等，机构部门之间相互联动配合。数量最少的则是湖北的高桥镇，仅有3个机构（部门），即党政综合办公室、社会事务发展办公室、经济发展办公室。作为乡派式改革的代表，高桥镇经历过浩浩荡荡的咸安政改，其机构在改革进程中不断进行精简瘦身，相互合理分工配合，力求达到高效。3个办公室通过相应的整合也下设相应的工作专班，如党政综合办公室内设党政综合工作专班，社会事务发展办公室内设城建控违工作专班、综治工作专班和计划生育工作专班，经济发展办公室内设工业工作专班和农业工作专班。最后，所选取的样本乡镇中，有乡派和强镇两种改革走向。总之，21个乡镇都在进行不同程度的变革，有些正处于不断摸索的起步阶段，有些改革已经渐趋成熟，形成模式，有些则历经几种改革模式变革。

二 研究方法

本书从社会治理复杂性出发，综合运用多种规范研究和实证研究的方法，对我国乡镇政府组织结构变革进行分析。

（1）多信源的资料分析法。在具体的研究中，本研究将系统地分析多信源的文献资料，主要对近些年来学者们研究乡镇政府组织结构变革与创新的政策文本、专业论文、专业书籍、研究报告进行综合分析，同时对各级地方政府的官方网站，尤其是统计局中的统计资料进行加工分析，深入挖掘文献资料中有价值的素材，为研究展开提供依据。

（2）案例研究法。这是社会科学领域中经验总结广泛使用的一种研究方法，从案例的数量划分，可以分为单案例研究和多案例研究等。单案例研究是对典型案例进行解剖式分析，深刻揭示案例所反映的问题，并总结经验，提炼理论；多案例研究也称为跨案例研究，是对多个案例进行比较分析，查找异同、总结规律，提炼理论。本书结合我国乡镇政府组织结构变革的实践模式场景，既采用单案例解剖式分析，也采用多案例比较分析。

（3）访谈调研法。首次对我国东、中、西10余个乡镇的乡干部、行政村的村干部及代表性村民进行了半结构化访谈，对我国乡镇政府组织结构变革的实践模式有了一个总体的了解和把握，然后选择了调研乡镇中的典型实践案例进行深度访谈，对相关管理干部和人员进行一对一的交流，系统地了解实践案例中乡镇政府组织结构变革模式的演变过程、内容特征、存在问题与可能的解决方案，并作出详细的案例访谈记录，形成访谈案例集，掌握第一手资料，进行经验提升和理论归纳。

（4）历史研究法。这是古典行政学理论家所使用的研究方法。威尔逊在《行政学研究》一文中指出，"对于前人在这同一领域所已经做过的工作应有某种估计，这也就是说要了解一下这一研究工作的历史"①，他认为运用历史方法主要是对不同政府、不同时段的行政管理规律进行总结。可见，历史研究法在行政管理中是一种重要的方法论，它要求研究者深入到具体的政府治理情境中分析与思考问题，关注相关材料的时间性和地域性，研判材料价值，提升研究质量。本书采用历史研究法对乡镇政府组织结构变革的历史演变进行深度分析。

第四节　分析路线与研究创新

在对29个调研案例的乡镇政府组织结构变革实践模式分析的基础上，结合以上的研究方法，形成本书的分析路线，并力图有所研究创新。

一　分析路线

本书的研究主题是"社会治理复杂性视角下的乡镇政府组织结构变革"问题，这需要处理好"社会治理"和"政府组织"的关系。这种研究需要从宏观上的"国家—社会"的关系和微观上的"结构—功能"关系展开分析。

从"国家—社会"的关系看，自传统社会以来，我国的政治体

---

① ［美］威尔逊：《行政学研究》，竹立家译，《国外政治学》1987年第6期。

系一直是一种一分为二、上下分层的二元结构状态：一层结构是以强制性权力控制社会的国家政权体系，另一层结构是在国家权力管辖下与社会紧密相连的基础性政治社会，这一社会结构状态形塑着学界对于乡村政治的研究框架。学界关于乡村政治的推进研究，虽出现过不同的研究视角，如从内部性出发，研究乡村内部各权力主体等，但更多的是从权力外部研究着手，即通过国家与社会关系探讨乡村社会的发展，其借助的理论依托也主要是国家与社会关系分析框架、国家政权建设、权力网络等。研究乡村的先驱性人物，如费孝通、杜赞奇，他们提到的乡土社会，"赢利型经纪"与"保护型经纪"等，都是基于国家与社会关系下对乡村政治的整体性研究，其后的一些代表性人物，如徐勇、于建嵘等的研究也可探索出国家与社会的互动意蕴。尽管在这些研究中，关于乡村视角有了新的发展，但无外乎是在国家与社会分析框架下更为细致的研究。有学者在国家与社会研究思潮下，运用"国家政权建设"分析框架透视乡镇政治变迁，从传统时期到晚清民国时期再到新中国成立，指出在新中国成立以后，实现了从带有理想色彩的人民公社体制向现代性的乡政村治体制的转型，并分别论述了两个不同时期"国家政权建设"的表现情况；[①] 有学者基于国家政权建设的视角，从国家对乡村社会的"整合"出发，分析了从新中国成立后的人民公社体制到改革开放以后的"乡政村治"体制在"整合"层次上的不同限度，提出了以税费改革为节点，国家整合由"汲取式"向"服务式"不断转型；[②] 有学者则从网络理论的核心概念出发，从时间的维度，以1949年、1978年为节点，分析了三个阶段关系网络的不同性质，围绕国家与社会关系结构这一核心要理以及派生出的各式表征展开论述；[③] 有

---

① 纪程：《"国家政权建设"与中国乡村政治变迁》，《深圳大学学报》（人文社会科学版）2006年第23卷第1期。
② 张良：《从"汲取式整合"到"服务式整合"：乡镇治理体制的转型与建构——基于国家政权建设的视角》，《中共浙江省委党校学报》2010年第2期。
③ 袁小平、吕益贤：《关系网络与中国乡村社会关系变迁》，《安徽农业科学》2008年第3期。

学者则从国家视角出发，认为自新中国成立以来，我国发展始终遵循国家引导的模式，只不过作用力大小有所差异而已。这一模式大体来说，以改革开放为界，具体而言，分为1949—1956年间的"前国家领导型发展阶段"，1956—1978年间的"国家领导型发展阶段"和1978年以后的"国家引导型发展阶段"；① 有学者则以"资源—体制"框架为分析视角，提出了在不同阶段的资源需求与国家进退之间的博弈，而后对资源状况与体制选择及其功能实现做了具体阐述，认为在国家与乡村社会关系的演变历史中，体制的变动始终受资源的影响；② 另一部分学者从问题出发，在国家与乡村社会关系分析框架下对乡镇政权存在的问题提出了改革思路，不管是"国家化"思路下的加强对乡镇政府的建设、"去国家化"思路下对乡镇政权的"撤销"和"自治"，还是"国家社会化"思路下两者之间的互动合作，都无外乎是从国家与社会关系之间的角度进行的论证。③ 徐勇教授以现代国家建构为归旨，从国家整合的角度对乡镇变迁进行学理性分析，通过"政权下乡"、"政党下乡"、"行政下乡"、"服务下乡"等一系列国家渗透方式的相关论文进行细化研究。这些研究虽然视角和侧重点各不相同，但都认为乡镇政府代表着国家政权，村两委会代表着基层社会，乡镇政府在广大农民的心中，就是"国家"的象征，而社会治理则是社会秩序建立和公共服务提供中的"社会"内容。因此，本书首先将乡镇政府组织结构变革置于"国家—社会"的分析框架之中展开研究。

从"结构—功能"的关系看，乡镇政府组织结构变革与乡镇社会治理功能密不可分，它们是一个问题的两个向度，乡镇政府组织结构是其功能发挥作用的载体，而功能则是乡镇政府组织结构质量的测

---

① 何君：《国家转型、农村正式制度变迁与乡镇政府行动》，《经济社会体制比较》2014年第6期。
② 彭勃、金柱演：《国家与乡村社会关系的发展沿革——"资源—体制"框架的可行性分析》，《中共福建省委党校学报》1999年第1期。
③ 吴理财：《治理转型中的乡镇政府——乡镇改革研究》，博士学位论文，华中师范大学，2006年，第70页。

定。在"结构—功能"的分析框架下,既研究乡镇政府组织结构在政策文本规定下的功能作用,也研究乡镇政府组织结构在具体的乡村社会治理实践中的具体功能,还研究乡镇政府组织结构在实践中出现的"反功能"①或"负功能"②。在具体展开研究中,主要分析体制化和边界化两层级结构:

(1)体制化组织结构变革是指结构性要素在乡镇政府内部的变动,主要包括纵向的权力结构和横向的职能结构变革。这是一种传统组织结构的变革思路。在我国农村税费改革之前,主要是一元化的乡镇政府体制化结构,边界化结构因"全能主义国家"的影响,都压缩于乡镇政府体制化结构的内部。

(2)边界化结构变革是指在乡镇社会治理中乡镇政府结构性要素的边界向乡村社会的收缩或扩展(如乡镇行政权的扩张,导致村委会附属行政化,出现边界结构的异化)。这包括两个维度:一是异化结构,如边界化结构与体制化结构功能不一致的情况;二是创新结构,如形成乡镇政府边界调适、协商、合作、共生结构。这是前沿组织结构理论的变革思路。在税费改革前起支配性地位的是异化结构,这种支配结构虽属于政府体制的层面,但它超出了乡镇政府组织的边界,是结构要素的边界变化,属于边界化结构的分析范围。乡镇政府结构性要素的边界收缩和扩展主要有两种情况:一是结构异化的边界压缩与扩张;二是结构优化的边界收缩与扩展,如调适型、协商型、合作型、共生型乡镇政府边界化结构的生成。由此,形成乡镇政府两层级组织结构变革的分析框架(见图1-1)。

---

① "反功能"被社会学家用来指称社会系统中有损适应和调解的一些特性,而适应和调解是使社会系统发挥功能的能力。科层制的反功能主要来自规则和规范运用中的过分刚性,从而导致科层制无力回应外界发生的变化和组织的成长,因而无力满足完成任务的基本需求,参见[美]彼得·布劳、马歇尔·梅耶《现代社会中的科层制》,马戎、时宪民、邱泽奇译,学林出版社2001年版,第139—158页。

② "负功能"就是观察到的那些削弱系统调适的后果。还有那种非功能后果的实际可能性,即后果与所考察的系统完全不相关,参见[美]罗伯特·K. 默顿《社会理论和社会结构》,唐少杰、齐心等译,译林出版社2008年版,第130页。

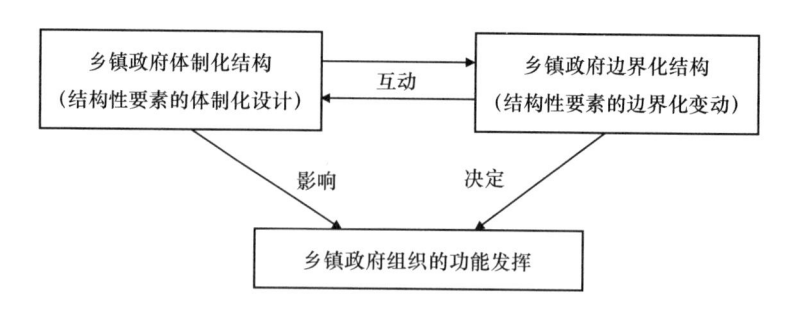

```
┌─────────────────────────┐         ┌─────────────────────────┐
│  乡镇政府体制化结构      │  互动   │  乡镇政府边界化结构      │
│ （结构性要素的体制化设计）│◄──────►│ （结构性要素的边界化变动）│
└─────────────────────────┘         └─────────────────────────┘
            │  影响                        │  决定
            │                              │
            ▼                              ▼
         ┌──────────────────────┐
         │  乡镇政府组织的功能    │
         │  发挥                 │
         └──────────────────────┘
```

图 1-1 乡镇政府两层级组织结构的分析框架

图 1-1 表明，乡镇政府体制化结构和边界结构在乡镇治理的实践中是相互影响、相互促进的互动关系。其中，乡镇政府体制化结构影响着乡镇政府组织的基本功能，边界化结构则决定着乡镇政府体制化结构发挥作用的空间。本分析框架的创新在于：发现了传统组织结构理论一个重要的理论盲点，它没有关注边界化组织结构对组织功能起着决定性作用。组织结构功能的发挥在边界而不在体制。这是我国历次乡镇政府组织结构"内核启动"式变革未能取得成功的根本原因。因此，一直被国内外学术界忽视的边界化组织结构才是真正意义上破解乡镇政府组织结构变革与创新的"结构密码"。

在对乡镇政府组织结构变革的具体研究展开中，综合运用多种研究方法：首先，从文献资料入手，分析目前国内外关于乡镇及其组织结构变革的研究现状，据此提出本书的社会治理复杂性研究视角和乡镇政府组织结构变革研究对象；其次，在对社会治理复杂性做出学术梳理的基础上，结合学界对组织结构变革主体内容的内涵界定，建立起基本的理论分析框架；再次，运用历史研究法，对自新中国成立以来乡镇政府组织结构变革进行历时态的简单梳理，对乡镇不同时段的社会管理规律进行研究，了解乡镇政府组织结构变革的历史，通过深入式的持续探究进一步地解读和分析；又次，运用案例分析法，通过对案例的层层解剖，总结我国乡镇政府在体制化结构与边界化结构两个层面的典型实践模式。对不同类型的案例选择和分析形成较为全面且富有代表性的案例集，构建了不同组织结构模式下的框架模型；最后，综合运用以上研究方法，提出在复杂适应性治理下我国乡镇政府组织结构变革模型及路径选择，并设计变革方案，提供给相关部门作为政策参考。

二 创新意图

（1）社会治理复杂性的分析视角。从乡镇社会治理复杂性切入，把传统组织结构的二维框架"纵向层级结构和横向职能结构"归结为体制化结构，并从行政生态的视角出发，把体制化结构所规定与派生出来的结构创新称为边界化结构，形成一个新的组织结构二分法。在此基础上，尝试性地提出组织结构创新在边界的论断，以此形成一个乡镇政府组织结构变革适应社会治理复杂性的边界创新分析思路。

（2）两层组织结构变革的分析框架。在研究内容上，把组织结构变革作为一个研究论域，对乡镇政府组织结构变革的典型实践模式进行静态的"结构—要素"分析和动态的"过程—机制"分析，研究乡镇政府组织结构的两层级变革及其互动形成的微观运行机理，分析组织结构要素优化组合的行动策略、内在机理与内在困境，对乡镇政府组织结构应对社会治理复杂性的行动策略、运行机理与内在困境进行动态考察。运用理论建构的方法，分析这些变革要素的内在关联与运行机理，并构建一个一般化的乡镇政府组织结构变革模型，总结出一些带一般性的实态运行规律。在此基础上，总结体制化组织结构和边界化组织结构变革的基本方向，提出以权力重组和关系再造为基本内容的乡镇政府组织结构复杂适应治理的变革模型及路径，给相关部门提供一定的参考价值。

（3）跨案例的研究方法。本书除了单案例经验总结外，还运用跨案例分析总结规律，提炼理论，形成一系列可推广、可复制的乡镇政府组织结构变革的实践模式。例如，在乡镇政府体制化组织结构变革层面，提炼了精简、整合、授权、共享四种实践模式，在乡镇政府边界化组织结构创新层面，提炼了调适、协商、合作、共生四种实践模式。这些实践模式的总结主要是基于跨案例的比较分析和理论归纳，与一般案例研究的简单化描述性分析相比，具有一定的创新性。

第五节 核心概念界定

本书研究的核心概念在学术界存在不同的解释，为了便于研究和理解，对所研究的核心概念的内涵和外延进行界定。

一 社会治理复杂性

复杂性（complexity）的研究是建立在自组织理论的基础上，如20世纪80年代Nicolas的《探索复杂性指南》（*Exploring Complexity: An Introduction*）和Prigogine的《从混沌到秩序》（*Order Out of Chaos*）都认为复杂系统具有层次性和自组织性。① 此后复杂性研究逐步扩展到管理复杂性和治理复杂性研究中来。

社会治理复杂性是治理复杂性的一个新兴领域，它包括治理主体复杂性、治理客体复杂性和治理环境复杂性。本书研究的乡镇社会治理复杂性主要从这三个维度展开。

二 乡镇政府

从起源看，政府（government）是秩序化统治的一种条件，它是国家的权威性表现形式。其正式功能包括制定法律、执行和贯彻法律，以及解释和应用法律。"在现代政府中，还出现了广泛咨询的程序、政策规划与设计的程序，以及方案评估与分析的活动……伴随着现代政府活动范围的扩大，从事开发、福利、调节活动的智能和新职能部门也发展起来。"② 政府传统职能主要发生在政府行政机构内部，新型职能则发生在相关的组织合作关系中。

乡镇政府属于地方政府的范畴。地方政府是国家设置在中央政府之下，行使部分国家权力、管理国家和地方事务的地域性政府，这是

---

① 许正权、宋学锋：《组织复杂性管理：通过结构敏感性管理组织复杂性》，经济管理出版社2009年版，第35—37页。
② [英]戴维·米勒、韦农·波格丹诺：《布莱克维尔政治学百科全书》，中国问题研究所等译，中国政法大学出版社1992年版，第295页。

中国学术界较为普遍的观点。此外，在现实生活中或在理论研究中，人们对地方政府都有广义与狭义两种理解：广义的地方政府泛指整地方国家机构体系，包括地方国家代议机关、地方国家行政机关和地方国家司法机关，即学术理论界所说的地方政权；狭义的地方政府，则是指地方国家行政机关。①

本书研究的乡镇政府是广义的政府，包括党委、人大和乡镇政府、乡镇纪委、乡镇武装部、乡镇政协"六套班子"，以及乡镇内设的各种办公室和"七站八所"等。这里的乡镇政府组织接近于乡镇政权组织，也就是农民通常所指的"国家"。

三 组织结构

德鲁克指出："对组织结构的研究是永无止境的。"② 这是因为组织结构是组织实现其目标和职能的基本管理工具。社会经济发展不断地提出新需要，组织结构必须不断地变革才能有效地应对。组织结构是一个静态与动态相结合的概念。从静态看，组织结构是指组织的各个构成要素的配合与排列组合方式。主要包括组织的成员、单位、部门和层级之间分工协作与联系沟通的方式。从动态看，组织结构主要强调其形成过程中人们的相互作用，强调组织结构的动态变化性。如有学者认为，组织结构就是"在相互作用过程中不断形成并得以重新创造，同时反过来相互影响、相互作用的一种控制媒介"③。不管是静态的组织结构，还是动态的组织结构，在体制化层面上都具有两种基本的联系方式，即成反比关系的纵向联系的管理层次与横向联系的管理幅度。在组织结构的设计中必须根据组织环境的需要有效地处理好管理层次与管理幅度的关系。

---

① 陈小京、伏宁、黄福高：《中国地方政府体制结构》，中国广播电视出版社2001年版，第9页。
② [美]彼得·F. 德鲁克：《管理：任务、责任、实践》，孙耀君等译，中国社会科学出版社1987年版，第643—646页。
③ Ranson, Stewart, Bob Hinings, and Royster Greenwood, "The Structuring of Organizational Struuactures", *Administrative Science Quarterly*, 1980（25）：1 - 17.

随着社会治理需求日趋复杂化，组织结构也日趋复杂，传统的管理层次与管理幅度的二维分析结构已不能完全满足理论分析的需要，一些新的组织结构分析框架被学界开始研究和探索。有学者主张在传统二维结构的基础上增加一个管理深度的维度，从而构成组织结构的三维分析模型。① 也有学者把组织结构复杂性归结为水平分化、垂直分化和地域分散三个要素。② 三维组织结构要素成为组织结构研究的新趋向。

从政府体制与政府运行过程看，三维组织结构实际上可以分为两个维度：一是政府体制内的纵向管理层级和横向管理幅度；二是组织边界变动下的结构性要素地域分散或空间扩展。因此，本书将政府组织结构划分为体制化组织结构和边界化组织结构两个维度。本书的研究就是就这两维架构意义而言的。

四 乡镇政府组织结构

本书在上述"大政府"的界定和组织结构两维框架下研究乡镇政府组织结构，乡镇政府组织结构包括体制化结构和边界化结构两层级结构。乡镇政府体制化结构主要包括乡镇政府组织内部各成员、单位、部门和层级之间的分工协作及联系、沟通方式；乡镇政府边界化结构包括乡镇政府结构性要素在边界收缩和扩展中所形成的乡村治理主体之间的关系结构。乡镇政府组织结构变革主要包括体制化结构和边界化结构变革。

其一，本书乡镇政府组织结构的界定是广义的政府组织结构。狭义政府机构（组织）的结构就是表现政府机构各部分排列秩序、空间与位置、聚集状态、联系方式，以及各要素之间相互关系的一种模式，是以具有一定权威性的制度所规定的政府组织形式及关系模式。可分为纵向的层级结构和横向的部门结构（即纵向的权力结

---

① 参见李水金《三维行政组织结构：一种新的研究视角》，《云南行政学院学报》2007年第3期。
② ［美］理查德·H. 霍尔：《组织：结构、过程与结果》，张友星等译，上海财经大学出版社2003年版，第60—63页。

构和横向的职能机构)。"大政府"视角下的广义政府结构,不仅包括政府各层级和各职能部门之间的关系,还包括行政机关与相应层级的中国共产党组织、人民代表大会、法院、检察院等机构之间的关系。具体来讲,广义的政府组织结构包括党政结构、宪政结构与科层结构三个方面。① 本研究还包括乡镇政府组织及其结构性要素的边界收缩和扩展。

其二,组织结构是研究领域和研究方法的统一。作为一个研究领域,乡镇政府组织结构变革包括体制化结构和边界化结构两层结构。两层组织结构变革是相互联系、相互促进,共同推进乡镇政府组织结构复杂适应治理的内在需要。体制化组织结构变革是传统组织结构变革的内容,是指乡镇组织内部的横向权力关系和纵向职能关系之间的联系,它是乡镇体制内的组织结构要素变动。边界化组织结构创新是一种新型的组织结构变革,它是乡镇政府边界收缩和扩展所形成的新型组织结构模式。因此,两层级组织结构能够把经典的组织理论和前沿的组织理论中关于组织结构变革的先进理念和优秀因子有机地结合起来,形成一个综合性的组织结构变革分析思路。

作为一种结构的分析方法,将从结构的视角分析乡镇政府的功能(行为、过程)等。这种研究与狭义的政府管理研究明显地区分开来,研究实际生活中的乡镇政府组织结构,不仅要研究乡镇党政关系,还要分析县乡关系、乡村关系及乡镇政府和一些农村社会组织之间的关系。就是要在方法上强调乡镇政府组织及其结构性要素与县、乡、村所处的社会治理环境的相互作用和"能量交换",扩展现代政府学的研究视野,增强政府研究的应用功能。② 这显然极大地开阔了通过结构的分析方法深入研究乡镇社会治理复杂性的问题。

其三,结构要素优化组合是乡镇政府组织结构变革的主体内容。体制化结构变革的要素主要包括权力、机构、职能、人员和规则,这些要素是一些"显性"的要素,它们的优化组合直接推动有形的结

---

① 李和中:《中国地方政府规模与结构研究》,科学出版社2012年版,第29页。
② 朱光磊:《当代中国政府过程》,天津人民出版社2002年版,第14—15页。

构变革，推动着乡镇政府体制化组织结构的变革；边界化结构创新的要素主要包括关系、策略、信任、网络等社会资本，这些要素是一些"隐性"的要素，它们的优化组合推动着乡镇政府边界化组织结构的创新。

第二章 乡镇政府组织结构变革的历史演变

在漫长的传统乡村治理中,由于"皇权不下县",乡和村都属于"社会"的领域,传统村庄治理,从商朝的井田制、西周的乡逐制、秦汉的乡亭制、隋唐的乡里制到宋朝后的保甲制,主要实行的是乡绅自治模式,不存在完全意义上的乡镇基层政权,[①] 因而也不存在乡镇政府组织结构模式。到了国民政府时期,国家政权下沉,才建立了乡镇政权,出现了乡镇政府组织结构。新中国成立后,乡镇政府组织结构经历了从一元化到两层级分化的历史演变过程。本章从政策的制度设计和实践的实际运作两个维度对乡镇政府组织结构进行历时态分析。回顾乡镇政府组织结构的变革过程,对于破解乡镇政府组织结构异化及其反功能、探寻适应社会治理复杂性的乡镇政府组织结构实践经验和理论模式具有重要的意义。

第一节 行政权全面渗透下的一元化乡镇政府组织结构

行政权全面渗透遵循全能主义国家的逻辑,社会自治被纳入国家

---

① 传统中国的乡镇自治组织,从井田、乡逐、乡亭、乡里到保甲,虽然各个时期乡村基层自治设置的名称不同,但都具有"整合"和"汲取"功能,这些机构虽然不完全是国家的正式机构,但都始终摆脱不了国家机构的作用,在事实上是一种"半官半民"或"亦官亦民"的组织。参见吴理财《改革与重建——中国乡镇制度研究》,高等教育出版社2010年版,第9页。

统治的范围之内。这使得整个乡镇政府组织结构都囊括在体制化组织结构之中，乡镇边界化组织结构无法生成。这个发展过程大致经历了民国时期、新中国成立初期和人民公社三个时期。

一 民国时期一元化组织结构的建立

在民国时期，其社会治理的基础是强权政治，在乡镇设立了乡（镇）公所及实行保甲制度，将行政权从县级下沉到乡镇一级，以强化对乡村社会的控制。这样，乡镇从基层自治组织转变为基层政权组织，[1] 乡镇政府组织及其组织结构就开始形成。

这一时期的乡镇政府组织结构一个显著的特点就是行政权对乡村的全面渗透，其保甲制与清末的保甲制具有显著的区别，它已经成为官僚化乡镇统治的一个行政机构。保甲制度在村的基本形式是通过保甲编组以"户"为单位进行编排，10户为甲，10甲为保，分别设立户长、甲长和保长，其中户长由家长担任，保甲长由县区长任命，其职权和权威来源于体制内的乡长和县长，打破了以往乡村治理依靠宗族治理的格局，"村公职被视为同衙役胥吏、包税人、赢利经纪人一样。充任公职是为了追求实利，甚至不惜牺牲乡村利益"[2]。因此，乡（镇）公所组织结构是一元化的体制化组织结构，乡镇政府权力要素通过保甲制全面渗透到乡村社会，建立起了一种"乡（国）—家"一体化的社会秩序。

民国时期乡镇政府组织结构的功能体现为"管、教、养、卫"四个方面："管"主要是清查户口，查验枪支，实行连坐切结等；"教"主要包括办理保学，训练壮丁等；"养"主要包括创立所谓合作社、测量土地等；"卫"主要包括设立地方团练，实行巡查、警戒等。这

---

[1] 乡制建立于光绪年间，1908年晚清政府制定了中国首部《城镇乡地方自治章程》，规定凡城镇人口5万人以下的地方设为"乡"，5万人以上的地方设立"镇"，城镇乡分别设立自治公所、议事会、董事会等机构，实行乡镇自治。因此，这里乡和镇只是基层的自治单位，而不是一级基层政权，这与民国时期的乡镇有质的区别。

[2] ［美］杜赞奇：《文化、权力与国家：1900—1942年的华北农村》，王福明译，江苏人民出版社2003年版，第115页。

四种功能集中到一点就是要使基层政权充当政治警察,担负起"防御异党之活动"的任务。① 保甲组织最终发展成为一种"警察化"、"特务化"、"党化"的机构,发展成为土劣专权压制农民的手段,② 从而促使乡村社会矛盾的进一步激化和基层国家政权的"内卷化",③ 民国末期基层政权问题的严重以至僵化发生在保甲的人选上,乡村有威望的人为了自己的利益放弃了地方的立场而加入行政系统,"保甲制度不但在区位上破坏了原有的社区单位,使许多民生所关的事无法进行,而且在政治结构上破坏了传统的专制安全瓣,把基层的社会逼入政治死角。而事实上新的机构并不能有效地接收原有的自治机构来推行地方公务,旧的机构却失去了合法地位,无从正式开展活动。基层政权就这样僵持了,表现出来的是基层政权的没有效率"④。民国时期,乡镇政府组织结构异化导致基层政权"反功能"的一个根本原因就是其保甲制使乡镇权力全面延伸和渗透到乡村,破坏了乡村社会传统中的自治基础,原有的宗族和精英治理的格局被打破,乡土中国的礼治秩序崩塌,而传统的法治秩序却没有建立。正是由于这一乡镇政府组织结构制度设计的先天性不足和执行过程中功能的异化,最终导致民国时期乡镇基层政权的失信于民而分崩离析。

二 新中国成立初期一元化组织结构的重建

新中国成立初期,开始了基层政权的重建,主要实行乡、村政权并行的乡镇管理体制。行政村形成于抗战时期,主要存在于华北地区和东北地区各省;华东、中南、西南、西北各省则以乡作为基层政权组织。到了1952年底,全国总共建立了28万个乡镇(行政村)组织。这时期的乡镇政府组织结构较为简单,如《乡(行政村)人民

---

① 民国时期的保甲制在客观上虽然适应了基层社会发展对基层组织及其基层治理的需要,但主要是为了反共防共而建立的。这也是这种组织结构功能异化的根源。
② 金太军:《村庄治理与权力结构》,广东人民出版社2008年版,第39页。
③ 徐勇:《非均衡的中国政治:城市与乡村的比较》,中国广播电视出版社1992年版,第93页。
④ 费孝通:《乡土中国》,上海人民出版社2006年版,第152页。

代表大会组织通则》(1952)和《乡(行政村)人民政府组织通则》都规定了"乡镇政府组织主要由乡人民代表大会和乡镇政府组成"。乡人民政府委员会包括乡长1人,副乡长及委员若干人。在乡人民代表大会闭会期间,乡镇人民政府成为行政政权组织,采用乡镇人民委员会这种单一化组织结构形式。1954年,第一届全国人民代表大会通过的《中华人民共和国宪法》和《地方各级人民代表大会和地方各级人民委员会组织法》明确规定,取消行政村建制,乡、民族乡、镇是我国农村的基层政权。乡镇政府组织结构形式得以逐步完善,国家内务部发布了《关于健全乡政权组织的指示》(1954),规定乡人民政府分设多种委员会,分管生产合作、人民武装、文教卫生、治安保卫、民政、财粮、协调等工作。这样,乡镇政府组织结构形式就从单一委员会制发展到多委员会协同合作制。

这个时期乡镇政府组织结构的突出特点是"议行合一"的权力结构。"议行合一"最早可追溯到中国共产党建立早期,即由人民直接或间接选举的代表机关统一行使权力,行政机关等由人民代表机关选举产生,各自对权力机关负责并接受其监督。同时,政府的组织系统是在人民政府委员会下面分设许多机构,进行分工协作。简而言之,它就是选民选举产生一个权力机关仅行使决议权,决议机关另外产生一个对其负责的执行机关承担执行职责,决议权和执行权归属一个中心的政府权力结构。新中国成立后颁布的一系列通则都指出了"乡(行政村)的政权组织形式为人民代表会议和人民政府委员会"。乡人民政府是乡的行政机关,执行上级人民政府的决议和命令,实施乡人民代表会议审议通过并经上级人民政府批准的决议案,检查各委员会的工作,等等。这些经常的委员会,各地根据具体情况可以合并或调整,但最多不得超过7个。① 在委员会制的运作下,多个委员会作为权力机构的派生机构,分解了乡政府的科教文卫等职能与工作,彼此之间又相互协调,如分管生产合作委员会掌管农业和副业生产,与

---

① 马戎、刘世定、邱泽奇:《中国乡镇组织变迁研究》,华夏出版社2000年版,第321页。

财粮委员会相协调配合，掌管贷款发放、农业税及农村其他税收，同时解决群众纠纷等，而治安保卫委员会则带有明显的时代特点，监督管理地主、反革命分子作为其职责之一被写入了规则章程中。值得注意的是，7个委员会中除了征税和治安两大职能是传统的之外，新增了生产、民政、文教等行政职能，这些机构设置及其职能在村里都有相应的村干部执行。这也在一定程度上反映了组织结构及其职能的不断健全，同时导致了行政职能的急剧扩张。

新中国成立初期的委员会制度组织结构是将国家政权渗透到乡村治理的内部，呈现出一元化的体制化组织结构，但这种组织结构与民国时期的一元化组织结构具有本质的区别，它的起因不是服务于统治任务，而是为了更好地促进经济社会发展。从效果看，新中国成立初期的乡镇政府组织结构也确实在乡村治理中发挥了特殊的作用。但是，多个委员会只是在乡政府体制内的一种协同性结构设计，它们无权对政府机构、权力机构进行相应的或交叉性的制约。更确切地来说，这种组织结构仍然是一种单向式的支配性组织结构，它容易引发官僚主义、职能重叠等弊端，从而造成许多社会和政治矛盾。

三 人民公社时期一元化组织结构的利弊

到了1958年，乡镇基层政权建设进入人民公社时期。1958年8月中共中央通过的《关于在农村建立人民公社问题的决议》指出，人民公社是形势发展的必然趋势，它是一种政社合一的基层行政区域单位。这个《决议》明确地提出了人民公社组织结构设计方案："公社的管理机构也必须有适当的分工，要在组织精干和干部不脱离生产的原则下，建立若干分工负责的部门。并且要实行政社合一，乡党委就是社党委，乡人民委员会就是社务委员会。"1958年夏，全国实行了撤乡建立人民公社的改革运动，乡建制被人民公社所取代。1958年12月，中共八届六中全会通过的《关于人民公社若干问题》进一步明晰了人民公社的组织结构设计方案，即"公社的管理机构，一般可以分为公社管理委员会、管理区（或生产大队）、生产队三级。管理区（或生产大队）一般是可分片管理工农商学兵、自行经济核算的单位，盈亏由公社同意负责。生产队是组织劳动的基本单位"。这就表明了"三级所有，队为基础"，是人民公社组织结构形式的基本架构，这种组织结构形式实质上是集权等级制，公社管理委员会、管理区（或生产大队）、生产队构成了一个完整的权力等级链，多个生产队是基本的职能部门，形成了一种典型的直线职能制组织结构设计。

人民公社这种直线职能制组织结构设计由于把乡村内的治理主体都囊括在体制内，也构成了一元化的组织结构，这种组织结构的基本特征是"政社合一"，即人民公社体制实行公社、生产大队、生产队三级管理制，为了有效地实行统一领导，三级结构在生产管理方面、财务管理方面、行政管理方面等按照科层制和标准化加以组织和管理。大权归公社，小权归生产大队，各生产大队服从公社的指挥和调度，保证完成公社交给的任务，对效益较好的生产队给予奖励。随着人民公社体制的变化，公社在组织机构方面也进行了适时的调适，社员代表大会设为最高权力机关，选举公社管理委员会，组织专业工作部作为自己的工作机关处理公社内政务，同时也产生公社监察委员会作为行政监督机关，对公社内的日常进行监督。"政社合一"的人民公社实现了组织结构要素向乡村全面渗透：首先，行政权力向村庄进行全面扩张。公社制度本身是公社工业化进程的体制支撑和组织载体，其确立标志着国家正式权力历史性地下沉到基层社会，以高强度的政治与行政方式控制乡村社区。国家通过合作化运动、人民公社化运动等将行政权力一步步地嵌入乡村社区，建立自上而下覆盖乡村社区的基层政权组织，这一政权组织试图在一个本身具有多样性的社会里建立一个统一的单一性体制。这样，乡村权力的集中程度、渗透能力达到前所未有的高度。[①] 其次，把乡村各种组织纳入行政体制之内。这一时期是从经济与社会基层深刻变革的基础上建构政权组织体系。作为一种全新的政权组织方式，人民公社制代替了乡、镇基层政权，

[①] 徐勇：《政权下乡：现代国家对乡土社会的整合》，《贵州社会科学》2007年第11期。

农村公社成为工、农、兵、学、商相结合的一个基层组织结构。乡人民委员会也被党政军合一的各级革命委员会取代,一些职能部分被革命委员会下设的许多小组所代替。① 在人民公社管理体制内,村庄已不是独立的自治性社会组织,整个公社的组织结构呈现出一种体制化组织结构。

"政社合一"的人民公社组织结构在特定的历史条件下发挥了积极的作用,成为"中国近代以来最为有效的农村社会治理方式"②,既为广大农村提供了一个良好的社会秩序,也为广大农民的衣、食、住、行、医、教等基本公共服务提供了一定的保障。直线职能制作为一种简单的组织结构形式,它对于社会治理秩序良好、公共产品和公共服务单一的治理环境非常有效。周恩来曾于1959年4月18日在第二届全国人民代表大会第一次会议上的《国务院政府工作报告》(1959)中对人民公社做出如下论断:"人民公社这种组织形式是适应我国工农业生产大发展的需要而出现的。它对于我国社会经济的发展将具有极为重大的意义。"具体来说,人民公社的组织结构发挥了如下几个方面的作用:其一,发挥了强大的社会动员和整合功能。这种强大的动员和整合功能,使国家整合乡村的能力得到前所未有的强化,改变了农村社会一直以来"一盘散沙"的状态,国家对乡村社会的控制效力被推到顶点,在短时期内将有限的资源有效整合,在一定程度上增强了乡村的治理能力。其二,促进了公共服务与社会保障事业的发展。人民公社时期,农田灌溉水利设施等农村基本公共服务均由公社提供,这一时期也是我国历史上大规模的水利建设时期。截至1976年,大小水库累计建成8万多座,农田灌溉面积也从1949年的1593万公顷增加到1980年的4489万公顷,增长了近3倍,奠定了我国水利基础设施的基础。③ 农村医疗卫生事业在这一时期得到了长足发展,人口的预期寿命有了较大幅度的改善,比同

---

① 谢庆奎:《中国地方政府体制概论》,中国广播电视出版社1998年版,第30页。
② 许才明:《乡镇政府管理改革研究》,江西人民出版社2009年版,第12页。
③ 王亚华、商瑞:《走向稳定、秩序与良治——现代化进程中的乡村公共事务治理》,《人民论坛·学术前沿》2015年第3期。

一时期世界范围内第二个增加幅度最大的国家要多整整7年；教育方面也是如此，虽然高等教育在这一时期受到了很大影响，但是包括小学、初中、高中在内的农村的基础教育则得到了很大的发展，出生于1956年至1960年这一五年期年龄组的高中完学率要比出生于1951年至1955年这一五年期年龄组的高中完学率整整高了12个百分点。① 同时，这一时期，于20世纪50年代开始设立的从事社会管理与公共服务职能的"七站八所"逐步发展，一些直接为农民生产服务的机构也异军突起，如农业技术推广站、农技站、供销社、水管所等。② 国务院副总理谭震林于1960年4月6日在第二届全国人民代表大会第二次会议上做的《政府工作报告》（1960）中指出农村人民公社化的实现，使得农、林、牧、副、渔等发展大大加快，农田水利、农村交通运输建设大大发展，农民生活得到较大改善，文化、教育、卫生、事业等都有了迅速的发展，提高了农村公共产品和公共服务的供给方式，促进了公共服务能力提高。③ 宏观上整个农村服务治理环境催生了各个地区乡村公共服务能力的发展。这一时期，乡村公共服务供给表现为以农民为主的"自给自足"型供给机制，即通过公社、生产大队、生产队等政权组织来组织农村进行自我筹资。④ 这种中国筹资方式一个典型的渠道就是集市贸易，每个公社建立了一个或多个集市贸易市场，以湖北省咸宁县汀泗人民公社为例，其位于湖北省咸宁县中部，在党的领导下，汀泗人民公社开展的集市贸易促进了农副业生产的发展，据当时的数据统计，每个赶集日都达到二万三千六百多人，上市商品有二百一十八种，种类较多，流通较快，方便群众购销，满足了日常需要，⑤ 公社通过集

---

① 王景新、彭海红等：《集体经济村庄》，《开放时代》2015年第1期。
② 徐勇：《"服务下乡"：国家对乡村社会的服务性渗透——兼论乡镇体制改革的走向》，《东南学术》2009年第1期。
③ 谭震林：《为提前实现全国农业发展纲要而奋斗（1960年4月6日在第二届全国人民代表大会第二次会议上）》，《中华人民共和国公务员公报》，1960年。
④ 尤琳：《中国乡村关系——基于国家治能的检讨》，博士学位论文，华中师范大学，2013年，第128页。
⑤ 沈志坚：《湖北省咸宁县汀泗人民公社的集市贸易》，《经济研究》1961年第2期。

市贸易等形式充分利用资源,使广大农村的村民获取便捷的公共产品和公共服务。

人民公社组织结构在实践上有效地发挥了作用,可以在理论上用"内部组织"进行解读。今井贤一等在《内部组织的经济学》一书中指出,面对市场与组织的选择时,有时内部组织更具有效率和节约成本,一旦市场交易的成本呈上升趋势,企业就会寻找一种替代的交易手段,通常是用内部组织来替代市场,"在实际的市场交易中,假如信息成本(亦即交易成本)过高,市场便由组织所代替"①。这说明在代理关系中,内部组织在特定条件下可以节约成本。人民公社组织结构是一种典型的内部组织形式,它便于国家从农民那里以隐蔽的方式征收税收,汲取资源。人民公社组织结构形式不是通过公社直接从农民手里征收税收,而是将"村"、"自然村"以生产队的形式纳入"公社"的内部管理组织体系,以"内部组织"的形式向分散化的个体农民征收税收,②以达到节本成本、消除农民抵制和怨恨的效果。这可能是人民公社这种组织结构形式在特定的历史条件下有效发挥作用的原因,并成为人民公社时期乡镇政府在一段时间内抵制村民自治的一个重要原因。

但是,随着农村基层社会治理变得复杂起来,人民公社这种"政社合一"一元化组织结构形式的弊端就迅速地突显出来了:首先,过度强化了公社的政治职能,忽视了经济和社会职能。人民公社组织基本的政治统治功能延伸到组织生产、宣传教育、社会服务等功能,③而这些功能性的权力网络以服务国家意志为主。根据马克思主义国家说,国家具有政治统治和社会管理的双重职能。显然,这一时期在"农业支持工业"的现代化发展战略下,政权组织高度

---

① [日]今井贤一等:《内部组织的经济学》,金洪云译,生活·读书·新知三联书店2004年版,第64页。
② 吴理财:《县乡关系:问题与调适——咸安的表述(1949—2009)》,中国社会科学出版社2011年版,第178页。
③ 徐勇:《政权下乡:现代国家对乡土社会的整合》,《贵州社会科学》2007年第11期。

政治化，基层政权组织以具有强制性的政治统治职能为主，其社会职能被压制。在科层化的组织机制与行政化的权力运作机制下，自下而上的参与机制空间不足，农业的利益表达机制也就无从谈起，乡村社会的横向结构断裂，高度依赖纵向的行政机制。其次，引起了社会治理秩序的混乱。人民公社虽然完成了国家、党政权所未能完成的"国家政权建设"任务，但推动了中国乡村社会的国家政权建设集权趋势，特别是在人民公社后期，国家政权建设由集权化走向简单化、极端化，把乡村社会的一切权力都集中于国家，通过强制性的乡村动员，以"大跃进"和"放卫星"的方式推进社会运动，最终造成了灾难性的后果：社会资源配置非效益化和边际效益降低，导致人民的生活水平急剧降低；社会资源和自我行动能力在对国家的依赖下失去了增长空间，导致社会活力被抑制，社会创造力极低。通过行政方式对农村社会进行剥夺式的社会动员，积累农民的怨恨和对国家的防抗，增加了社会的控制成本，最终造成了灾难性的后果。①

　　这种灾难性后果的产生可以从国家与社会的关系上进行解释。在人民公社的组织管理体系内，国家权力与社会自治之间呈现出极不均衡的配置与互动关系，乡村社会的日常运转被行政化，国家力量屏蔽自治力量，无法与自治力量之间达成协商、互动关系，或者可以说基层政权与村级组织间形成单向的管控格局，形成恶性的单边控制治理关系。在这种"单轨政治"下，乡村关系向度较为单一，甚至可以说不存在严格意义上的乡村关系。乡镇政府组织结构各要素间的配置与变动也极具"体制化"，不存在结构性要素的边界收缩和扩展。在科层化的组织机制与行政化的权力运作机制下，自下而上的参与机制空间不足，农业的利益表达机制也就无从谈起，乡村社会的横向结构断裂，高度依赖纵向的行政机制。人民公社体制下组织结构是为了便于国家从农民那里征收税费，实现资源"汲取"的功能，不管是行政村还是自然村都被纳入人民公社支配性行政体系中，乡村关系呈现

---

① 金太军：《村庄治理与权力结构》，广东人民出版社2008年版，第48—49页。

一种"行政覆盖社会"的单边治理形式。① 这是一种典型的无法激发社会活力和创新力的落后的乡村社会治理模式。因此，人民公社"这种组织形式最终被农民抛弃是符合落后国家社会经济发展规律的"②。

第二节 行政权和自治权分离下的两层级乡镇政府组织结构

一元化乡镇政府组织结构的基本特点就是行政权在村庄的全面渗透，挤占了社会自治权的生长空间。随着"乡政村治"体制的建立和完善，村庄自治权也逐渐生长起来。这样，行政权和自治权开始分离，乡镇政府组织结构也开始分化为体制化和边界化两层级组织结构。

一 "乡政村治"体制下乡镇政府组织结构分化

1978年改革开放之后，中国农村开始实行家庭联产承包责任制，③ 农村社会的生产经营方式和分配方式发生了根本性的变化，社会治理复杂性进一步增加，人民公社的直线职能制的组织结构形式到了非改不可的地步。因此，乡镇政权组织结构形式开始重建。1982年12月新修订的《中华人民共和国宪法》第30条明确规定"县、自治县分为乡、民族乡、镇"，第95条规定"省、直辖市、县、市、市辖区、乡、民族乡、镇设立人民代表大会和人民政府"，第110条规定"城市和农村按居民居住地区设立的居民委员会或者村民委员会是基层群众性自治组织。居民委员会、村民委员会的主任、副主任和委

---

① 吴理财：《县乡关系：问题与调适——咸安的表述（1949—2009）》，中国社会科学出版社2011年版，第178页。
② 陈吉原：《中国农村社会变迁（1949—1989）》，山西经济出版社1993年版，第508页。
③ 家庭联产承包责任制始于安徽凤阳县小岗村的18位农民签下的将村内土地分开承包的"生死状"，后得到小平同志的肯定，并上升到政策议程。家庭联产承包责任制的主要做法是"包干到户"和"包产到户"，俗称"大包干"，它的实质是农村土地制度的改革，是一项基本的经济制度。

员由居民选举。居民委员会、村民委员会同基层政权的相互关系由法律规定"。这三个条款的规定对乡、村组织结构的边界进行了明确划分,初步勾勒出一种"乡政村治"的二元制体制。1983年,中共中央、国务院《关于实行政社分开建立乡政府的通知》明确指出,"随着农村经济体制的改革,现行农村政社合一的体制显得很不适应","当前的首要任务是把政社分开,建立乡政府,同时按乡建立乡党委,并根据生产的需要和群众的意愿逐步建立经济组织"。该《通知》丰富了"乡政村治"的内容,明确在乡镇政府组结构中建立乡镇党委的这一核心领导机构。1987年11月24日第六届全国人民代表大会常务委员会通过的《中华人民共和国村民委员会组织法(试行)》对"乡政村治"二元制体制进行了进一步的阐释,具体划定了乡镇组织与村民委员会组织的权力边界与作用范围:"乡、民族乡、镇的人民政府对村民委员会的工作给予指导、支持和帮助。村民委员会协助乡、民族乡、镇的人民政府开展工作。"这样,从1982年《中华人民共和国宪法》到1987年的《中华人民共和国村民委员会组织法》,在政策设计上乡镇与村委会两种组织形态得以确立并且相互边界逐渐明晰,成为两种不同性质和治理范围的组织形式(见表2-1)。

表2-1　　　　　　　　乡镇政府组织与村委会组织比较

	性质	治理范围	相互关系
乡镇政府组织	基层人民政权组织	制定本行政区域内的经济和社会发展规划并组织实施;协调本行政区域内各村、各经济组织间的关系;监督各经济组织和个体户认真执行国家的法律、法规和政策;保障各经济组织和个体户的合法经济权益,取缔违法经营,打击经济犯罪活动;管理乡级财政,指导和监督合作经济组织,做好财务会计、经济统计和其他经济管理工作;管理、推广科学技术成果	对村委会指导、支持和帮助
村委会组织	基层群众性自治组织	村民委员会应当支持和组织村民发展生产、供销、信用、消费等各种形式的合作经济,承担本村生产的服务和协调工作,促进农村社会主义生产建设和社会主义商品经济的发展	协助乡、民族乡、镇的人民政府开展工作

资料来源:《中华人民共和国宪法》(1982)、《中华人民共和国村民委员会组织法(试行)》(1987)、《中共中央、国务院关于加强农村基层政权建设工作的通知》(1986)。

第二章 乡镇政府组织结构变革的历史演变

乡镇政府组织与村委会组织的治理边界明晰为乡镇政府组织结构的分化提供了条件，因为这不仅在理论上廓清了国家与社会的治理边界，也在实践中明确了乡镇政府介入村庄治理条件和范围，使乡村治理有了明确的法律规范，实际运行"有法可依"。这样，"乡政村治"体制下乡镇政府组织结构开始了两层级分化（见表2-2）。

表2-2　"乡政村治"体制下乡镇政府组织结构两层级分化

政策文本	乡镇体制化组织结构变革（乡镇政府机构、权力、规则、人员、策略、文化等结构性要素的体制化设计）	边界化组织结构变革（乡镇政府机构、权力、规则、人员、策略、文化等结构性要素的边界化变动关系）
《中华人民共和国宪法》（1982）	①乡、民族乡、镇设立人民代表大会和人民政府，其人民代表大会代表由选民直接选举；②乡、民族乡、镇的人民政府执行本级人民代表大会的决议和上级国家行政机关的决定和命令，管理本行政区域内的行政工作；③实行乡长、镇长负责制	①农村按居民居住地区设立的村民委员会是基层群众性自治组织，村民委员会同基层政权的相互关系由法律规定；②村民委员会向人民政府反映群众的意见、要求和提出建议
《关于实行政社分开建立乡政府的通知》（1983）	①当前的首要任务是把政社分开，建立乡政府，同时按乡建立乡党委；②在建乡中，要重视集镇的建设，对具有一定条件的集镇，可以成立镇政府；③乡的编制要力求精干，不得超过现在公社的人员编制；④建立乡一级财政和相应的预决算制度，明确收入来源和开支范围	①村民委员会要积极办理本村的公共事务和公益事业，协助乡人民政府搞好本村的行政工作和生产建设工作；②村民委员会主任、副主任和委员要由村民选举产生；③各地在建乡中可根据当地情况制定村民委员会工作简则，在总结经验的基础上，再制定全国统一的村民委员会组织条例
《中共中央、国务院关于加强农村基层政权建设工作的通知》（1986）	①各省、自治区、直辖市可按党章和《中华人民共和国地方各级人民代表大会和地方各级人民政府组织法》的规定，结合本地实际情况制定乡党委和乡政府暂行工作条例。中央有关部门在总结经验的基础上，分别制定《中国共产党农村基层组织工作条例》《乡镇人民代表大会工作条例》和《乡镇人民政府工作条例》。②乡人民代表大会要逐步改革和完善选举制度，在基层政权中实现人民的直接民主	①协调本行政区域内各村、各经济组织间的关系。②少数必须由县集中统一领导的机构，仍要集中统一领导。在县级综合改革试点中已经把一些机构下放给乡管理的地方。③搞好村（居）民委员会的建设，组织整顿。要帮助村（居）民委员会建立健全人民调解、治安保卫、公共卫生、社会福利等工作委员会（组）和各项工作制度

续表

政策文本	乡镇体制化组织结构变革 (乡镇政府机构、权力、规则、人员、策略、文化等结构性要素的体制化设计)	边界化组织结构变革 (乡镇政府机构、权力、规则、人员、策略、文化等结构性要素的边界化变动关系)
《中华人民共和国村民委员会组织法(试行)》(1987)	①保障农村村民实行自治,由村民群众依法办理群众自己的事情; ②促进农村基层社会主义民主和农村社会主义物质文明、精神文明建设的发展	①乡、民族乡、镇的人民政府对村民委员会的工作给予指导、支持和帮助; ②村民委员会协助乡、民族乡、镇的人民政府开展工作; ③向人民政府反映村民意见、提出建议

注:表格中的内容以政策文本原文呈现为主,只是对一些无关的内容进行了删减和修改。

表2-2表明,在政策文本的内容规定上,乡镇政府组织结构开始向两层级分化,从制度设计上改变了过去的一元化组织结构,乡镇政府组织的结构性要素,如机构、权力、制度、人员、财力等都具有明确的制度规定,这些结构要素与村民委员会组织的关系也具有明确的界定,乡镇政府行政权和村庄自治权具有明确的运行边界和活动范围,乡镇政府与村委会的管理活动进入了开展民主选举、实行村务公开、制定村规民约等村民自治活动阶段。与两层级组织结构分化相对应,乡镇政府职能也变得明确和规范,除"执行本级人民代表大会的决议和上级国家行政机关的决定和命令,管理本行政区域内的行政工作"之外,还包括"保障农村村民实行自治"、"对村民委员会的工作给予指导、支持和帮助"、"搞好本村的行政工作和生产建设工作"、"促进农村基层社会主义民主和农村社会主义物质文明、精神文明建设的发展"等。科学化乡镇政府组织职能定位使得"乡政村治"成为一种推动中国农村社会向现代社会转变的制度形式,"这一制度通过对村民权利和义务等方面的规则设定和制度安排,使社会成员的活动范围、权利和如何行使权利划定了清晰的空间和条件,因而有利于社会资源配置的合理以及乡村社会的

稳定和发展"①。这表明，两层级乡镇政府组织结构分化是一种有利于推进我国乡村社会治理的制度设计。

两层级乡镇政府组织结构给乡村治理提供了坚实的组织基础，为推动乡村善治提供了良好的条件。"乡政村治"下的乡镇政府体制化组织结构主要包括如下三大构成要素：其一，乡镇党委是领导核心。乡镇党委是党在农村的基层组织，一般设有办公室，涵盖了村级党组织、党和国家机关设在基层的党组织、乡镇企事业单位的基层党组织以及人民武装部、团委、妇联等组织。乡镇党委一般设书记1名、副书记2—3名，委员若干名。根据《中国共产党基层组织选举工作暂行条例》，乡镇党委由党员大会或者党员代表大会选举产生。具体来说，先召开党员大会和党员代表大会选举乡镇党委委员。乡镇党委书记、副书记的产生，则是由上届委员会提出候选人，报上级党委审查同意后，在委员会全体会议上进行选举，并报上级党委批准。②根据《中国共产党农村基层组织工作条例》中对乡镇党委职责的规定，可以看出乡镇党委主要是对乡镇组织的政治领导和工作协调，在政治思想和方针政策上的领导，干部的选拔、考核和监督，以及经济和行政工作中重大问题的决策等。其二，乡镇人大是基层权力机关。乡镇人大由选民直接选举的人大代表组成，人大代表从代表中选出主席1名，副主席若干名，一般为1—2名，任期为5年，同时和其他3—6名经选举产生的人大代表组成人大主席团，共同开展乡镇人大的各项工作。《地方组织法》赋予了乡镇人大多项职权，可以归总出乡镇人大的主要职能："人事权"、"决策权"和"监督权"，即选举乡镇政府的领导成员，对乡镇内重大事项进行民主决策，对乡镇政府的决策行为进行民主监督。③其三，乡镇政府是基层行政机关，乡镇治理实行乡（镇）长

---

① 金太军：《村庄治理与权力结构》，广东人民出版社2008年版，第52页。
② 中共中央：《中国共产党基层组织选举工作暂行条例》（中发〔1990〕8号），1990年6月27日。
③ 吴理财：《改革与重建——中国乡镇制度研究》，高等教育出版社2010年版，第32页。

负责制。根据宪法和地方组织法的规定，乡（镇）政府设乡长1名，副乡长若干名，副职协助正职进行工作，并分管农业、科技、文教、财政等方面的事务。乡镇长由人民代表大会选举产生，乡镇政府实行乡镇负责制，乡镇长领导和管理乡镇政府所属行政机关及其工作人员。民政、公安、司法、财政、文教卫生、计划生育、生产建设等部门各自只设一个工作岗位，不设职能机构。[①] 在实践中，乡镇政府则一般由政府内设机构和政府部门机构共同构成，部分乡镇设置了乡镇助理员。这一阶段，乡镇政府内设机构，也就是乡镇政府自己的工作部门，主要有乡镇人民政府办公室、民政办公室、计划生育办公室、司法办公室、企业办公室、文教卫办公室、教育办公室等机构。[②] 其下属部门则是通常意义上的"七站八所"，如农机站、经管站、农技站、文化站、广播站等乡镇直属事业站（所），也包括派出所、粮管所、林业站等县直部门与乡镇双层管理的站（所），还有就是"条条管理"的机构，如信用社、邮政所等。针对部分站所的管理，1991年11月中共十三届八中全会通过的《关于进一步加强农业和农村工作的决定》中指出"县有关部门设在乡镇的机构，除少数不宜下放的实行双重领导外，一般都要放到乡镇管理。实行双重领导的机构，干部的调动、任免、奖惩应征得乡镇党委的同意"。这种体制化组织结构无疑较为完整地重建了我国基层政权组织的结构形式。

"乡政村治"政策架构为乡镇政府边界化组织结构做出了规范而合理的制度设计，它较好地规范了乡镇行政权介入乡村治理的适当范围：首先，乡政行政权和村民自治权是两种不同性质的权力，乡镇行政权代表着国家基层政权的权力，而村民自治权代表着基层社会自治的权力，它们之间具有明晰的边界，是两种相互独立的权力，不存在归属关系和支配关系；其次，行政权及其他乡镇政府组织结构要素的

---

① 李俊清：《民族乡政府管理》，人民出版社2009年版，第77页。
② 吴理财：《改革与重建——中国乡镇制度研究》，高等教育出版社2010年版，第20页。

边界压缩和扩展以不侵犯村民自治权为前提。基层政权与村民委员会的相互关系要符合法律的规定，乡镇政府介入村庄治理的主要方式是按照《中华人民共和国村民委员会组织法》（试行）规定，"对村民委员会的工作给予指导、支持和帮助"。这种边界化组织结构对于村民治理的良性运作具有重要的促进作用。

从乡镇治理的实践来看，乡镇政府两层组织结构的分化对乡镇社会治理发挥了重要的作用：一方面，强化了乡镇政府的社会治理能力。可以巩固和发展改革开放后取得的改革成果，真正把乡镇政府这一农村基层政权建设成为密切联系群众、全心全意为人民服务的一级政权组织，从而有效地领导和管理本行政区域的政治、经济、文化和各项事务，增强了乡村社会治理的活力、权威和效能。另一方面，也能够较好地促进村民自治能力。有利于保障农村村民实行自治，推进村民自我管理、自我教育和自我服务，使村民群众依法办理自己的事情，促进农村基层社会社会秩序良好发展和公共服务能力的稳步提升。总之，两层级乡镇政府组织结构推动了乡村关系的良性互动，为乡村社会治理提供了较好的组织基础。

二 乡镇政府边界化组织结构异化的两种表征

"乡政村治"下乡镇政府组织结构两层分化相对于一元化体制是一种组织结构的创新，具有较强的优越性，但是，受传统的集权化组织体制的影响和社会治理日趋复杂性的挑战，这种两层级分化的组织结构慢慢地陷入了困境，在不少乡镇出现了边界化组织结构的异化。

一是乡镇政府边界化结构扩张与村民自治空间被侵蚀。乡镇政府边界化结构扩张主要方式就是乡镇政府行政权的扩张，表现为国家权力对村治权力的侵蚀，从而挤占了村民自治的社会空间。在实践中的突出表现就是乡镇的"过度行政化"和村委会的"附属行政化"。具体实施中，乡镇基层政权仍然按照行政手段来指导村委会工作，进行大量的行政干预。通过人民公社时期广泛运用的管片和包村制度，通过这些"驻村干部"等对村庄实行变相控制；对村委会财政进行监控；在对村委会进行领导时，对村干部工作人员的考核方式采取了政府内部的管理方法，将村干部等作为政府官员来进行管理。① 除此之外，利用党内领导关系，乡镇对村委会选举进行干预，同时通过村党支部对村委会进行领导，简而言之，通过一些诱致性控制实现自己的权益，使压力型体制延伸到村庄一级。首先，乡镇政府先与县政府签订"目标责任书"并由县人民政府统一印刷，详细地规定当年乡镇需要完成的指标内容。然后，乡镇政府再将"目标责任书"进行细化、分解到各职能部门与各村，再与各村签订"目标责任书"②。进行行政发包，压力层层传达，这使得村庄不得不完成乡镇下派的任务。乡镇政府边界化组织结构扩张，使得一元化组织结构下的乡村关系没有实质性变化，乡镇政府依然能够通过一些正式的、非正式的规则间接支配村级组织，变为自己的派出机构。在实际工作中，村委会既承担着自治职能，又担负着一定的行政职能，村委会的行政职能不断膨胀，逐渐取代甚至侵蚀了法定的自治职能，成为乡镇政府的一级"准政府"，更多地沉溺于乡镇政府下派的一些任务，无暇顾及自身承担的职责，③ 使得乡村的社会自治变得羸弱。这种乡镇政府边界化结构扩张与村民自治空间侵蚀可以从乡镇行政权和村委会的自治权两个维度表现出来（见表2－3）。

出现乡镇政府边界化结构扩张的一个直接原因在于压力型体制的影响，相关法律对乡镇政府和村委会关系缺乏明晰的、可操作化的具体规定。例如，《中华人民共和国村民委员会组织法》第五条规定"乡、民族乡、镇的人民政府对村民委员会的工作给予指导、支持和帮助"④。这虽然规定乡镇政府与村委会之间是指导与被指导关系，但

---

① 赵树凯：《乡村关系：在控制中脱节——10省区20乡镇调查》，《华中师范大学学报》（人文社会科学版）2005年第5期。
② 项继权：《乡村关系行政化的根源与调节对策》，《北京行政学院学报》2002年第4期。
③ 毛飞：《微观问题与宏观困境：村民自治背景下乡村关系的问题分析》，《中共杭州市委党校学报》2003年第4期。
④ 全国人民代表大会：《中华人民共和国村民委员会组织法》（试行）[中华人民共和国主席令（第九号）]，1987年11月24日。

表 2-3　　乡镇政府边界化结构扩张与村民自治空间被侵蚀

权力	权力异化含义	权力异化表现
乡镇政府行政权	包括乡镇政府权力扩张和泛化两个方面，主要是指乡镇政府在履行社会治理职能的过程中，跨越了自身的职责权限边界，存在"越位"的现象	①为了完成上级的考核任务，在计划生育、土地管理等执法工作中履行了政府并不具有的执法权，乡镇干部成为执法主力。 ②"条块管理"体制下，乡镇政府无奈地承担了"条"上站所主管部门职能发挥不到位的诸多工作，疲于应付群众的需求问题。 ③采取行政手段干预乡村生产建设，造成资源配置扭曲和低效率，强化了行政职能而忽视公共服务职能。 ④大量精力集中在"维稳"工作，出现"维稳"强迫症、"维稳"虚弱症、"维稳"恐惧症和"维稳"变异症，"维稳"替代了民众需求，忽视了乡村社会治理工作
村委会自治权	包括村级社会自主性权力呈现萎缩和弱化两个方面，存在于村民的村务社会参与、两委会关系、村委会与乡镇政府的关系之中	①由于缺乏表达权益的有效途径、民主参与意识不高等，村庄治理中的村民不均衡的参与和非制度化参与时有发生。 ②乡镇政府与村党支部形成了事实上的领导与被领导关系，乡镇党委通过对村党支部的控制，从而较为有效地控制整个村级事务的决策权，弱化了村民对村级事务的决策权。 ③村委会与乡镇政府的关系是一种行政隶属关系，村委会实际仍受乡镇政府的领导，严重地影响了村民自治。 ④乡、村关系的制度供给不足和制度空隙过大，拥有强大资源优势和高度组织化的乡镇政府便可以较为便利、有效地利用这一制度空隙，影响村民及其自治组织

资料来源：崔永军、庄海茹：《"乡政村治"：一项关于农村治理结构与乡镇政府职能转变的个案研究》，《社会科学战线》2006 年第 4 期；金太军、赵军锋：《基层政府"维稳怪圈"：现状、成因和对策》，《政治学研究》2012 年第 4 期。

是却没有明确指出指导的范围、内容及其方式，这种关系过于抽象，实际操作中弹性空间较大。粗略和原则化的规定造成制度供给不足，无法明确规范乡、村关系。① 也没有列出如果乡镇越权、非法干涉村级组织正常开展工作会承担什么样的严重后果，没有明确列出需要承担的法律责任，导致部分乡镇政府会利用这个制度空隙按照传统行政管理的方式"为所欲为"，在日趋复杂性的乡镇社会治理中，偏重于行政职能而忽视社会秩序和公共服务的提供职能。

---

① 崔永军、庄海茹：《"乡政村治"：一项关于农村治理结构与乡镇政府职能转变的个案研究》，《社会科学战线》2006 年第 4 期。

二是乡镇政府边界化组织结构萎缩与乡镇治理能力退化。乡镇政府边界化组织结构的萎缩主要表现为乡镇治理中制度化权力的弱化和缺失。由于村民自治是一种典型的外生性的制度变迁，因此，"自下而上"的内生性的乡村社会公共权力必然会与传统的"自上而下"的授权方式相冲突。村级治理能力实质上是一种村庄内生整合力量，这一内生整合机制有效填补了科层制体制下乡镇层级以下权力合法化的断裂，能够替代乡镇政府顺利完成在农村的多项重要工作。在乡村社会不断向外部开放与接纳的过程中，村庄内部的自组织力量在不断成长，村民的权利意识与诉求也在不断提高。但与此同时，乡镇对村级组织原有的制度型权力被弱化，无论对村级权力还是村民的支配能力都大大削弱。缺乏制度权力的强大后盾，乡镇政府难以有效行使其公共服务职能，无法为农村提供有效的公共物品，使得一些村庄在自利的同时不断被边缘化。[①] 乡镇政府边界化组织结构萎缩与乡镇治理能力退化可以从乡镇行政权和村委会的自治权两个维度表现出来（见表 2-4）。

出现乡镇政府边界化组织结构的萎缩与乡镇治理中制度供给不足和基层民主发展不良密切相关。虽然《中华人民共和国村民委员会组织法》明确规定了乡镇政府对村级组织的指导与帮助，但同时也指出"不得干预依法属于村民自治范围内的事项。村民委员会协助乡、民族乡、镇的人民政府开展工作"，制度空隙过大导致村委会追求局部利益至上，为了自己利益所需追求短期效益，一些做法与行为超出了政策法律规定，自治权大大超过了乡镇政府的行政管理权，村民自治制度蜕变。同时，作为一种内部取向的治理机制，村民自治在生长中也必然受到乡村社会各种因素的影响与制约。尤其是当农村社会中的内生因素与国家宏观治理取向不一致甚至相背离时会产生一些摩擦，[②] 村级组织必然会采取一些抗争方式，而一些不正当手段则导致自组织

[①] 丁建军：《后农业税时代的乡村关系及其治理逻辑》，《云南行政学院学报》2009年第4期。

[②] 徐勇：《现代国家建构与村民自治的成长——对中国村民自治发生与发展的一种阐释》，《学习与探索》2006年第6期。

表2-4　　　　边界化组织结构萎缩与乡镇治理能力退化

权力	权力异化含义	权力异化表现
乡镇政府行政权	主要包括乡镇政府的行政管理权被压缩，呈现弱化，表现为乡镇政府在履行社会治理职能的过程中，难以有效开展公共服务，未能较好地履行职责	①制度空隙过大导致村委会为了自己利益所需，局部利益至上，追求短期效益，一些做法与行为超出了政策法律规定，自治权大大超过了乡镇政府的行政管理权，村民自治制度蜕变。 ②乡镇政府对村委会影响力减弱，驻村干部难以调动支配村干部，指导工作开展艰难。 ③乡镇政府管理干部及工作人员对乡村治理事务不积极、不主动，出现"不作为"的怠政情况
村委会自治权	包括村级社会自主性权力扩张，主要存在于两委会关系、村委会与乡镇政府的关系之中	①村民有选票红利，使得"两推一选"的村支书民意倾向鲜明，"盲目"地站在"授权主体"村民这一边，即"吃谁的饭站谁一边"，过分强调自治。 ②基层政府与农民之间产生矛盾，不少村干部"绝对"地认为应该把民主权利赋予农民，为难乡政府，采取一些抗争方式，而一些不正当手段则导致自组织倾向严重。 ③村委集权，过度自治，不接受村支书的领导。 ④一些村干部谋取私利，在项目施工、土地征迁等工作中向乡镇党委、政府提要求，目的达不到就组织群众上访

资料来源：王定军：《村民自治权与行政权——村民自治中乡村关系和村两委关系研究》，硕士学位论文，四川大学，2005年，第43页；陈晓莉：《新时期乡村治理主体及其行为关系研究》，中国社会科学出版社2012年版，第142页；宋长士：《村民自治过度化倾向须引起重视》，人民网，http://ezheng.people.com.cn/proposalPostDetail.do?id=360917。

倾向严重。

乡镇政府边界化组织结构异化，除了上述分析的乡村治理的微观层面的原因外，也与国家和社会关系尚未完全转型存在着内在联系。在"乡政村治"初期，国家与社会的制度化关系具有"非均衡"的特征，县乡关系仍在压力型体制下按照科层制进行管理，乡村之间的支配性关系在一定程度上存在。同时，从全能主义国家的一元化格局转向"乡政村治"下"二元化格局"的制度供给也需要一个完善的过程。因此，乡镇政府组织结构从两个维度发生了异化。从乡村治理实践看，乡镇政府边界化组织结构异化主要发生在农村税费改革前中国乡村治理的实践。这是因为，在税费改革之前，乡镇政府组织结构服务于"整合"和"汲取"功能，"社改乡"之后，"乡镇政府的主要职能仍然是向农民征收农业税,乡镇政府在国家汲取式整合中依旧扮演着关键性角色,延续着公社的权力运行逻辑"[①]。乡镇政府的乱收费、乱摊派、乱罚款"三乱"现象就生动地说明了这种"结构—功能"的关系。从异化程度看,边界化组织结构的扩张占主导优势,边界化组织结构萎缩只是个别现象。但两种组织结构异化的形式都产生了一个共同的后果,就是造成了乡镇政府组织结构变革的内卷化和乡镇治理能力的低下,从而导致乡村治理陷入困局。

第三节　农村税费改革后两层级乡镇政府组织结构的变革

农村税费改革后,乡镇政府组织结构的异化虽然在不少乡镇还不同程度地存在,但税费改革终究还是打破了乡镇政府组织结构变革内卷化的路径依赖,使得乡镇政府组织结构的理性化变革和合理化创新在实践中获得了长足的发展。

一　乡镇政府组织结构内卷化及表现

学界一般认为"内卷化"概念起源于美国人类学家戈登威泽(Alexander Coldenweise)关于文化模式的研究,即一种文化模式发展到一定形态后,它无法稳定下来使自身转变或突破到新的形态,而是不断地在内部变得更加精细化和复杂化。此后,内卷化概念在政治、经济、文化等多个领域得到创新和运用。在组织管理中,组织结构内卷化是组织内卷化的一个重要表现,它是指组织变革中"组织结构没有质的突破,仅限于不停地复制和细化原有的机构格局,即在组织结构层面,一种利益格局及其结构形式在某一发展阶段形成为固化模式之后,未能够转化为更为高级或者更具发展适应性的另一种利益结构,而是靠扩大旧有模式或机构的影响程度,不断在组织基层复制既

---

① 吴理财:《改革与重建——中国乡镇制度研究》,高等教育出版社2010年版,第13—14页。

定结构形式来膨胀组织,使其看起来'有增长',但组织并未获得实际效益的递增"①。在乡镇政府组织结构变革的历史演变中,从新中国成立以来至农村税费改革,乡镇政府组织结构一直处于一种内卷化的锁定状态,主要表现在两个方面:

一是乡镇机构改革"怪圈"。自1949年以来,我国历经了数十次机构改革,但是政府机构及人员始终未能走出"精简—膨胀—再精简—再膨胀"、"合并—分开—再合并—再分开"以及"上收—下放—再上收—再下放"的怪圈。② 具体来看,从新中国成立到1997年期间,进行了6次改革,都跳入了这些怪圈之中,导致历次改革收效甚微。③ 乡镇机构在这种连带性背景下,机构改革也陷入了怪圈。撤社建乡初期,因家庭联产承包责任制的普遍推行,农村土地分散经营,加大了乡镇征税的成本,加之"计划生育"政策的贯彻以及治安维稳等的需要,使得乡镇政府原有的公社管理体制难以与其有效衔接,乡镇政府机构不得不进行扩张来应对这一管理体制短暂的"真空",出现了短期的机构膨胀。但是这并非长久之计,并且从撤社到建乡之间,时间间隔较短,乡镇政府短期内难以将实权落实,虽然确立了其基层政权的地位,但是却由于"七站八所"导致的条块分割矛盾的横亘,乡镇政府空有架子,职能不完备,乡政府难以统一组织和管理本行政区域内的各项工作,无法坐实一级政府架构下的公共服务。一些地方政府开始探索破解对策,例如,莱芜市率先开启了乡镇体制改革,通过建立乡镇财政、对分类的"七站八所"进行针对性的权力下放,来开展"简政放权"改革,④ 国家政策层面对此也做出了肯定,1986年中共中央、国务院出台的《关于加强农村基层政权建设工作的通知》中就提出了"简政放权","凡属可以下放的机构

---

① 董向芸:《组织结构功能转型与内卷化——云南农垦发展透视》,人民出版社2013年版,第38页。
② 刘志峰:《第七次革命》,中国社会科学出版社2003年版,第91页。
③ 崔连锐、徐鲁航:《政府机构改革中的"怪圈"探析——兼议完善大部制改革的走向》,《广东工业大学学报》(社会科学版)2012年第5期。
④ 李媛媛、陈国申:《从"放权"到"收权":"简政放权"的怪圈——莱芜经验的反思》,《社会主义研究》2005年第5期。

和职权，要下放给乡"①，一时刮起了精简之风，出现了短暂的机构精简，但是仍旧难以逃脱权力"收放收"的怪圈。此次的机构改革带有很大的实验性质，不过与1988年中央的第五次机构改革相对应，重点进行政府职能的转变。以"放权让利"为特征的"分灶吃饭"加大了乡镇政府的自主性，压力型体制下层层加码的责任，以及1994年开始的分税制改革加大了乡镇政府的压力，在种种因素驱动下，乡镇政府自利性倾向明显，通过再次扩张机构和人员使其不断科层化，② 机构再次膨胀。随着机构膨胀问题的日益突出，全国在20世纪90年代又进行了机构改革，继续以转变政府职能作为突破点。时任国务院总理李鹏在县级综合改革经验交流会上提到，要理顺县与乡镇的关系，在改革中省、地、市要适当地下放权力给县，县要适当地下放权力给乡镇，同时鼓励倡导适合自己情况的特色。③ 此轮的机构改革，中央根据乡镇的人口、面积和发展情况，将其分为大、中、小三个类型，并核定了相应的乡镇编制。④ 当然，机构精简只是昙花一现，很快又出现了机构膨胀的窘境。

二是乡镇政府自利性的功能表现。从新制度经济学看，政府组织在一定意义上是一个"经济人"，存在着追求自身利益最大化的动机。重建的乡镇政府一开始就或多或少带有一些自利性的色彩。在人民公社时期，乡镇政权代表国家控制基层农村，没有自己独立的利益，贯彻自上而下授权式的方针政策，管理和组织社区生活成为其首要的和基本的任务。作为基层政权的行动者，强大的行政监督并没有给基层干部群体提供多少可"发挥"的空间，而是按部就班地按照所赋予的行政特权进行日常工作管理。20世纪八九十年代，在市场经济的发展浪潮中，基层政权的角色定位发生蜕变，作为集

---

① 中共中央、国务院：《关于加强农村基层政权建设工作的通知》（中发〔1986〕22号），1986年9月26日。
② 吴理财：《乡镇机构改革：可否跳出精简—膨胀的怪圈》，《贵州师范大学学报》（社会科学版）2006年第6期。
③ 李鹏：《积极推进县级机构改革》，《人民日报》1992年5月23日。
④ 詹成付：《关于深化乡镇体制改革的研究报告》，《开放时代》2002年第2期。

体资源的经营性组织从事经营,通过自身在经济领域中的经营活动,为乡镇政府谋取利益,成为经济行动者,张静将其称为"政权经营者"①,杜赞奇则提出"赢利型经纪"这一概念,他指的是20世纪早期,国家利用非官僚化的机构、人员、职权等代行国家的正式职能,主要是用来征收赋税,形成一种经纪体制,成为"被国家所利用的,但在一个不断商品化的社会中却没有合法收入的职员"。这些"国家经纪"却往往借用国家的名义来巧取豪夺、中饱私囊,杜赞奇有时也用"贪婪经纪"或"掠夺经纪"来形容他们。② 这些代理人大多为当时乡村地区的吏役、士绅等。不难推测,乡镇政府组织自重建时,其自利性就初现端倪。从某种意义上而言,这种定义初步将乡镇政府的自利性明显地勾勒出来。杨善华等在此基础上进一步提出了"谋利型政权经营者"的概念。恢复乡镇建制以来,乡镇政府拥有一级财权和预算决算等制度,随着财政体制的不断改革,从改革开放前高度集权的"一灶吃饭"到1978年至1993年间以放权让利为特征的"分灶吃饭",再到1994年开始实行的分税制改革,乡镇政府在承受财政压力的同时,变压力为动力,自主活动的机会和空间也不断扩展,追求利益的行动意识也越来越自觉,运用"将政策用足,打政策擦边球"等策略,寻求上级政府的隐晦支持,形成某种利益共同体,进而在"合法"的范围内将非正当的运作普遍化、常规化,为自己谋求更多的自由政治空间。③ 这种分税制改革使得基层政府被积压了太多事权,但却没有稳定的财源,长时间的入不敷出使得乡镇政府陷入了财政困境,加上乡镇财政又是在人民公社解体后才开始建立,根基尚浅,乡镇预算未能落到实处,缺乏强有力的民主监督,深陷财政困境的泥沼,造成其财政能力的不足,不得不通过财政自筹制度来步履维艰地进行经营,勉强维持其机构运转,

---

① 张静:《基层政权:乡村制度诸问题》,浙江人民出版社2000年版,第51—52页。
② [美]杜赞奇:《文化、权力与国家——1900—1942年的华北农村》,王福明译,江苏人民出版社1994年版,第37页。
③ 杨善华:《从"代理型政权经营者"到"谋利型政权经营者"——向市场经济转型背景下的乡镇政权》,《社会学研究》2002年第1期。

财政困境的直接后果就是乡镇政府将工作目标转向自身，组织行为严重扭曲，这一行为变异进一步发展就出现了目标替代现象，乡镇政府在一定程度上以自利性目标取代公共目标，[①] 难以承担其为农村公共产品供给的责任，出现公共服务能力不足，而农村公共产品供给决策程序仍是一种"自上而下"的单向性决策机制，未摆脱行政手段的强制性供给，农民缺乏实质性的参与，处于近乎失语状态，未能有效及时地提出对公共服务的问责。同时，这种自上而下的目标责任制管理体制，使得基层政权过度追求政绩与效益，其目标函数与农民目标函数未能平稳对接，造成公共服务供给与需求脱节。[②] 不仅如此，鉴于自上而下、层层分解指标、较为集权的行政化社会管理体制的宏观背景尚未得以根本性扭转，目标管理责任制管理与自下而上屡弱的自治权的增生，使得乡镇政府缺乏缓冲的空间，乡镇干部更不用多说。不管是利益一致的结合点，还是利益矛盾的触发点，都在其身上体现得淋漓尽致。在无所适从的情况下自利性成为首选，于是在其发展过程中慢慢进行压力的传递与分解，渐渐异化成对政策选择性使用或变通执行，采取非正式制度与上级干部、下级村政人员进行"共谋"等策略性行为，以致在某些程度上，乡镇政府成为利用手中权力谋求利益的主体，乡镇干部成为离散器，对国家和农村社会起着"离散作用"，阻碍了国家政策在基层的贯彻执行。[③] 乡镇政府自利性在目标考核下表现得尤为明显。

二　服务职能转变与乡镇政府组织结构变革

从政府职能转变的发展历程看，大致经历了一个从政治统治到公共服务的转变过程。在传统农业经济社会，政府职能主要发挥政治统治的功能，其主要目标是维护等级秩序，如古代中国的政府就是为满足"君王"政治需要而建立的统治机构。从西方公共行政的理论嬗

[①] 赵树凯：《乡村治理：组织和冲突》，《战略与管理》2003年第6期。
[②] 陈朋：《农村公共产品的供给模式与制度设计思考》，《教学与研究》2006年第10期。
[③] 尤琳：《后税费时期乡镇政府治理能力研究》，《社会主义研究》2013年第6期。

变看，政府职能演变主要经历了三个阶段：从亚当·斯密的"守夜人"政府，到凯恩斯主张的"政府干预"，再到布坎南的"政府失败"说，演绎了政府职能从"全能"到"有限"的发展逻辑。与这三个阶段相对应，从政府形态演变看，发达国家在市场经济体制的建立和完善过程中，经历了从"守夜人"政府职能向"公共服务型"政府职能，再向"核心公共服务"政府职能转变的过程：① 一是有限服务职能。这发生在自由竞争的市场经济时期，政府起着"守夜人"的作用，其职能主要是提供宪政制度、产权保护、法律框架及范围有限的公共服务。在市场经济建立的初期，政府职能严格限制为"保护产权"和"维护秩序"的功能，到了后期，政府的职能也仅仅是发挥"第三方裁决者"的作用。二是全面公共服务职能。这发生在混合市场经济时期，政府发挥着"全面公共服务"的作用，向社会和民众提供核心公共产品、混合公共产品和部分私人产品，包括了所有的公共产品。但这种全面公共服务职能，使政府不堪重负，出现了"政府失灵"的现象。三是核心公共服务职能。这是全球化时代的核心公共服务型政府的职能，政府仅仅提供核心公共服务，将混合公共服务和私人服务交由私人部门、非营利部门提供。这种职能的确立，有效地提升了政府公共服务的效率和品质。

新中国成立后的中国乡镇政府，其职能也经历了一个从"管治"到"服务"的转变过程②：在农业税改革之前，乡镇政府主要承担"整合"和"汲取"两项职能。"整合"就是通过国家经济、政治、文化等力量将国家内部的各个部分和要素整合到一个整体之中，实现国家的一体化；"汲取"就是对基层社会的资源抽取，以满足国家自身的存在和发展的需要。"整合"和"汲取"相互促进、互为表里，共同实现着"管治"的功能。

在税费改革之前，乡镇政府是一种资源汲取型政府。从家庭联

---

① 李军鹏：《公共服务型政府建设指南》，中央党校出版社2006年版，第32—35页。
② 吴理财：《从"管治"到"服务"——乡镇政府职能转变研究》，中国社会科学出版社2009年版，第137—141页。

产承包责任制("大包干"制度)开始,乡村社会渐渐拥有了自己的自主权限。国家向农村集体让渡土地所有权,作为农村公共品的开支来源;同时,向农民让渡土地使用权,作为农民社会保障的基础,国家向地方政府与农民让渡了大量的权益性空间。表面上,或是在一定程度上换取了农村地区的自主发展。但是,从自利性角度而言,国家又通过一系列的制度设计,通过自下而上收取的税费进行自上而下的使用,继续提取用于工业化与城市化发展所需的资源。① 可以说,国家通过这两种制度性让渡减轻了自身负担,是制度变迁的获利者,从农村提取了更多的资源。值得一提的是,由于村民自治的推行,国家权力不得不在乡村社会渐次退出,但并不代表彻底的抽离,而是一种与之前的全能型掌控相迥异的适度放收的策略行为。有学者认为村民自治并不代表"国家"从乡村社会的退出,而是进行了一种行之有效的整合。② 也正因此,乡镇对农村仍是一种有意识的"汲取"。这一方面可以从相关政策文件中看出来,财政部在1983年发布的《财政部关于农业税征收管理若干问题的通知》中针对新实行的以联产承包为主要形式的生产责任制,提出了要改进农业税征收管理工作,乡镇干部要广泛深入地进行农业税政策和爱国主义的宣传教育,自觉履行纳税义务,督促农村纳税工作的推进;③据相关资料统计,从1952年到1986年,国家从农业中隐蔽地抽走了5823.74亿元的巨额资金,加上收缴的农业税1044.38亿元,34年间国家共从农业中抽走了6868.12亿元的资金,约占这些年间农业所创造价值的18.5%。另有估计,在1978年之前,农民通过"剪刀差"每年向国家提供二三百亿元的贡献。即使是改革开放之后的1991年,农民因"剪刀差"而减少的收入也有136亿元左右。④

---

① 何君:《国家转型、农村正式制度变迁与乡镇政府行动》,《经济社会体制比较》2014年第6期。
② 吴理财:《村民自治与国家政权建设》,《学习与探索》2002年第1期。
③ 财政部:《财政部关于农业税征收管理若干问题的通知》(财农字〔1983〕37号),1983年3月23日。
④ 汝信、陆学艺:《2001年:中国社会形势分析与预测》,社会科学文献出版社2001年版,第201页。

1993 年《财政部关于进一步加强农业税征收管理工作的通知》中明确提到"要重视和支持农业税收工作",要认真协调有关部门的关系,基层政府要尽责确保完成税收任务;① 1999 年国家税务总局深入贯彻党的十五大和十五届三中全会精神,印发了《关于加强农业税收工作的意见》的通知,仍以提高税收工作水平、做好税收工作为旨要。这一系列中央层面的文件都表现为贯彻加强农业税征收工作这一要求,从宣教教育、征收制度、干部队伍建设、部门协调等方面提出了明确的要求,这些都要求身居"前线"的乡镇政府做好征税工作。安徽省作为农村改革的弄潮儿,于 2000 年颁布的《中共安徽省委办公厅、安徽省人民政府办公厅关于加强农业税收征收管理机构和队伍建设的意见》指出,因农业税收征收管理工作量大,各级党委、政府要充分认识农业税收征收管理工作的重要性,加强对农业税收征收管理工作的领导,乡镇政府要积极配合协调,支持农业税收征收管理机关的工作。② 总之,征税和向农村汲取资源是税费改革前乡镇政府的一个基本功能。

农村税费改革后,乡镇政府职能发生了大逆转,从"管治"为主转向"服务"为主,乡镇政府的职能主要是"为农服务",发展农村经济、发展农村各项事业、保障农民民主权益和经济利益。③ 自 2000 年《中共中央、国务院关于进行农村税费改革试点工作的通知》颁布以来,以减免农业税、乡镇机构改革等为核心旨意的政策不断出台。2001 年的《国务院关于进一步做好农村税费改革试点工作的通知》、2002 年的《国务院办公厅关于做好 2002 年扩大农村税费改革试点工作的通知》、2003 年的《国务院关于全面推进农村税费改革试点工作的意见》、2004 年的《国务院关于做好 2004 年深化农村税费

---

① 财政部:《财政部关于进一步加强农业税征收管理工作的通知》(财农税字〔1993〕47 号),1993 年 9 月 7 日。
② 中共安徽省委办公厅、安徽省人民政府办公厅:《中共安徽省委办公厅、安徽省人民政府办公厅关于加强农业税收征收管理机构和队伍建设的意见》,2000 年 5 月 16 日。
③ 乡镇政府的职能转向"服务"为主,这是一种政策设计的理想形态,因为农村全年取消农业税,使乡镇政府失去了向农民"汲取"资源的根基,但在实践中,乡镇政府在压力型体制下的权力运行逻辑转变和公共服务能力的提升还有很长的一段路要走。

改革试点工作的通知》以及2005年的《国务院关于2005年深化农村税费改革试点工作的通知》这一系列税费改革试点工作的政策保障，都在不断加大农业税减免的力度，纵深推进乡镇配套性改革，逐步完善农民负担监督管理机制，始终贯彻"切实转变乡镇政府职能、努力建立服务型政府和法治政府"这一核心要求，从2003年开始，历年的"一号文件"都强调了这一中心思想。通过加强对农村公共服务的供给，这些惠农政策实现了国家对乡村社会"资源汲取"到"资源反哺"的历史性跨越，其本身也因具备整合机制的特性，而标志着国家对乡村社会由"汲取式整合"到"供给式整合"的转变。[①]"加快转变政府职能"、"实现基本公共服务均等化"等政策方针战略表明建设服务型政府成为国家基本的施政方略。

农业税的渐次取消，意味着农村公共产品供给的制度设计也在不断革新。2008年，中国共产党第十七届中央委员会第二次全体会议通过的《关于深化行政管理体制改革的意见》明确提到要"加快政府职能转变"，"更加有效地提供公共产品"。基层政府在不断寻求自身职能的切入点，逐步由过去的"行政命令型"向"综合服务型"转变。由于农村公共资源的筹资制度等的改变，公共产品供给方式大致表现为两个向度的变化：一是自上而下的供给方式。在公共财政基础上以财政转移支付为基础，以及通过专项拨款由中央直接负担纯公共产品供给的制度建构。二是自下而上的供给方式。以农村社区组织为基础，通过"一事一议"制度对与村民利益关系密切的公共产品供给进行决议。[②] 这一时期在农村公共服务领域内的制度变迁，其实质是打破了农村公共服务领域内原有的政府一元化供给的单向制度格局，构建了一个由政府主导，多方组织参与形成的多元互动式公共服务新秩序。

服务职能转变与乡镇政府组织结构变革的关系体现"结构"与

---

① 尤琳：《后税费时期乡镇政府治理能力研究》，《社会主义研究》2013年第6期。
② 贺雪峰、罗兴佐：《农村公共品供给：税费改革前后的比较与评述》，《天津行政学院学报》2008年第5期。

"功能"的统一。从理论上,结构功能主义关注系统结构与功能的统一,"结构是系统组成部分排列组合顺序;功能则表明了系统自身结构形式的目标追求,以及整个结构与外部环境之间输入输出的方式和效用"①。乡镇政府组织结构变革的核心问题是乡镇政府的职能定位,而乡镇政府的职能定位聚焦起来就是更好地提供农村公共产品的服务。美国学者戴维·伊斯顿指出,"任何具体政治体系的存在本身要求满足某些基本需要或履行某些基本职责"②。毫无疑问,政府进行决策时所要参照,或是优先考量的是基层民众的民主诉求。从税费改革之后的乡镇政府组织结构的创新看,国家发展战略、公共政策的导向、制度设计的不断精良、国家财政在公共领域的投入力度等都是以履行公共服务职能为基点的。农村税费改革从根本上改变了乡镇政府的职能定位,新的"功能"定位势必会对乡镇政府组织"结构"变革提出新的要求,产生巨大的影响。这在乡镇社会治理的实践上也迅速地反映出来,农业税改革后,全国各地积极地推进乡镇机构改革,创新农村工作机制,改进管理方式和提升服务水平,例如:安徽、江西等地建立了乡镇便民服务中心,实行"一站式"服务;黑龙江克山等地创新基层社会治理方式,建立农村矛盾排查机制;河北、山西等地实行办事代理制,推动乡村干部为人民群众跑腿办事;重庆乡镇实行"AB角"宣讲惠农政策,帮助农民解决实际问题。③这样,农村税改革从根本上改变了乡镇政府的性质,使它从一种资源汲取型乡镇政府组织结构开始转变为公共服务型乡镇政府组织结构。

三 乡镇机构改革全面推开与乡镇政府组织结构创新

2009年1月,中共中央办公厅、国务院办公室转发了《中央编

---

① 董向芸:《组织结构功能转型与内卷化——云南农垦发展透视》,人民出版社2013年版,第61页。
② [美]戴维·伊斯顿:《政治体系——政治学状况研究》,马清槐译,商务印书馆1993年版,第298页。
③ 国务院农村综合改革工作办公室:《农村税费改革十年历程》,经济科学出版社2012年版,第31页。

办关于深化乡镇机构改革的指导意见》，标志着乡镇机构改革进入了全面推开阶段。这为我国乡镇政府组织结构革新提供了一个新的政策推动力。在乡镇机构改革全面推开之后，2010年，第十一届全国人民代表大会常务委员会修订通过了《中华人民共和国村民委员会组织法》，2015年后，中共中央办公厅和国务院办公厅印发了一系列有关基层社会治理的政策文件，为乡镇政府组织两层级结构变革提出了较为完善的制度设计（见表2-5）。

表2-5　乡镇机构改革全面推开后两层级组织结构的制度设计

政策文本	乡镇政府体制化组织结构变革	乡镇政府边界化组织结构变革
《中央机构编制委员会办公室关于深化乡镇机构改革的指导意见》（2009）	①建立精干高效的乡镇行政管理体制和运行机制，建设服务型政府；②确定乡镇机构设置和职能配置的重点；坚持权责一致，赋予乡镇履行职能必要的事权和财权；坚持精简统一效能和积极稳妥确保机构编制只减不增和社会稳定；③乡镇事业站所可实行以乡镇管理为主、上级业务部门进行业务指导的管理体制	①推动乡镇行政管理与基层群众自治有效衔接和良性互动；②综合发挥人民调解、行政调解和司法调解的作用，及时化解农村社会矛盾，确保社会稳定；③指导村民自治，推动农村社区建设，促进社会组织健康发展，增强社会自治功能
《中华人民共和国村民委员会组织法》（2010）	①乡、民族乡、镇的人民政府对村民委员会的工作给予指导、支持和帮助，但是不得干预依法属于村民自治范围内的事项；②村民委员会不依照法律、法规的规定履行法定义务的，由乡、民族乡、镇的人民政府责令改正	①村民委员会设立、撤销、范围调整，由乡、民族乡、镇人民政府提出，经村民会议讨论同意，报县级人民政府批准；②村民会议可以制定和修改村民自治章程、村规民约，并报乡、民族乡、镇的人民政府备案
《深化农村改革综合性实施方案》（2015）	①发挥好基层党组织在农村各类经济、社会组织中的领导核心作用，完善村民自治组织民主制度，形成规范有序、充满活力的乡村治理机制；②加强乡镇服务型政府建设，发挥好基层党组织在农村各类经济、社会组织中的领导核心作用；③开展政府向农业经营性服务组织购买公益性服务机制创新试点	①健全村党组织领导的充满活力的村民自治机制，探索村民自治的有效实现形式；②强化县、乡、村三级便民服务网络建设；③发挥乡规民约的积极作用；④完善村民自治组织民主制度，形成规范有序、充满活力的乡村治理机制

续表

政策文本	乡镇政府体制化组织结构变革	乡镇政府边界化组织结构变革
《关于加强城乡社区协商的意见》（2015）	①基层政府及其派出机关、村党组织、村民委员会等利益相关方可以作为协商主体；②涉及两个以上行政村、社区的重要事项，单靠某一村无法开展协商时，由乡镇党委（党工委）牵头组织开展协商；③推进乡镇协商民主建设，提高乡镇指导行政村、社区协商活动的能力和水平	①健全基层党组织领导的充满活力的基层群众自治机制；②坚持党的领导，充分发挥村党组织在基层协商中的领导核心作用；③加强对协商工作的支持和保障；④开展基层干部和行政村工作者专题培训，提高组织开展协商工作的能力
《关于加强乡镇政府服务能力建设的意见》（2017）	①扩大乡镇政府服务管理权限，建立公共服务多元供给机制，推进乡镇行政执法改革；②统筹乡镇站所管理体制改革。乡镇事业站所可以实行以乡镇管理为主、上级业务部门进行业务指导的管理体制	①加强农村经营管理体系建设，夯实基层农村经营管理工作基础，确保责任和人员落到实处；②厘清乡镇政府和村（居）民委员会、农村集体经济组织的权责边界

注：表格中的内容以政策文本原文呈现，只是对一些无关的内容进行了删减和修改。

乡镇机构改革全面推开之后的政策设计对乡镇政府组织结构创新提供了较好的制度保障，有效地推动了乡镇政府组织结构在实践中的创新，这具体表现在如下几个方面：

首先，乡镇政府组织与村委会组织的权力边界明晰化。如2010年《中华人民共和国村民委员会组织法》除了规定继续保留乡、民族乡、镇的人民政府"对村民委员会的工作给予指导、支持和帮助"关系之外，还明确规定乡镇政府在指导、支持和帮助的时候"不得干预依法属于村民自治范围内的事项"，"乡、民族乡、镇的人民政府干预依法属于村民自治范围事项的，由上一级人民政府责令改正"。这个权力边界限定，为乡镇政府的行政权扩展提供了制度约束。同时，新的《中华人民共和国村民委员会组织法》也明确规定了村民委员会的权力边界，如"村民会议可以制定和修改村民自治章程、村规民约，并报乡、民族乡、镇的人民政府备案"和"村民委员会不依照法律、法规的规定履行法定义务的，由乡、民族乡、镇的人民政府责令改正"。这种细化权力边界的规定，对于乡镇政府边界化组织结构创新提供了制度保障。例如，税费改革后的乡村关系得以呈现多层次性，乡村公共服务提供也不仅仅是政府单方的主导性投入，更是吸收了基层群众的参与和合作，通过不断完善参与式机制，加大协商要素的比例，变政府垄断服务为多方协商参与式服务。基层民主协商、城乡协商在乡村治理中盛行起来，一种协商型乡镇政府组织结构在实践中逐步生成。

其次，明确了乡镇政府的服务职能定位。随着乡镇机构改革的全面推开，乡镇政府组织结构变革的内容从侧重于精简机构和人员改革转向了农村整合性服务改革，乡镇体制机制进行全方位创新。例如，2009年的《中央机构编制委员会办公室关于深化乡镇机构改革的指导意见》明确提出"建立精干高效的乡镇行政管理体制和运行机制，建设服务型政府"，并指出，现阶段乡镇政府要"围绕促进经济发展、增加农民收入，强化公共服务、着力改善民生，加强社会管理、维护农村稳定，推进基层民主、促进农村和谐四个方面全面履行职能"；2015年的《深化农村改革综合性实施方案》进一步提出"加强乡镇服务型政府建设"的论断。从实践看，乡镇服务型政府建设取得了显著成效。以陕西龙池镇为例，自税费改革以来，着力保障和改善民生，打造亲民爱民为民政府，提供公共服务能力和水平。各项惠农政策全面落实到位，财政补贴等所占比例逐年增大。据该镇2015年政府工作报告显示，硬化了8个村巷道15.6公里，衬砌渠道13.9公里，交通条件大大改善；解决了金星、平头等9个村的农田灌溉问题；积极实施自来水主干管网改造和入户工程，彻底解决了七一、重泉等4个村部分群众的吃水问题。依规有序核定办理农村低保610户202万元、大病救助32人15万元、临时救助48户7万元、移民后续扶持6793人407.6万元、农机具补贴237台122万元、高龄补助2382人203.2万元。① 该镇民生工程有序推进，社会事业繁荣发展。

---

① 《龙池镇政府工作报告》，蒲城县人民政府官网，http://www.pucheng.gov.cn/gk/bmgk11/51888.htm。

2017年，中办、国办印发了《关于加强乡镇政府服务能力建设的意见》，明确提出，要加快乡镇政府职能转变，强化服务功能，健全服务机制，创新服务手段，增强服务意识，提升服务效能，进一步推进乡镇治理体系和治理能力现代化。

再次，开始探索乡镇政府网络化组织结构的建立。例如，《深化农村改革综合性实施方案》多处提出处理好农村各类经济、社会组织的关系，并向农业经营性服务组织购买公益性服务；《关于加强城乡社区协商的意见》中提出的协商主体极其广泛，并提出要"为城乡居民搭建网络协商平台"的举措；《关于加强乡镇政府服务能力建设的意见》中提出建立公共服务多元供给机制，将适合群团组织承担的乡镇服务管理职能依法转由群团组织行使。这些政策举措为建立公共服务的公私合作伙伴关系和基层民主治理的协商网络提供了政策支持。从实践效果看，国家也在不断完善和规范财政管理体制，重新划分和确定各级政府间的财权和事权，不断精简基层政府机构，以减轻财政负担，通过开展以转变乡镇政府职能为旨要的一系列乡镇改革来推进乡镇治理结构不断转型，实现基本公共服务均等化。而基本公共服务均等化理念的确立，使县乡这一提供农村公共服务的重要主体组织由封闭自决型向开放参与型转变。伴随着国家对乡村的治理由资源汲取到资源反哺的转变，国家也加快了对农村公共财政供给与覆盖的步伐，强调对乡村实行"多予少取放活"的政策，加大对农村的财政转移支付力度，通过吸纳多元主体参与公共服务供给，坚持农村公共服务提供方式的市场化、社会化、民营化、多元化和契约化等方式来加快基本公共服务均等化战略的推进。[1] 这样，通过创新乡镇政府在农村公共领域的投入方式，实现政府、市场、社会多元主体协同合作局面，发挥农村公共产品供给中的政府主导性供给作用、市场促进性供给作用、社区补充性供给作用，[2] 由此，乡镇公共服务的提供机

---

[1] 尤琳：《中国乡村关系——基于国家治能的检讨》，博士学位论文，华中师范大学，2013年，第3页。
[2] 陈朋：《农村公共产品的供给模式与制度设计思考》，《教学与研究》2006年第10期。

制由政府的单主体提供结构逐渐转变为公共服务供给多元主体协同提供的网络化结构。

最后,强调要发挥基层党组织的核心领导作用。《深化农村改革综合性实施方案》提出在乡镇层面"发挥好基层党组织在农村各类经济、社会组织中的领导核心作用"和在村级层面"健全村党组织领导的充满活力的村民自治机制";《关于加强城乡社区协商的意见》提出"充分发挥村(社区)党组织在基层协商中的领导核心作用","健全基层党组织领导的充满活力的基层群众自治机制";《关于加强乡镇政府服务能力建设的意见》提出要"切实发挥乡镇党委的领导核心作用"。"舵手的方向决定了航行的方向",在乡村社区协商中,党组织的核心领导作用是"掌舵",是乡村社区协商工作开展的"舵手",引导村党组织、村居委会及利益相关方沿着群众偏好与形成集体共识的最大公约数的方向"航行",引领群众与各方力量广泛参与协商实践。乡村社区的协商不仅需要党组织的"掌舵",也需要广大村民的"划桨",村民通过"四个民主"开展自治行动,充分发挥和实现乡村社区协商对于村民自治的作用。① 即乡村社区协商民主不仅要坚持党的领导,同时也要发挥乡村社会的内生力,要处理好领导与自主的关系。不管是在议题的选择上还是在乡间社会的动员上,都要确保维护公共利益,培育公共精神。基层党组织不仅包括乡镇党委,同时也包括自然村里的党小组、村里的党支部等。党组织的领导核心作用主要是通过大政方针政策的制定体现出来的,通过支持基层群众自治积极反映村民的利益诉求与偏好,通过协商确立议题,将利益相关者整合到乡村社区协商中来。正如凯尔森所言,"现代民主完全是建立在政党之上的;民主原则应用得越彻底,政党就越重要"。因此,政党对于民主协商在基层治理中的运用有着重要的作用。② 以广西贵港为例,该地区在自然屯(自然村)、村民小组探索推行"一组两

---

① 唐鸣、项继权、陈伟东:《基层民主政治建设的新常态——城乡社区协商三人谈》,《中国社会报》2015年7月23日。
② 唐绍洪、刘屹:《在基层治理中实现社会秩序"动态稳定"的协商民主路径》,《社会主义研究》2009年第1期。

会"协商自治制度，其基本架构是以自然屯、村民小组为基本单元，涉及村民切身利益与公共服务事项由"一组"（党小组）提议，经"两会"户主会议决议、理事会执行，[①] 从中可以看出贵港"一组两会"自治协商的机构设置、工作职责及其工作流程，职责分工明确，组织架构层次分明。这种做法是在不改变原有的"乡镇—村两委"的组织架构下的治理模式创新，改善了"乡镇—行政村—自然村"间的基层组织架构关系，加强了以行政村为单位组建的村党支部中自然村、村民小组党组织的作用，形成党小组强有力的领导。

由此可见，正是税费改革导致乡镇政府的职能定位发生根本转变，加快了公共服务型政府建设的步伐，乡镇政府一元化组织结构的锁定性变革路径依赖被打破，为乡镇政府两层级组织结构的创新提供了坚实的政策支持和实践土壤。

第四节　乡镇政府组织结构变革路线

组织结构变革是一个持续推进和创新的过程。这是因为组织结构只有处于不断的变革中，才能有效地适应社会经济发展环境的需要。我国乡镇政府组织结构一直处于持续的变革之中，从历史演变过程看，主要经历了从一元化组织结构向两层级组织结构演变的发展过程。以农村税费改革为分界线，乡镇政府组织结构变革过程可以划分为锁定性变革和突破性变革两个阶段，呈现出从量变到质变的变革路线（见图2-1）。

在锁定性变革阶段，国家与社会的关系表现为全能主义国家与自治空间丧失，乡镇政府组织结构虽经历了民国时期、新中国成立初期和人民公社时期多个阶段，但都没有突破一元化的组织结构模式和组织结构内卷化的困境。一元化乡镇政府组织结构主要表现在行政权力向乡村的全面渗透和国家对社会的侵蚀，其组织结构要素变革都在体制内的框架下进行，边界化结构无从生成，这种结构对应的乡镇政府

[①] 郑铨史：《自然村设置村委会切莫一哄而上》，《中国社会报》2014年3月7日。

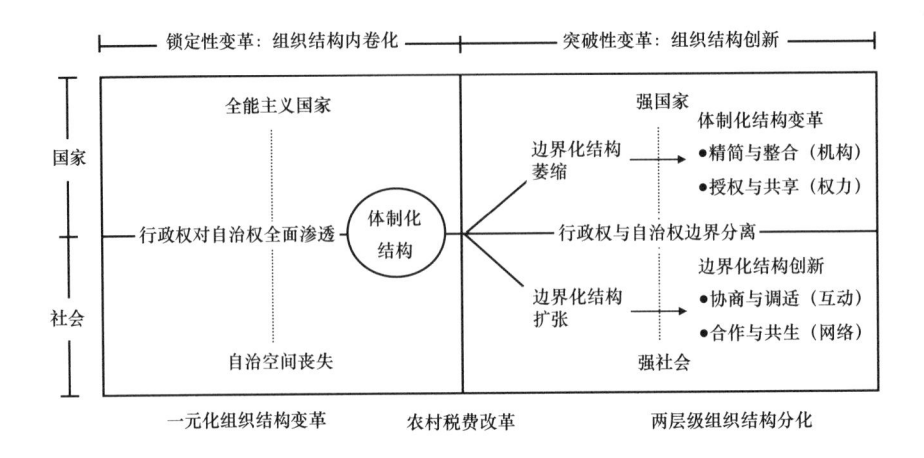

图2-1 乡镇政府组织结构变革路线图

组织的主要职能表现为对社会的强力"整合"与对农村资源的千方百计"汲取"。这种组织结构在特定的历史条件发挥了一定的社会治理功能，取得了一定的效果，但它遵循全能主义国家的逻辑，[①]违背乡村社会发展的规律，最终导致乡村治理能力低下，使乡镇政府组织结构变革陷入了内卷化的困境。

在突破性变革阶段，"强国家—强社会"的关系格局开始逐步地确立，"乡政村治"推动了乡镇政府行政权和村委会的自治权的分离，农村税费改革更是确立了基层政府的服务职能的定位，这在政策设计上较好地推动了乡镇政府两层级组织结构的优化。[②]在体制化结构上，规范了党政结构设置，优化了乡镇政府内部机构及职责。改革

[①] 此处"全能主义"的概念与20世纪30年代中国和西方现在一般理论家所用的"权威主义"一词不同。它用"全能主义政治"这一专有名词来表达政治与社会关系的某一种特定的形式，而不涉及该社会中的政治制度或组织形式。"全能主义"仅仅指政治机构的权力可以随时无限制地侵入和控制社会每一个阶层和每一个领域的指导思想。"全能主义政治"指的是以这个指导思想为基础的政治社会。全能主义政治与全能主义政治制度的基本特点是这个社会中没有一个政治权力机构不能侵犯的领域。参见邹谠《二十世纪中国政治：从宏观历史与微观行动的角度看》，(香港)牛津大学出版社1994年版，第3页。

[②] 乡镇政府组织结构的突破性变革在于"乡政村治"和农村税费改革的政策驱动，这一方面会残留传统组织结构变革的惯性影响，另一方面也说明改革存在诸多不确定因素，既需要改革者的勇气和智慧，更需要不断完善的政策配套措施的保障。

后的乡镇一般设置3—5个综合办公室，东部沿海地区比较发达的乡镇机构稍微多一点；有些地方的乡镇不设机构，只设立若干岗位；与机构改革相适应，乡镇领导的职数也做了较大的精简，少的乡镇精简为5—6个，多的乡镇也就7—9个；党政交叉任职得到全面的推广，不少地方实行了党政一把手"一肩挑"。① 乡镇政府体制化组织结构创新围绕"权力—机构"两个结构性要素变革，形成了精简型、整合型、授权型和共享型四种实践模式。在边界化结构上，虽然"乡政村治"的初期，也存在边界化结构扩张与村民自治空间侵蚀、边界化组织结构萎缩与乡镇治理能力退化等问题，但"乡政村治"的制度设计和农村税费改革过后的服务职能的确立，较好地理顺了乡村关系，规范了乡镇政府结构性要素的萎缩和扩张，在实践中围绕"互动—网络"两个结构性要素的创新，涌现了大量的组织结构创新范例，② 创新了调适型、协商型、合作型和共生型四种边界化组织结构实践模式。

总之，国家与社会关系是乡镇政府组织结构变革的宏观背景和乡村社会治理的一个特殊土壤。乡镇政府组织结构是在国家力量与社会力量碰撞、交互作用的场域中进行变革的。在新中国成立后，国家对乡村社会的控制关系经历了一个"逐步渗透—全面控制—权力回撤"的路径，这也凸显了国家与社会三种不同的关系格局，即相对协调发展、强国家弱社会、国家与社会互动发展格局。③ 乡镇政府组织结构变革相应地呈现出从一元化组织结构到两层级组织结构变革的过程。"乡政村治"下的两层级乡镇政府组织结构遵循"强国家—强社会"的发展逻辑，这为乡村治理提供了良好的组织基础。但是，由于长期以来乡镇政府的汲取功能惯性作用，导致了乡镇边界化组织结构的异

---

① 国务院农村综合改革工作办公室：《农村税费改革十年历程》，经济科学出版社2012年版，第30页。

② 这里的"互动—网络"是指社会资本意义上的互动关系和网络关系，它们在边界组织结构变革中构成特殊性组织结构要素。

③ 陈益元：《建国以来农村基层政权建设研究述评——兼论当代中国国家与社会在乡村控制中的关系变化》，《文史博览》2007年第4期。

化和乡镇治理能力的羸弱。农村税费改革从根本上转变了乡镇政府的性质，以构建基层服务型政府为目标，促进乡镇政府的职能从管治转向服务，这为乡镇政府两层级组织结构革新提供了强大的动力和广阔的空间。

第三章　基于社会治理复杂性的乡镇政府组织结构变革分析框架

农村税费改革之后,社会治理日益体现出复杂性,我国乡镇政府组织结构变革经历一个从一层级组织结构变革到两层级结构创新应对治理复杂性的实践图式。社会治理复杂性成为乡镇政府组织结构变革的一个直接驱动因素,它推动着乡镇政府组织结构发生着持续的变革与创新。本章首先从乡镇社会治理复杂性切入,然后分析应对社会治理复杂性的组织结构变革理论基础和结构性要素,找寻乡镇政府组织结构要素优化组合的基本规律,从而构建一个基于治理复杂性的乡镇政府组织结构变革分析框架。

第一节　乡镇社会治理复杂性的表现与成因

乡镇社会治理复杂性是复杂性治理理论发展中的一个新概念,它表明乡镇社会治理本身是一个复杂系统。乡镇社会治理复杂性的生成有宏观和微观两个层面的原因,它的一个直接的影响就是乡镇社会治理内卷化。

一　社会治理复杂性的理论分析

国外对复杂性治理的研究起始于20世纪80年代中期。1994年霍兰德(J. Holland)正式提出了比较完整的复杂适应系统(Complex Adaptive System,CAS)理论。复杂性是相对于简单性而言,以普遍性、还原性和分离性原则将整体简单视为部分之和的经典科学称为

"牛顿范式",而源自系统论、信息论和控制论的"老三论"和突变论、协同论和耗散结构理论的"新三论"对事物非线性关系的探索,被称为"复杂性范式"。因此,复杂系统一般是指相对"牛顿范式"经典科学以来构成科学事业焦点的简单系统而言的,它是一个具有中等数目,基于局部信息做出行动的智能性、自适应性主体的系统,其内部具有多个相互依赖的子系统(subsystem)。复杂性治理是复杂性管理发展的一个新阶段,复杂性管理最初兴起于工程技术研究领域,之后迅速地转入企业管理、环境治理、冲突管理、城市治理等管理科学研究领域。复杂性治理成为面对社会复杂性、多样性和风险性不断增加的现实而提出的一个公共治理的新范式。

国内学界把复杂性治理的研究引入社会治理中是近几年的事情,经历了一个从社会管理到社会治理的过程。[①] 如有学者指出,全球化和信息化推动了社会管理的复杂性,且社会管理复杂性增加了政府的管理成本,[②] 也有学者开始从个案的角度研究杭州的复合主体社会管理机制。[③] 随着国内学界对社会管理认识的深化,一致认为从社会管理转向社会治理,既是理论发展的需要,也是实践发展的需要。社会治理的研究近年来成为学术研究的一个新热点,众多学者对社会治理复杂性的生成条件、基本内涵和实现方式进行了初步的探索,例如,有学者从"复杂性时代需要复杂性的治理"的理念出发,认为传统治理是一种"简单性模式"的治理逻辑,提出"公共治理的复杂性转向"的研究论断;[④] 也有学者从摈弃"主导型社会管理职能"的理念出发,认为高度复杂性的社会条件下,应当转变政府职能,提出复杂性条件下的社会治理应当提倡"政府引导社会管理"

[①] 在十八届三中全会之前,党的政策文件提的是"社会管理创新",十八届三中全会公报及《中共中央关于全面深化改革若干重大问题的决定》首次提出"创新社会治理体制"的科学命题。

[②] 张康之:《在完善社会管理体制中降低行政成本》,《行政论坛》2007年第1期。

[③] 郑杭生、杨敏:《从社会复合主体到城市品牌网群:以组织创新推进社会管理创新的"杭州经验"》,《中共杭州市委党校学报》2011年第4期。

[④] 李宜钊、孔德斌:《公共治理的复杂性转向》,《南京农业大学学报》(社会科学版)2015年第3期。

的职能定位;① 还有学者认为在高度复杂性的条件下，只有倡导积极的社会治理，通过社会治理方式方法的创新，以前瞻性的行动目标、灵活性的响应机制、多样性的方式方法才能有效地推进社会治理变革。②

复杂性治理正成为公共治理研究的一个前沿地带，不过国内的研究主要集中于宏观层面的规范性分析，例如，杨龙从民族关系和利益分化的视角分析了多民族国家治理复杂性;③ 杜英歌认为我国国家治理体系结构是一个特殊的复杂系统，要应对未来社会治理复杂性的局面，需要构建纵横交错的网络治理结构、扁平化分权治理结构和政府治理的协同合作治理结构三大结构。④ 蓝志勇和魏明从顶层设计、实践经验和复杂性的关系出发，提出构建现代国家治理体系，实现国家治理能力现代化的对策思考。⑤ 时和兴从多中心治理的制度创新、多层级治理的结构体制优化、多维度治理的功能机制创新三个方面提出改变现有的公共治理模式，构建复杂性时代的多元公共治理模式。⑥ 李后强分析了中国社会治理复杂性的基本特征，指出处于转型期的中国面临迥异于西方的复杂问题和复杂国情，迫切需要探索中国特色的社会复杂性治理。⑦ 柳亦博从社会形态的演进出发，提出复杂性社会治理的基本逻辑取向是由"化简为繁"到"与繁共生"。⑧ 范如国认为，全球已经进入了一个高度不确定的"风险社会"，要认识全球风

---

① 郑家昊:《政府引导社会管理：复杂性条件下的社会治理》,《中国人民大学学报》2014年第2期。
② 张康之:《论高度复杂性条件下的社会治理变革》,《国家行政学院学报》2014年第4期。
③ 杨龙:《多民族国家治理的复杂性》,《社会科学研究》2010年第2期。
④ 杜英歌:《我国国家治理体系结构复杂性分析》,《国家行政学院学报》2016年第2期。
⑤ 蓝志勇、魏明:《现代国家治理体系：顶层设计、实践经验与复杂性》,《公共管理学报》2014年第1期。
⑥ 时和兴:《复杂性时代的多元公共治理》,《人民论坛·学术前沿》2012年第6期。
⑦ 李后强:《中国社会治理的复杂性探析》,《人民论坛·学术前沿》2015年第24期。
⑧ 柳亦博:《由"化繁为简"到"与繁共生"：复杂性社会治理的逻辑转向》,《北京行政学院学报》2016年第6期。

险社会形成的复杂性机理，进行风险社会治理，进行气候谈判、消除社会贫困、防范全球金融风险等都离不开复杂性范式和中国的参与。① 复杂性范式成为社会科学研究的一个主流范式。

随着复杂系统和复杂性管理进入人文社会科学的视野，一些研究者最近开始关注和探索乡镇社会的复杂性问题，对乡镇社会治理复杂性形成原因和治理困境等进行了分析。例如，有学者注意到全球化和信息化推动了社会治理的复杂性，且社会治理复杂性增加了政府的管理成本，因此，通过促进社会自治力量的成熟，做出行政自治的制度安排，成为完善社会管理体制的基本方向。② 也有不少学者开始从个案的角度研究杭州的复合主体社会治理机制（郑杭生、杨敏，2011；龚俊、杨廷文，2011）。③ 清华大学的孙立平教授则大声呼吁，应该通过积极的社会治理，来应对复杂性的挑战。④ 刘杰等从城乡分裂割裂挑战和公共性缺乏等复杂性生态问题出发，提出城乡基层社会治理公共性构建的对策。⑤ 由此可见，对社会治理复杂性的关注已逐渐成为创新基层社会治理研究的一个新动向。

不难看出，治理复杂性的研究者已开始用社会治理复杂性这一分析工具研究中国社会问题和社会系统，并且一致认为当今的中国社会是一个复杂系统，迫切需要复杂治理的思维和方法。从研究取向看，学界的研究主要是宏观的规范分析，缺乏微观的实证研究。因此，本书从微观的乡镇社会治理实践出发，构建一个乡镇政府组织结构变革的分析框架，并具体分析当前乡镇社会治理的具体实践模式和总结基本经验。

---

① 范如国：《"全球风险社会"治理：复杂性范式与中国参与》，《中国社会科学》2017 年第 2 期。
② 张康之：《在完善社会治理体制中降低行政成本》，《行政论坛》2007 年第 1 期。
③ 郑杭生、杨敏：《从社会复合主体到城市品牌网群：以组织创新推进社会管理创新的"杭州经验"》，《中共杭州市委党校学报》2011 年第 4 期；龚俊、杨廷文：《多元主体共同参与社会治理机制探析》，《人民论坛·学术前沿》2011 年第 11 期。
④ 孙立平：《积极社会治理：应对复杂挑战良方》，《廉政瞭望》2012 年第 6 期。
⑤ 刘杰等：《城乡基层社会治理的复杂性生态及其公共性构建》，《领导科学论坛》2016 年第 3 期。

二 乡镇社会治理复杂性的表现分析

农村税费改革之后,"三农问题"得以破解,但乡镇社会治理需求呈现多元化、多层次的日趋复杂性特点,这不仅表现为乡镇社会治理事项的多样性、治理事务的渐增性和治理内容的交叉性,更表现为乡镇社会治理是一个包括治理主体复杂性、治理环境复杂性和治理客体复杂性的复杂适应系统。①

1. 治理主体:从一元到多元复杂性

在20世纪70年代末以来,各国地方政府都经历了一个从地方政府管理到地方政府治理的变迁过程。相比地方管理而言,"地方治理有其自身的结构和程序,依靠众多的服务提供者"②。随着从管理到治理的转变,主体结构也从一元转变到多元。我国乡镇社会治理的主体经历了从乡镇政府一元化主体到多元化主体的发展过程。"一元"是指乡镇管理主体的单一性,"多元"是复杂性科学的一种认知方法论,③是复杂性时代治理的基本图式,其主体结构"源自政府,但又不限于政府,由一系列社会公共机构和行动者参与其中,它涉及集体行动的各个社会公共机构之间的权力依赖关系"④。这里"多元"指的是乡镇治理主体的类型多样,多主体共治。

在一元化乡镇政府组织结构阶段,乡镇社会治理的主体是单一的,主要表现为行政权全面渗透下的"乡镇政府主体系统"。例如,民国时期的乡(镇)公所,新中国成立初期的乡镇(行政村)、人民公社时期的人民公社等。在改革开放前这一段,由于行政权全面渗透,虽然也有行政村、大队等村级组织,但它们都是乡镇政府附属机构,是其行政权力的延伸,乡镇政府成为乡镇社会治理的唯一主体。

---

① 参见曾维和《创新乡镇社会管理:一个复杂系统的分析框架》,《社会科学》2013年第4期。
② [英]卡洛林·安德鲁等:《从地方政府管理到地方治理》,周红云编译,《马克思主义与现实》1999年第5期。
③ 于金龙:《复杂性方法论:多元·实践·融合——基于复杂性认知隐喻的探析》,《科学技术哲学研究》2012年第2期。
④ 时和兴:《复杂性时代的多元公共治理》,《人民论坛·学术前沿》2012年第4期。

这种一元化主体的职能单一,主要是为了完成"国家统治"的需要,兼有一部分社会管治的职能,它在特定阶段也曾发挥了积极的作用,是与当时简单的社会治理环境相适应的。但随着乡镇社会治理环境的复杂化,社会治理需求的多元化,这种单一的主体结构的弊端就暴露出来了,主体结构的改革也就提上了日程。

改革开放后,乡镇行政权和乡村自治权开始分离,"乡政村治"体制开始建立,村民委员会是基层群众性自治组织,成为乡村社会治理的一个新型主体。农村税费改革后,乡镇政府的职能从"管治"转向"服务",公共服务成为乡镇社会治理的一个基本需求,一些提供公共服务的社会组织、民间组织开始生长起来。这样,乡镇社会治理的主体结构从乡镇政府、村委会两元结构迅速地发展成为多元结构。这种多元化乡镇治理主体结构是一个复杂系统,它是"量的复杂性"和"质的复杂性"的统一,这表现为乡镇社会治理主体不仅数量繁多和类型多元,而且其发挥职责功能也具有复杂性(见表3-1)。

表3-1 乡镇社会治理主体种类、功能与角色复杂性

治理主体	类型细分	功能描述	角色
基层党性组织	乡镇党委、村级党组织(党支部或党总支、党员大会、党小组)	乡镇党委基本上是乡镇重大事项的最终决策者;村级党组织对村级权力的运作有着普遍性、全局性和原则上的控制权	乡村治理的中枢
乡镇政府	乡镇人民政府及其相关的行政服务机构	宣传、落实党和政府惠农政策;依法贯彻生态、土地、计生等基本国策;引导农民调整农村经济结构;维护社会稳定	乡村治理的调节器
村两委会	村共产党员支部委员会和村民自治委员会(村支部和村委会)	掌握着村庄公共权力,在农村社区生活中发挥领导、管理、决策、整合功能,是村治精英	乡村治理的操盘者
村民代表	由村民按每五户至十五户推选一人,或由各村民小组推选若干人	参与村级选举、村务管理、村庄重大事务决策和对干部的监督过程	乡村治理的平衡者
村庄民众	广大村民	通过参与、互动、合作等进行村庄治理	乡村治理的基础力量

续表

治理主体	类型细分	功能描述	角色
村庄体制化精英	经济精英、知识精英和社会精英	因各自的利益而寻求在社会资源分配中的有利地位，与体制内精英和普通村民之间围绕公共事务、个人权力互动	乡村治理的博弈者
乡村社会组织	政治类、经济类社团及农村社区自治组织	表达其成员的利益诉求和价值追求、补充政府公共服务，协调社会矛盾	乡村治理的稳定器
新生社会力量	专家学者、新闻媒体记者等	进行咨询、指导、民主协商、新闻报道、传播信息、实施监督、社会表达等	乡村治理的助力器

资料来源：根据陈晓莉《新时期乡村治理主体及其行为关系研究》，中国社会科学出版社2012年版，第94—128页中的内容改成而成，部分参考了《中华人民共和国村民委员会组织法》中的相关内容。

乡镇治理主体"量的复杂性"和"质的复杂性"交互发挥作用，从而形成一个乡镇治理的多元主体复杂系统：首先，治理主体形式的多元化，这既包括县政府组织和乡政府组织及其内部的大量机构和管理人员，也包括正式的村委会组织和非正式的农村草根性组织，还包括广大村民。其次，是治理主体间关系的复杂化。以乡镇组织内部主体为例，乡镇党政系统呈现一种以授权关系为主导的权力一体性格局，是一种非均衡格局下的乡镇党委一元化领导；① 从乡镇党政系统中的治理主体关系看，乡镇党委一方独大，人大在权力主体间呈现出"弱势"地位，② 这在一定程度上造成了乡镇治理机制结构的畸形，以乡镇党委政府为核心，其他正式组织则在功能上侧重执行上级命令，这与新形势下要构建与日益扩大的公共参与相适应的乡镇治理机制趋势明显不符。③ 最后，治理主体中管理人员的复杂性。乡镇治理

---

① 赵树凯：《从十省（区）二十个乡镇的调查看残缺的乡镇政府权力体系》（中），《科学决策》2005年第2期。

② 李宜钊：《我国乡镇党政关系问题与对策——以海南省为例》，《重庆科技学院》（社会科学版）2010年第19期。

③ 杨雪冬等：《构建与公共参与扩大相适应的乡镇治理机制》，《当代世界与社会主义》2010年第4期。

主体的管理人员繁多，队伍参差不齐，既有兢兢业业、扎根基层的好干部，也有不少行为失范的管理个体，例如，一些乡镇管理干部决策目标缺乏长远，决策过程缺乏考虑，执行过程趋于表面，执行手段缺乏民主，从而导致了基层政治生态的紊乱。① 这样，乡镇管理人员治理的人际关系和利益关系都趋向复杂化。

2. 治理环境：从静态到动态复杂性

治理环境是指围绕治理主体并直接或间接地作用于治理活动的各种客观因素的总和，它是治理活动的生存、发展的空间，同时也是治理活动施加影响的对象。传统社会的治理环境相对稳定，是一种静态的结构，现代化社会中治理环境复杂多变，是一种动态的结构。我国乡镇治理环境经历了一个从静态到动态复杂性的变化过程。

从新中国成立后到改革开放这一段时间，乡镇社会治理环境相对稳定。新中国成立后，广大贫苦农民翻身做了主人，对作为国家基层政权的乡镇政府予以热烈拥护和强有力的支持，形成了以行政权为支配体系的乡村治理秩序。人民公社时期，广大村民被纳入到"三级所有，队为基础"的公社治理体系之中，公社社员固定在一定的生产队中，从事集体性生产劳动，很少流动，成为从事生产活动计划性组织体系的一个"螺丝钉"，这样，乡镇治理环境形成了一种超稳定的静态治理结构。

改革开放之后，乡镇治理环境逐渐演变成为一个高度不确定的立体复杂系统：在宏观上，"两转五化"是乡镇社会、经济、政治环境的一个重要特征："两转"就是传统社会向现代社会转型和计划经济向市场经济转型；"五化"即市场化、信息化、工业化、国际化和现代化。在中观上，压力型体制仍然是乡镇社会治理体制环境的主要特征。在微观上，一方面，乡镇社会治理的方式方法变得灵活多样，另一方面，网络与通信技术的发展给农村带来了巨大的冲击，对乡镇社会治理的方法提出了新要求。

---

① 何沛东：《乡镇干部行为失范的危害及其对策思考》，《唯实》1999 年第 7 期。

3. 治理客体：从同质到异质复杂性

治理客体是治理的对象，也是治理的一个参与者。从组织管理的哲学根基看，同质性的基础是科学主义，异质性的基础是科学主义和人文主义的融合，它是协调、合作与互补，是复杂性的一种思维方法。① 传统乡村社会治理客体相对简单，具有同质性，具有共同的生活方式、利益关系和文化喜好。现代化社会中乡村治理客体开始分化，具有异质性，具有差异性的生活方式、利益关系和文化喜好。乡镇社会治理客体是乡镇社会治理的对象，既包括乡镇所要管理的社会秩序和社会公共事务，也包括乡镇社会治理的直接管理对象，即广大村民。我国乡村社会治理客体经历了一个从同质性到异质复杂性的转变过程。

新中国成立初期，广大贫苦农民成为乡村客体。人民公社时期，乡村治理的客体是从事集体劳动的公社社员。贫苦农民和公社社员都是从事农业劳动、维护农村集体利益和农耕生活的同质性治理客体，他们之间很少存在利益分化和文化差异问题。

改革开放后，乡镇治理主体开始分化，广大农村村民不仅具有总体上的复杂性，而且具有群体与个体上的复杂性，形成了异质复杂性。首先，在生活方式上形成了较大的差异性。以谋生方式为例，当前农村形成了多种职业、收入差距不断增大的农村社会阶层。陆学艺和张厚义依照职业、使用生产资料的方式和对所使用生产资料的权力，将改革开放以来的农业劳动者划分为8个阶层，即农民工阶层、雇工阶层、农民知识分子、个体劳动者和个体工商户阶层、私营企业主阶层、乡镇企业管理者阶层、农村管理者阶层。② 这种划分方式虽然是在20世纪90年代初期，但仍符合当前乡镇社会治理的客体实际，只不过8个阶层的很多阶层已经开始出现更为差异性的分化。这些阶层谋生方式差异很大，出现了管理者阶层和被管理者阶层的显著区分。其次，在利益关系上，由于农村社会阶层的多样化，其利益关

---

① 曹虹剑：《中国战略性新兴产业组织创新：异质性与复杂性的视角》，《社会科学》2015年第7期。
② 陆学艺、张厚义：《农民的分化、问题及其对策》，《农业经济问题》1990年第1期。

系也具有较大差异性，这种利益分化既有经济利益分化，也有社会利益分化，还有群体利益分化，形成了一种多维度、多层次的利益分化格局。最后，在文化喜好上，进城务工人员与留守在农村的"老农"差异较大，进城务工人员也具有差异，如老一代农民工与新生代农民工就具有典型差异，老一代农民工一般文化水平较低，具有"安土重迁"、"落叶归根"的思想，新生代农民工一般文化水平较高，易于接受城里人的新思想、新潮流，与乡土文化渐行渐远。

三 乡镇社会治理复杂性的主要成因

乡镇社会治理复杂性的形成具有多种因素，宏观上根源于国家与社会关系格局变动，微观上则是乡村村民民主意识的提高和公共服务需求品质的提升。

1. 国家与社会良性互动关系的形成

作为整个政治体制的基石，乡镇政权组织的运行机制与运转情况折射出了乡镇政府系统运行的实际情况。在乡制的转型过程中，交织着国家与社会间的关系这样一条主线，国家权力的强化与社会力量的成长在不断博弈，不过显然占据主流的仍然是国家权力的强势化。在新中国成立至今的发展过程中，国家对乡村社会的控制关系，经历了一个"逐步渗透—全面控制—权力回撤"的路径，国家与社会的关系从相对协调发展到强国家弱社会，再到国家与社会互动发展，这在基层政权实践中较为真实地表现出来。[①]

在改革开放之前，政府与社会之间是种"强政府—弱社会"的模式，政府几乎是"全能型"政府，涉及职能范围较广，力量较强，容易侵犯社会与个人的权利，使得个人的独立地位和自由权利较为缺失，加之一些社会组织等发育程度较低，处于依附政府的地位。这种情况下造成个人的政治意识薄弱，参与程度较低。[②] 改革开放后，国

[①] 陈益元：《建国以来农村基层政权建设研究述评——兼论当代中国国家与社会在乡村控制中的关系变化》，《文史博览》2007年第4期。

[②] 潜龙：《政府与市场：干预更多还是更少》，载刘军宁等编《自由与社群》，生活·读书·新知三联书店1998年版，第178页。

家逐渐收缩权力边界，打破了"强国家—弱社会"的关系格局，重构社会结构、重组社会关系，逐步从社会领域退出，为社会的自主发展留下广阔的空间，与社会互动发展。通过各种各样的制度安排寻求国家与社会的合作空间，较为典型的一个就是村民自治。村民自治尽管为一些学者所诟病，但是被认为是国家有效控制乡村社会的另一种手段，更有利于国家意志的贯彻，这只是组织结构优化的一种表现。从村民自治相关文本层面所反映出来的政策要义看，对国家与社会边界进行了较好的厘清，使得人民公社时期全能主义治理模式下的一元结构与乡政村治下的二元结构进行了良好的转接，从而实现了国家与社会的一个阶段性分离过程。同时，较好地平衡了国家与乡村的关系，农民在"自我管理、自我教育、自我服务"中维护了自身利益，同时在"指导—协助"型关系下又兼顾了国家政务，[①] 这种双重逻辑实现了国家与乡村的良性互动。

自"乡政村治"格局确立以来，国家与社会的关系不再像平面图片一样单一化，相互处于断裂对立，而是渐趋立体交融。乡村社会不断进行着组织结构变革，包括税费改革等跨越性的巨变，使得社会权力结构出现了一个阶段性的异质性变化，不同权力资源渐渐融入到基层社会管理中，权力运行规则较之前而言，显示出较高的灵活性，内生型权力的生长点不断充盈，多维框架下的治理结构充分回应了基层社会新时期的价值诉求。

自中共中央十八届三中全会提出"社会治理体制创新"的科学论断后，国家与社会关系又有了新的跨越，渐渐向"强国家—强社会"的互动双赢局面转换。党的十八届五中全会提出要加强社会治理，加快推进社会治理精细化，构建全民共建共享的社会治理格局。这样一种格局形成了相对稳定的关系结构，影响制约着国家与社会间的互动关系。在"共建共治共享"的治理场域中，形成"强政府—强社会"的和谐共生模式，国家与社会间的力量是双向互动的，彼此之间相互

---

① 宫银峰、刘涛：《乡村社会的变动与村民自治的实践——国家与社会视角下的乡村政治解析》，《长白学刊》2010年第1期。

影响、相互依存、共生共强,权力边界、职能边界、行为边界等日益明朗而又分工明确。国家对乡村社会的治理由直接的、全面的、刚性的控制转向间接的、有限的、适度的调控。这为乡镇社会治理提供了广阔的政策创新空间和实践创新动力,催生了乡镇社会治理复杂性的形成。

2. 乡村民主治理意识快速生长

国家与社会良性互动推动了基层民主治理的发展。乡镇政府首先需要维护基层社会公共秩序,为公共表达利益诉求设置沟通渠道,有效地吸纳基层社会的政治参与,进行民主治理。这直接表现为近年来快速发展的基层选举和民主监督机制的健全。

基层选举发源于村委会的选举创新。从村委会选举的政策保障历程来看,反映了乡镇政府对村级直选的复杂态度,更确切地来说,反映的是乡村民主化进程的复杂性程度。在2015年《中华人民共和国村民委员会选举法》出台前,宪法就给予了村委会选举有力的支持,村委会选举依托《中华人民共和国村民委员会组织法》开展活动,村组法从1987年的试行到1998年以正式法律形式通过,再到2010年的修订,村委会选举也按照新的村组法的要求,组织进行了新一轮换届选举工作,据不完全统计,共涉及70多万个村委会和近6亿农民选民。截至目前,全国31个省份已全部制定出台了村委会选举办法(江西、山西、内蒙古、四川、河南、广西6个省区把选举办法放在了实施办法中),有28个省制定出台了村委会组织实施办法(青海、吉林、西藏尚未出台实施办法)。[1] 截至2012年底,全国98%以上的村委会实行了直接选举,村民平均参选率达到95%,并且村委会女性成员比例有所提高;[2] 2015年底,开展村委会换届选举的8个省(区、市)中98%以上的村委会实行了直接选举,村民平均参选率达到95%以上。村民参选率在不断提高,由最

---

[1] 蔚力:《什么是村民自治?》,中国国情网,http://guoqing.china.com.cn/2014-07/04/content_32856887.htm。
[2] 中华人民共和国国务院新闻办公室:《2012年中国人权事业的进展》,中华人民共和国中央人民政府官网,http://www.gov.cn/zwgk/2013-05/14/content_2402180.htm。

初 2000 年的 80% 增长到 2015 年的 95% 以上，实现了跨越性发展。①2016 年之后，乡村选举工作制度化、规范化水平进一步提高。村委会选举在"健身"的同时，也出现了向乡镇直选的递推。村级直选使得村民意识觉醒，向更高层级的政治权利追求，他们在选举过程中提高的民主参与的技巧为此提供了条件，在某种意义上促成了部分地区的乡镇长直选实验。②

随着乡村基层选举的发展，村级民主监督机制也逐步健全。村民监督委员会等村务监督机构得到强化建设，村民不断对村级重大实现决策程序和落实情况、村务公开情况、民主理财情况等进行监督，民主素质和议事能力显著提高，理性表达其诉求。作为国家倡导的一项重要的乡村政治民主化运动，村委会选举成为村民向现代性转化不可缺失的关键一环，广大村民在选举过程中训练自己，培养自己公平、公正的政治品格，民主意识不断提高。经过数届村委会选举，选举程度逐步规范，村民对选举已经不再陌生，逐渐熟悉参政议政的技巧，每一个村民都享有了提名权，在候选人竞选过程中就其关心的问题进行质询，得以事先监督村干部，借由这种资源对权力行使主体形成一定程度的制约，村民由一个"弱势群体"凝聚为一个有民主意识、利益表达机制的团体，这一自主性力量的增强有利于促进国家与社会之间的良性互动。

乡村民主治理意识的提高，使其从全能国家下的"顺民"变成了当家做主的主人，一方面有利于提高乡镇治理水平，但另一方面也增加了乡镇政府治理客体环境的复杂性，如信访，群体性事件逐年增多。首先，农村信访量不断攀升，已然成为调节利益冲突、化解社会矛盾、解决社会问题的一条重要途径。在样本乡镇中，不少乡镇就信访这一问题设立了专门的办公室，如白庙乡设立的信访办公室，惠南镇设立的社会稳定办公室，乐从镇设立的综治信访维稳

---

① 民政部：《2015 年民政工作报告》，中华人民共和国民政部官网，http://images3.mca.gov.cn/www/file/201605/1462763666281.pdf。

② 《农村基层选举的基本情况和影响》，世界与中国研究所官网，http://www.world-china.org/book/chuangxin/chap1.htm。

办公室，白土镇设立的综治信访维稳中心，薛店镇的信访办等。以乐从镇为例，该镇综治信访维稳办公室（乐从镇司法所）的职责就是组织、协调、指导镇各工作机构和各社区（村、居）开展维护稳定和社会治安综合治理工作，对影响社会稳定的因素和苗头开展排查工作，掌握辖区内维稳及综治工作进展情况，负责镇信访工作等。2015年上半年该镇受理各类型信访及行政投诉案件合计194宗。其中上级交办70件，12345热线42件，到镇来访、来电、来信、来邮60宗。[①] 信访工作成为乐从镇的一个极其繁重的任务。其次，农村群体性事件也居高不下。转型期农村群体性事件主要有越级上访、游行示威、械斗、静坐等，其主题、内容、行为方式都呈现出新的特点，日趋复杂性：[②] 冲突性质的内部性、维权性事件递增；组织化程度增强，行动能力提高；事件复杂性增强，处理难度加大；过程连锁效应，社会影响扩大。

3. 乡村公共服务需求品质的提升

公共服务需求主要由公共产品和公共服务来满足，公众在享用时不需要缴费，具有社会成员享用的互不排斥性和平等性的特征。公共服务需求是随着人们生活水平的提高而不断提高和不断变化的。它的变化规律与马斯洛需求层次理论是一致的。在生产力处于不发达状态，人均国民收入水平不高的情况下，人们的需求也不多，主要集中在个人的衣、食、住、行等基本的生理和安全需要，在人们的基本需求已经得到了很好的满足后，便开始向更高的需求发展，人们开始追求社会交往、自尊、自主、自我实现这些更高的需求。[③] 近年来，乡村公共服务需求迅速提升，这主要表现在村民消费结构、卫生服务和文化娱乐情况等方面。

[①] 乐从镇综治信访维稳办公室：《2015年上半年综治信访维稳办公室工作总结》，乐从镇人民政府官网，http：//lecong.shunde.gov.cn/data/main.php？id=4388-4130875。
[②] 中国行政管理学会课题组：《中国群体性突发事件》，国家行政学院出版社2010年版，第155—160页。
[③] 曾维和：《当代西方国家公共服务组织结构变革》，中国社会科学出版社2010年版，第63页。

第一，我国乡村村民消费结构、消费品质不断提升，消费种类逐步增多。2013—2015 年我国农村居民收入和支出呈现出逐渐增加的态势（见表3-2）。2006—2015 年我国农村家庭衣食住行、文化、教育、娱乐等人均消费支出也呈现逐步上升趋势（见表3-3）。

表3-2　　　　　2013—2015 年我国农村居民收入与支出　　　　单位：元

指标	2013 年	2014 年	2015 年
农村居民人均可支配收入	9430	10489	11422
农村居民人均消费支出	7485	8383	9223
农村居民人均食品烟酒消费支出	2554	2814	3048
农村居民人均衣着消费支出	454	510	550
农村居民人均居住消费支出	1580	1763	1926
农村居民人均生活用品及服务消费支出	455	506	546
农村居民人均交通和通信消费支出	875	1013	1163
农村居民人均教育、文化和娱乐消费支出	755	860	969
农村居民人均医疗保健消费支出	668	754	846
农村居民人均其他用品及服务消费支出	144	163	174

资料来源：《国家统计局年度统计数据》，中华人民共和国国家统计局官网，http://data.stats.gov.cn/easyquery.htm?cn=C01。

表3-3　　　　2006—2015 年我国农村家庭人均消费支出情况　　　　单位：元

年份	2006	2007	2008	2009	2010	2011	2012	2013	2014	2015
食品烟酒	1216.99	1388.99	1598.62	1636.12	1800.67	2107.34	2032.94	2554.37	2814.00	3048.00
衣着	168.04	193.45	211.95	232.42	264.03	341.34	432.25	453.79	510.40	550.50
居住	468.96	573.80	678.69	805.08	835.19	961.45	1150.26	1579.78	1762.70	1926.20
生活用品及服务	126.56	149.13	173.88	204.86	234.06	308.88	372.54	455.09	506.50	545.60
交通通信	288.76	328.40	360.21	402.94	461.10	547.03	712.29	874.89	1012.60	1163.10

续表

年份	2006	2007	2008	2009	2010	2011	2012	2013	2014	2015
教育文化娱乐	305.13	305.66	314.45	340.64	366.72	396.36	486.10	754.59	859.50	969.30
医疗保健	191.51	210.24	246.00	287.53	326.04	436.75	560.65	668.19	753.90	846.00
其他用品及服务	63.07	74.19	76.51	84.26	94.02	121.99	160.99	144.20	163.00	174.00

资料来源：国家统计局：《中国统计年鉴》（2007—2016），中华人民共和国国家统计局官网，http://www.stats.gov.cn/tjsj/ndsj/，部分数据依年鉴相关构成比例测算得知。

根据《中国统计年鉴》中对居民消费支出构成划分，共有食品支出、衣着支出、居住支出、家庭设备用品及服务支出、交通通信支出、文教娱乐用品及服务支出、医疗保健支出、其他商品及服务支出等类型，我们将食品支出、衣着支出、居住支出等满足居民基本生活需要支出归纳为生存型消费支出，将家庭设备用品及服务支出、交通通信支出、文教娱乐用品及服务支出、医疗保健支出、其他商品及服务支出等支出去向则归纳为服务型消费支出。以此为依据，按照表3-3的数据将2006年至2015年历年间消费支出按生存型消费支出与服务型消费支出进行统计，并核算出二者分别在各年份比重，由此得出生存型消费支出比重趋势图和生存型消费支出比重趋势图（见图3-1）。

如图3-1所示，我国农村家庭人均消费支出由2006年的2829.02元/年上升至2015年的9222.6元/年，增幅高达226%，且呈逐年增加之势。我国乡村村民消费结构消费品质不断提升，消费种类逐步增多，其消费结构呈现从生存型消费向医疗保健、文教娱乐、交通通信等服务型消费转变趋势。

第二，乡镇医疗卫生服务需求迅速增加，乡村卫生医疗设施逐步健全，医疗卫生服务迅速增加。乡镇卫生院是县或乡设立的一种卫生行政兼医疗预防工作的综合性机构，它以公共卫生服务为主，综合提供预防、保健和基本医疗等服务，并受县级卫生行政部门委托承担乡

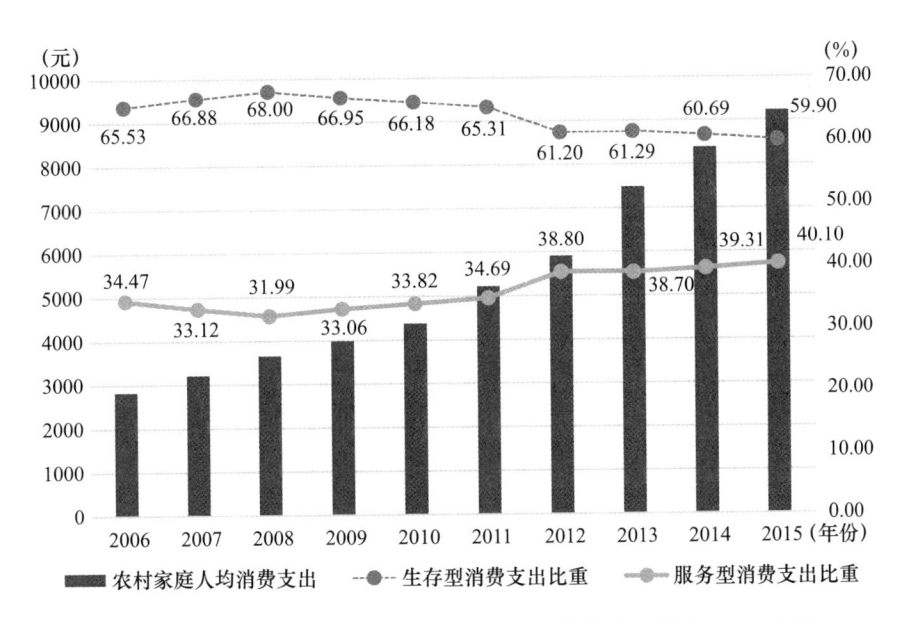

图 3-1　2006—2015 年我国农村家庭人均消费支出及其构成变化趋势

资料来源：国家统计局：《中国统计年鉴》（2007—2016），中华人民共和国国家统计局官网，http：//www.stats.gov.cn/tjsj/nds。

镇公共卫生管理职能。乡级卫生院上连县级卫生机构，下接所在地区内的卫生所（室），是农村三级医疗网点的枢纽。乡镇卫生院的卫生人员和其床位等基本设施成为反映乡镇医疗卫生服务质量的重要指标。从 1995 年到 2015 年，农村乡镇卫生院数量虽然有所减少，但服务职能得到较大的强化（见表 3-4）。

表 3-4　　　　　　　　1995—2015 年农村乡镇卫生院情况

指标	单位	1995 年	2000 年	2012 年	2013 年	2014 年	2015 年
乡镇卫生院	个	51797	49229	37097	37015	36902	36817
卫生人员	人	1051752	1169826	1204996	1233858	1247299	1277697
床位	张	733064	734807	1099262	1136492	1167245	1196112

资料来源：国家统计局农村社会调查司：《中国农村统计年鉴》，中国统计出版社 2016 年版，第 329 页。

乡镇卫生院的数量整体在变少,这在一定程度上与机构改革有关。2009年1月,中共中央办公厅、国务院办公室转发了《中央编办关于深化乡镇机构改革的指导意见》,标志着乡镇机构改革进入了全面推开阶段。在此背景下,乡镇卫生院也进行了相应的整改,数量上进行了"瘦身",职能上进行了"强身";乡村医生和卫生员以及乡镇卫生院的床位数量则呈现增长的趋势,其中,乡镇卫生院的床位几乎实现了翻倍式的增长,基础设施的改善对于乡镇卫生院的医疗服务情况也具有明显的改善效应。乡镇卫生院的诊疗人次、入院人数、病床使用率、平均住院日从2006年到2015年都呈现一个快速增长的情况(见表3-5)。

表3-5　　　　　　　乡镇居民医疗卫生服务情况

年份	医疗需求		医疗供给		
	诊疗人次（万人次）	入院人数（万人）	卫生院（万个）	卫生人员数（万人）	床位（万张）
2006	70100	1836	3.9975	100.0112	69.6231
2007	75900	2662	3.9876	103.2921	74.7156
2008	82700	3313	3.9080	107.4900	84.6856
2009	87700	3808	3.8475	113.1052	93.3424
2010	87400	3630	3.7836	115.1349	99.4329
2011	86600	3449	3.7295	116.5996	102.6251
2012	96800	3908	3.7097	120.4996	109.9262
2013	100700	3937	3.7015	123.3858	113.6492
2014	102900	3733	3.6902	124.7299	116.7245
2015	105500	3676	3.6817	127.7697	119.6122

资料来源:医疗需求数据源自国家统计局:《中国统计年鉴》(2007—2016),中华人民共和国国家统计局官网,http://www.stats.gov.cn/tjsj/ndsj/;医疗供给数据源自《中国农村统计年鉴》(2007—2016)。

表3-5对乡镇居民医疗卫生服务从医疗需求与供给两个角度予以评价与分析。从医疗需求角度,无论是诊疗人次指标还是入院人数

指标，我国乡镇居民对于医疗卫生服务的需求均不断上升，且总体增幅均达50%以上（入院人数增幅达100%以上）。其中，从入院人数指标来看，乡镇居民入院人数近年呈下降趋势，与诊疗人数不断上升相较，不难发现：一方面，乡镇医疗水平不断改善，乡镇居民经诊疗后入院人数及比例不断减少；另一方面，反映出一个基本事实，即乡镇居民患病后，乡镇医疗卫生院仅提供基本的诊疗服务，入院等更为深入的治疗则更倾向去更高一级医院就诊。从医疗供给角度，卫生院数量整体呈不断下降趋势，卫生人员数和床位数不断增加，且增幅可观。这反映出，我国乡镇卫生院通过地域间小型卫生院的有效兼并，不断整合资源，并有效提升医疗卫生服务软硬件配置：卫生院人均卫生人员数及人均床位均不断增加。

病床使用率和平均住院日作为衡量乡镇卫生院管理及工作效率的晴雨表，一定程度上能对乡镇医疗服务做较为客观而内在的评价。2006年以来，乡镇卫生院病床使用率及平均住院日整体呈上升趋势，且上升趋势逐年降低，增幅放缓。以表3-5中数据为依据，根据对于平均住院日的测算（出院者占用总床位日数/出院总数），乡镇卫生院应不断减少平均住院日，加快周转，不断提高病床利用率（见图3-2）。

年份	2006	2007	2008	2009	2010	2011	2012	2013	2014	2015
平均住院日（天）	4.6	4.8	4.4	4.8	5.2	5.6	5.7	5.9	6.3	6.4
病床使用率（%）	39.4	48.4	55.8	60.7	59	58.1	62.1	62.8	60.5	59.9

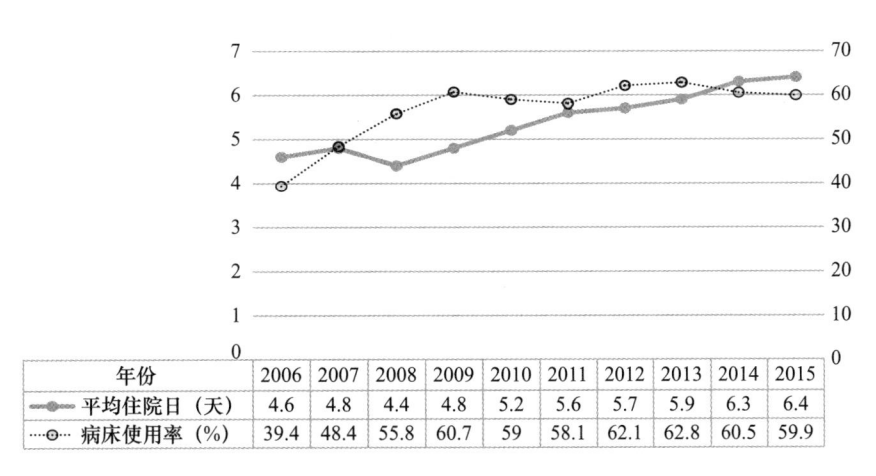

图3-2　乡镇卫生院医疗服务效益变化趋势

第三，乡镇文化娱乐服务需求迅速增加。乡镇文化站较好地诠释了乡镇文化娱乐服务需求增加的情况。作为农村文化的前沿性阵地，农村居民能够通过乡镇文化站了解到党和国家的相关政策，学习科技知识，开展文化活动等，举办知识讲座、培训和展览则是乡镇文化站的重要文化职能。国家也不断加大对乡镇文化站建设的投入工作。2007年中央财政对全国20个省（区、市）共534个乡镇综合文化站建设项目安排1亿元资金来开展试点工作，截至2008年6月，全国534个试点项目中完成投资占计划总投资的55.9%，[①]同时，从2007年到2010年，中央投入了39.48亿元，新建与扩建2.67万个乡镇文化综合站，到2010年基本实现了乡乡有文化站的目标。[②] 2014年一年，全国各地乡镇文化站累计组织举办文艺活动73.88万次，举办培训班19.97万次，举办展览8.26万个。[③]

乡镇文化站服务职能的增长，体现为乡镇群众文化机构数量的迅速增加（见表3-6）。2008年以来，我国乡镇文化机构数由起初的33367个增至34239个，年均增幅仅为0.38%，增幅甚微。从软硬件配置方面分析：文化机构从业人员由2010年的73920人增至95939人，总增幅高达29.79%，人均机构从业人员由2.17人升至2.80人；机构藏书总增幅为114.62%，计算机台数增幅高达410.9%，信息化程度显著提升。对文化机构功能发挥角度予以评价，发现相较于增速缓慢的机构总数而言，无论是举办文艺活动、训练班还是展览，乡镇文化机构相应活动举办增幅均较为可观，其中组织开展的文艺活动总增幅高达84.39%，从侧面表现出乡镇居民文化活动的丰富、精神性消费不断增加，生活品质追求有效提升。

---

① 李建军、张玉伟：《文化部积极推进乡镇文化站建设试点工作》，《中国文化报》2008年8月22日。
② 《全国乡镇综合文化站工作会议在江城武汉隆重召开》，中华人民共和国中央人民政府官网，http://www.gov.cn/gzdt/2008-11/28/content_1162870.htm。
③ 国家统计局：《2015中国统计年鉴》，中华人民共和国国家统计局官网，http://www.stats.gov.cn/tjsj/ndsj/2015/indexch.htm。

表 3-6　乡镇群众文化机构 2008—2015 年基本情况

年份	2008	2009	2010	2011	2012	2013	2014	2015
机构数（个）	33367	33378	34121	34139	34101	34343	34465	34239
从业人员（人）	—	—	73920	78148	83676	87922	93307	95939
藏书（万册）	9007.1	10067.8	11503.1	13350.6	15422.1	17200	18495	19331
拥有计算机台数（万台）	—	4.8542	7.1137	11.1483	15.7741	20.0735	23.84	24.8
组织文艺活动（万次）	27.8753	30.0228	30.4927	32.6376	37.1936	39.8373	73.88	51.4
参加文艺活动（万人次）	—	—	—	11036	13005.24	11097	14161	16479
举办训练班（万次）	15.3364	15.496	15.2825	15.0369	16.5711	17.9747	19.97	22.7
参加培训人次（万人次）	—	865.099	927.7	1231.28	1336.59	1488	1616	1771
举办展览个数（万个）	6.5353	7.1395	7.6273	6.6832	7.0477	8.8539	8.26	8.8
举办展览（万人次）	—	—	—	3289.93	3756.67	3899	4356	4855

资料来源：国家统计局：《中国统计年鉴》（2009—2016 年），中华人民共和国国家统计局官网，http://www.stats.gov.cn/tjsj/ndsj/。

乡镇文化机构的服务效益和经营状况也从侧面反映了村民对文化服务需求品质的追求。统计发现，乡镇文化机构在 2008—2011 年间一直不盈利或盈利甚微，二者呈持平状态；2012 年，甚至出现亏损状态。2013 年后，乡镇文化机构实现扭亏为盈，且盈利增幅呈现不断上升趋势（见图 3-3）。图中的收入与支出二者误差线位置显示了这种变化趋势。

从调研看，不少乡镇着力开展了特色的公共服务品牌打造和示范工程建设。例如，高桥镇充分利用传统文化资源，积极推动"高桥锣鼓"文化传承，全镇的锣鼓队每年举办一次传统赛会，形成自己的品牌特色，传承文化的同时又丰富了乡村文化建设；横沟桥镇则为打造乡村文化品牌，让农民成为农村文化的主力军，去年成立了农民诗社，

(亿元)

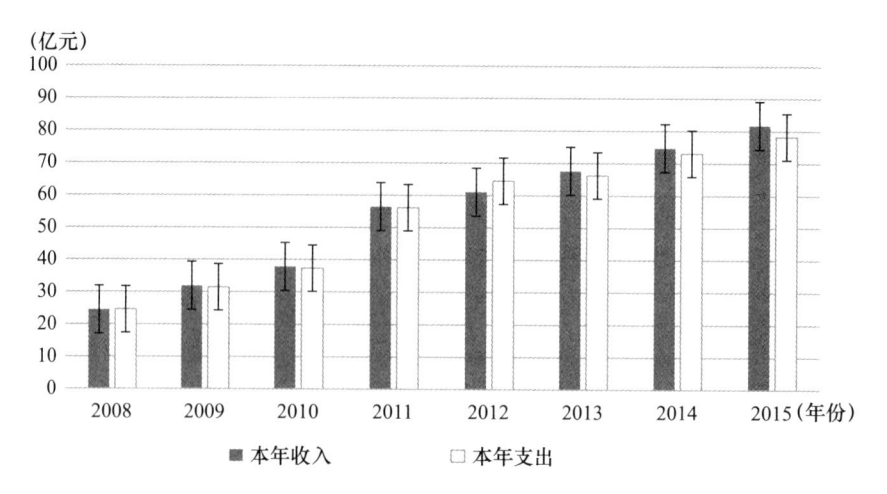

图 3-3　乡镇群众文化机构 2008—2015 年盈利情况

资料来源：国家统计局：《中国统计年鉴》（2009—2016），中华人民共和国国家统计局官网，http://www.stats.gov.cn/tjsj/ndsj/。

让爱好诗歌的村民创作出与该镇政治、经济、文化紧密结合的诗歌，形成远近闻名的"农民诗社"品牌。① 长江镇便民服务中心自建立以来，着力打造的两大服务品牌便是"廉洁"和"阳光"。中心镇在严格执行服务承诺、责任追究等制度的同时，坚持"零盲区"、"零差错"和"零容忍"的工作定位。同时，高效率也为中心成功攒下了群众口中"审批流程最简、审批环节最少、承诺办结时间最短"的好口碑。② 公共服务品牌建设，说明乡村公共服务需求品质提升。

第二节　乡镇社会治理复杂性对乡镇政府组织结构变革的影响

乡镇社会治理复杂性对乡镇政府组织结构变革提出了严峻的挑

---

① 《文化春风拂万家——咸安推进基层公共文化服务纪略》，咸安区人民政府官网，http://www.xianan.gov.cn/page452?article_id=3359。
② 吴瑶等：《如皋长江镇"三大平台"建设：品牌服务擦亮"窗口"》，人民网，http://leaders.people.com.cn/n/2013/0516/c356819-21501797.html。

战。乡镇社会治理复杂性在一定程度上加剧了乡镇治理的"内卷化",为乡镇政府组织结构变革提出了更高的要求。面对日增的复杂性,乡镇社会治理系统变得应接不暇和疲于奔命。多次乡镇机构改革与创新乡镇社会治理并没有从根本上改变这种困局。我们把当前乡镇社会治理的这种尴尬状况称为"内卷化"困境。① 这种困境具体表现为以下三个方面:

(1) 治理能力内卷化。"推进国家治理体系和治理能力现代化"是十八届三中全会提出的一个新的政策举措,现实中的乡村治理离这一要求还存在较大的差距,主要表现就是治理能力内卷化,即乡村治理在不断提升治理能力,强化社会治理格局复杂性和治理方式精细化的同时,社会治理问题却不断增多,治理效果不高,出现重复治理、停滞治理、循环治理的现象。乡村社会治理能力内卷化具体表现在三个方面:② 一是压力型体制过度膨胀。一些乡镇组织及干部在县乡职责同构的压力型体制下,醉心于目标管理和指标化考核,过于追求数字化的政绩,陷入"经济中心主义"的怪圈而忽视乡镇社会秩序的供给,大量减少直接向民众提供便捷和急需的公共服务。二是治理过程中的"自利性"扩张。一些乡镇政府在乡村治理的过程中把地方利益凌驾于国家的整体利益之上,进行谋利性行政执法、合谋性政策执行,利己性利益分配,超出行政权的法定边界,寻求自身利益最大化。三是"汲取能力"凸显。农村税费改革虽然从政策设计上确定了乡镇政府的服务职能,消除了"汲取"职能的根基,但一些乡镇政府在具体工作中仍采取罚款、命令、强制、禁止、许可等多种形式,不断地复制"失范"的行政行为,想方设法地从农村社会"汲取"资源。

(2) 治理机制的内卷化。我国基层政府在社会治理的机制上陷入了一种路径锁定的"内卷化"状态,具体表现为:第一,公司化的

---

① 乡镇治理内卷化的一个重要成因是乡镇社会治理需求复杂性,另一个成因则是乡镇政府组织结构内卷化发展的逻辑结果。
② 黄丽萍:《我国社会治理中的"内卷化"风险及其规避之道》,《理论导刊》2015年第7期。

政府功能。"发展成为第一要务",大量资源用于满足地方经济的发展,公共服务提供退居其次,无法有效地化解基层社会内部的矛盾和冲突。第二,碎片化的政府权威。这主要是指乡镇政府系统内部出现一种全面化离心运动,表现为"价值"的碎片化、"体制"的碎片化和政府职能的碎片化。第三,运动化的政府行为。乡镇政府运行中,不管是日常工作,还是应对各种考核检查,甚至是政府的改革本身,都以动员的方式进行,无不具有运动的性质。① 形成治理机制的内卷化与乡村治理中各利益主体行为逻辑密切相关,有学者通过对河南省某乡镇的实证调查,形象地描述了农村税费改革后导致治理机制内卷化的八个乡村治理行为主体:高高在上的国家、正在退出的乡镇政府、无所作为的村一级、已经散掉的村民组、越来越多的钉子户、衰落的农民认同与行动单位、快速成长的混混势力和落单的农民。②

(3) 治理秩序内卷化。这表现为农村社会治理越是加强,社会问题越是增多,社会治理陷入一种停滞不前的局面,形成一种吊诡的局面:随着乡镇政府组织人员压力化、维稳政绩指标化的不断加剧,越来越难以化解。③ 出现治理秩序内卷化与一些乡镇治理中灰黑势力抬头和基层政权赢弱直接相关。有学者通过实证调查,发现一些乡镇社会治理中出现了"富、灰治村"与分利秩序的情况(见表3-7)。

表3-7　　北镇"富、灰治村"与分利秩序下治理秩序内卷化

村别	姓名	职务	年龄(岁)	个人经济情况	当选时间(年份)	当选缘由
岔村	鄂伟立	书记	47	煤老板	2004	—
岔村	王河	主任	33	沙场老板	2007	贿选,与北镇巨富关系甚好
岭村	迟正	书记	52	原是经商	2010	人品较好+家族+用钱拉票

---

① 赵树凯:《乡镇治理与政府制度化》,商务印书馆2010年版,第263—264页。
② 贺雪峰:《论乡村治理内卷化——以河南省K镇调查为例》,《开放时代》2011年第2期。
③ 方军:《乡镇政府社会治理路径创新:群众路线和农民参与相结合》,《甘肃社会科学》2012年第2期。

续表

村别	姓名	职务	年龄（岁）	个人经济情况	当选时间（年份）	当选缘由
岭村	宋军	主任	40	捣煤、卖彩票	2010	黑恶势力、家族力量、贿选
石村	费春川	书记、主任	48	煤老板	2001	—
石村	于昌国	副主任	42	煤老板	2010	贿选村民，并花费五万，黑恶势力
福村	曹林	书记、主任	43	煤老板	2007	贿选，花费十五万左右
福村	王闯	副主任	44	养林蛙等	2007	外甥是千万富翁且是黑恶势力
北村	张军	主任	44	做生意	2004	家族
北村	鄂天河	主任	47	煤老板	2007	黑白两道通吃，公信力强
由村	李春川	书记、主任	46	卖轮胎、养车	2010	贿选
由村	王国	副主任	53	服装厂老板	2010	贿选+黑恶势力
庙村	李凤	书记	46	原种植大棚	2004	黑恶势力
庙村	李林	主任	60	煤老板	2007	—
窖村	都洪	书记	57	老干部	2001	—
窖村	何海	主任	47	砖瓦厂入股	2004	黑恶势力+贿选+家族
洞村	窦翔	书记、主任	55	老干部	2001	—
洞村	王成军	副主任	48	煤老板	2007	贿选
胜村	于利民	书记、主任	56	老干部	2001	公信力+家族
胜村	福生	副主任	49	煤老板	2001	富、灰黑
沟村	张皇	书记	56	老干部	1998	—
沟村	肖富光	主任	52	曾做生意	2007	贿选
东村	梁财	书记、主任	64	开过煤矿	2000	家族
东村	周皮子	副主任	47	煤老板	2007	贿选+黑恶势力

资料来源：陈锋：《分利秩序与基层治理内卷化资源输入背景下的乡村治理逻辑》，《社会》2015年第3期。

如表3-7所示，北镇的较多书记、村主任都是乡镇积极鼓励下先富群体，同时或多或少地兼有黑恶势力的性质。在争资跑项的过程中，富人、灰黑势力、谋利性上访户和钉子户等机会主义者通过固化的利益联盟形成固化的分利秩序，这使得乡村缺乏公共规则，导致乡村治权弱化，进而导致基层政权（乡镇政府）、自治组织（村两委）、村民之间的责任与利益的制衡关系断裂开来，普通的村民理应为国家惠农政策的最大受益者却被排除在外，最终导致乡村社会治理陷入困境。

综上所述，乡镇社会治理复杂性及其催生的乡镇社会治理"内卷化"困境，形成了特定的恶性路径依赖，并导致了或多或少的乡镇政府机构功能性障碍，单纯地通过乡镇政府内部体制化组织结构变革难以取得突破，因为当公共服务需求较少或比较单一的时候，传统的官僚制组织结构依靠等级结构，自上而下的等级命令就可以满足公共服务的需求。但当公共服务需求趋向复杂化的时候，尤其是当权力分散、组织界限变得模糊，各种公共服务问题也趋向全国化或地方化，多元化的人群反对用统一的模式提供公共服务的时候，官僚制组织那种政府机关、局、处和办公室作为直接服务供给者的组织结构就越来越不适应了。"靠命令与控制程序、刻板的工作限制及内向的组织文化和经营模式维系起来的严格的官僚制度，尤其不适应处理那些常常要超越组织界限的复杂问题。"[①] 只有把乡镇社会治理作为一个复杂系统，积极地应对乡镇社会治理复杂性需求，有效地处理乡镇政府与乡村社会治理相关的各种组织及村民的关系，借鉴组织网络的力量，进行乡镇政府边界化组织结构变革和创新才能从根本上改变这种困境。基于此，本书构建一种两层级组织结构，即乡镇政府体制化组织结构变革和边界化组织结构创新同时推进的分析思路。

第三节 两层级组织结构变革的分析框架构建及内容

要构建乡镇政府组织结构变革分析框架，除了要把握乡村社会治

---

① ［美］斯蒂芬·戈德史密斯、威廉·D. 埃格斯：《网络化治理：公共部门的新形态》，孙迎春译，北京大学出版社2008年版，第6—7页。

理需求复杂性这个驱动因素外，还需要对乡镇政府组织结构变革的理论基础、层级分化和构成要素作进一步的分析，做到既能借鉴经典和前沿组织理论关于组织结构变革的优秀因子，又能体现我国乡镇政府组织结构变革的个性特征。

一 组织结构变革维度选择的理论归纳

组织结构变革实质就是乡镇政府结构性要素的优化组合，实现结构重新设计和关系再造的过程。其目的是更好地适应乡镇基层社会治理复杂性的需要和有效地提升乡镇社会治理水平。为了体现一般性和特殊性的统一，我们先从组织管理理论的历史演进过程的视角对一般意义上的组织结构维度进行分析，然后再分析乡镇政府组织结构特殊性，从而构建一个乡镇政府组织结构变革的新维度。

古典管理理论一般认为组织结构具有纵向层级和横向幅度两个基本的维度。古典理论是指20世纪20年代至30年代由韦伯、泰罗、法约尔等古典的行政理论学家创立的行政理论。这一时期的理论主张是建立基本的组织理论模式和学科体系。古典理论学家从组织内部管理的视角系统分析了行政组织变革的构成要素和原则设计。德国社会学家马克斯·韦伯在《经济与社会》一书中提出了官僚制组织结构变革的基本思想，他从"统治的类型"划分上对官僚制进行了深刻阐述，认为合法统治的合法性具有三个方面的来源：一是建立在制度、指令基础上合理的性质，这种统治的合法性来自合法的权威；二是建立在先例和惯例基础上的传统的性质，这种统治的合法性来自传统的权威；三是建立在个人崇拜、迷信基础上的传统的性质，这种统治的合法性来自魅力的权威。韦伯认为合法性统治对应的组织结构形态就是官僚制。官僚制组织结构的主要设计原则是："职务等级原则，也就是说，任何机构都有固定的监督和监察制度，下级机构都有权向上级机构投诉或提出异议。同时，接受投诉的机关是否以及什么时候亲自用一项'正确的'法令去取代必须改变的法令，或者把这委托授权提出异议的、它的下级机关去处理，这个问题可以有不同的解决办法。"① 因此，官僚制组织结构一个最基本特征就是等级制，采取自上而下的权力节制式的集权模式。科学管理理论的创立者弗雷德里克·泰罗在《科学管理原理》一书中具体分析了科学管理的组织结构设计，要求以提高劳动生产率为中心，采取标准化的操作方法，实行职能工长制等进行组织控制与管理。② 一般管理理论的创立者法约尔在《工业管理与一般管理》一书中提出了组织管理的计划、组织、指挥、协调和控制五要素和14项原则。他指出，组织结构的"管理就是实行计划、组织、指挥、协调和控制"③。

古典组织管理理论针对组织内部的结构性要素设计的一个基本取向采用科学的原则与方法，优化组合权力、职能、规则、机构、人员等组织结构性要素，建立一个以集权等级为特征的高效运转的组织结构，它为现代组织结构设计与管理奠定了体制化管理的框架。

现当代管理组织理论开始关注组织与环境的关系，注重组织结构对环境适应的研究。这些理论家对组织结构的研究集中在两个方面：

一方面，他们继续关注古典组织理论关于组织结构垂直和水平两个维度的划分方法，例如，以系统方法和权变方法著称的弗莱蒙特·卡斯特在《组织与管理》一书中就认为，复杂组织结构及其活动的差异，主要表现在垂直的差异和水平的差异：④ 垂直的差异即等级结构，"劳动的垂直分工确立了组织的等级结构和组织中的层级数。尽管各种组织中的劳动垂直分工的程度及其分工的精细度与正规的程度会有所不同，但都会表现出这种特点"，"在正式组织中，这种等级结构确定出基本的交往和职权结构，即所谓的指挥链"。水平的差异即部门化，科斯特认为"组织一般总有某些作为活动的水平差异的基

---

① ［德］马克斯·韦伯：《经济与社会》，林荣远译，商务印书馆1998年版，第242—246页。
② ［美］弗雷德里克·泰罗：《科学管理原理》，胡隆昶等译，中国社会科学出版社1984年版，第33—41页。
③ ［法］法约尔：《工业管理与一般管理》，周安华等译，中国社会科学出版社1982年版，第5页。
④ ［美］弗莱蒙特·卡斯特：《组织与管理》，傅严等译，中国社会科学出版社2000年版，第295—296页。

础",部门化基本依据是职能、产品和位置。之后,学界对组织结构的这两个维度进行了持续的关注:(1)水平分化。组织结构的水平分化指将组织要执行的任务进一步加以区分的方式,这包括两种方式:第一种方式是让训练有素的专家执行一揽子任务;第二种方式是将任务分割得很细,以便专业人员也能够执行。在组织环境下专业人员或行业工人独自对全部操作负责便是第一种方式的例子(关于行业组织工作,见 Stinchcombe,1959;[1] 关于专业人员全面负责的工作的性质,见 Ritzer and Walczak,1986[2])。他们被授予执行任务的责任和权威,直至任务完成。水品分化的第二种方式最常见于流水线,流水线上的工人只执行一项或几项重复的任务。[3] 任务本身的性质在这里很重要,因为正是常规的、整齐划一的任务才最受第二类分化的影响。非常规的、变化大的任务通常是根据第一类来细分的。(2)垂直分化。组织结构的垂直分化(或称等级分化)没有水平分化那么复杂。对垂直维度的研究已经用到了描述等级层级的直接指数。迈尔将"管理层的增加"作为组织等级的测度。[4] 皮尤等人认为"数一数首席执行官与生产产品的雇员之间的工作岗位数"[5] 便能测量组织的垂直维度。霍尔等则主张用"等级最多的部门的等级数"与"整个组织中等级的平均数(所有部门中的等级数之和除以部门数)"作为指数。[6] 总之,水平分化和垂直分化都对组织提出了沟通、控制和协调的问题。由于水平分化和垂直分化的因素不同,两条轴上的每个子

---

[1] Stinchcombe, Arthur L., "Bureauctatic and Craft Administration of Productions", *Administrative Science Quarterly*, 1959 (4): 168-187.

[2] Rizter, George, and David Walczak, *Working: Conflict and Change*, Englewood Cliffs, NJ: Prentice Hall, 1986.

[3] Rizter, George, "The Permanently New Economy: The Case for Reviving Economic Sociology", *Work and Occupations*, 1989 (16): 243-272.

[4] Meyer, Marshall W., "Automation and Bureaucratic Structure", *American Journal of Sociology*, 1968a (74): 256-264.

[5] Pugh, Derek S., D. J. Hickson, C. R. Hinings, and C. Turner, "Dimensions of Organizational Structure", *Administrative Science Quarterly*, 1968 (13): 78.

[6] Hall, Richard H., J. Eugene Haas, and Norman Johnson, "Organizational Size, Complexity, and Formalization", *American Sociological Review*, 1967b (32): 906.

单位（包括水平分化的两种形式）都与相邻的单位及整个组织有所区别，差异越大，控制、协调与沟通方面潜在的困难就越大。此外，非正式社会网络也存在垂直分化。[1]

另一方面，现当代组织管理理论家开始关注组织与环境的关系，注重组织结构对环境适应的研究，出现了关于组织的边界互动关系和网络关系的研究。

社会互动理论对互动关系进行了内涵界定和类型划分。戴维·波普诺认为，社会互动（social interaction）是"人们以相互的或交换的方式对别人采取行动，或者对别人的行动作出回应"[2]。主体间采取行动或对行动的回应是社会互动的基本要义。有学者认为，社会互动依据不同的标准可以划分为多种类型，例如：直接互动和间接互动；单位内互动和单位外互动；个体间互动、单位间互动与个体单位互动；单线互动和多线互动。虽然类型多样，但社会互动的最基本方式只有合作与竞争、互助与冲突、交换与掠夺三个对应组。[3] 这些社会互动方式可以构成多种互动关系，为乡镇政府边界化互动结构建立提供了理论基础。

组织生态学理论对边界网络关系中的共生结构提了持续关注。组织生态学是在组织种群生态理论基础上发展起来，借鉴生物学、社会学等理论研究组织构成与环境之间相互关系的一门新兴的交叉学科。[4] 组织生态学经历了一个不断完善的发展过程。20世纪的90年代初到90年代中期，是组织的进化阶段，成为组织生态学发展成熟的阶段。在该阶段，研究方向和领域转向社会环境如何影响组织的发生历程以及组织形式的变化。组织生态学重点探讨组织的发展历程与环境转变的关系。组织随着环境的变化，不断自行调整结构与策略来适应环境，

---

[1] Stevenson, William B., "Formal Structure and Network of Interaction within Organizations", *Social Science Research*, 1990 (19): 112–131.

[2] [美] 戴维·波普诺：《社会学》（第十版），李强等译，中国人民大学出版社2000年版，第116页。

[3] 胡荣：《社会互动的类型与方式》，《探索》1993年第6期。

[4] Hannan, M. T. & John Freeman, "The Population Ecology of Organization", *American Journal of Sociology*, 1977 (82): 929–964.

组织变革成为组织生态学研究的核心问题。组织生态学关注组织结构变革的一个前沿领域就是边界共生结构创新,这种创新已用于产业集聚、旅游资源开发、区域合作、个体间合作等领域的研究。例如,有学者从单元、关系和环境三要素探索了港口物流产业集群共生结构的边界和范围;[①] 有学者从"平等、互信、互利"的原则出发,构建了边界共生旅游资源开发中的合作结构及机制;[②] 也有学者把都市区视为一个复杂的自组织系统和经济体,基于区域共生协同关系,构建了都市区多中心共生结构与空间模式的分析框架;[③] 还有学者从个体之间的彼此共生关系出发,分析了合作社组织商人化的共生结构,该结构既包括个体间多元融合的横向共生,也包括个体间公私合作的纵向共生。[④] 可见,多组织中的结构性要素长期互动就形成了边界共生结构。边界共生结构实质上是两个或多个组织边界互动形成的一种新型组织结构模式。这种模式对于乡镇政府的组织结构研究具有较强的解释力,因为乡镇组织本身是一个较为复杂的社会治理系统,它既需要处理好上行的县乡关系,也需要处理好下行的乡村关系。在处理县乡关系、乡村关系中,形成了多组织,多个体复杂性互动、共生关系,乡镇边界共生结构广泛存在于这种乡镇治理复杂关系处理的过程之中。

"结构洞"理论开始对一种开放性的网络结构进行了探索。"结构洞"理论是社会网络的前沿研究支流之一。伯特以"结构洞"来表示非重复关系人之间的断裂,他认为,结构洞指的是在社会网络中,存在诸多联系体,其中有些个体相互之间不发生直接联系,但某些个体与不发生联系的个体间又存在联系,从网络结构整体来看,好像网络结构中出现了洞穴一样。举个例子,A 与 B 相联系,B 与 C 相联系,但是 A 与 C 之间彼此没有任何直接联系,或说 A 拥有的关系对 C 而言具有排他性,因此,在 B 处存在一个结构洞。"结构洞"相

[①] 南岚:《港口物流产业集群共生结构的构建》,《改革与战略》2009 年第 12 期。
[②] 宋秋:《论边界共生旅游资源开发中的合作问题》,《云南民族大学学报》(哲学社会科学版)2005 年第 1 期。
[③] 朱俊成:《都市区多中心共生结构与模式研究》,《江淮论坛》2010 年第 4 期。
[④] 郑景元:《合作社商人化的共生结构》,《江淮论坛》2016 年第 2 期。

当于一个缓冲器、电线线路中的绝缘器。"结构洞"无疑是一种开放性的网络，占据结构洞的组织处于中心位置，最有可能接近网络中的所有资源，享有信息优势和控制优势，同时高地位的主体通常有更为优质的信息资源储备。"结构洞"理论为组织结构创新提出了一个"核心张力"的思维，正如伯特所言："这里有一个关于张力的假定，即当第三方能够经营与其他竞争者之间的张力的时候，控制就出现了。没有张力，就没有第三方。"① 多个竞争者之间显然存在丰富的第三方张力结构。结构洞存在的两个条件是凝聚力和结构等位，即两个关系人（结构）之间存在弱关系，并且相互之间通向的信息来源、信息效能呈现多样性。这样，就出现了第三方的核心张力及其各方形成的利益关系网络结构。

综上所述，传统的组织结构变革主要是聚焦于组织内部的结构要素，关注组织变革的体制化结构。现当代的组织管理理论则关注组织边界化互动和网络结构。这样，组织理论演变揭示了组织结构变革具有体制化结构和边界结构两个基本层级。

二　两层级乡镇政府组织结构变革的基本要素

组织结构变革通常表现为一个"复杂性要素的变化"。② 笔者曾将组织结构变革归纳为权力、机构、职能、人员、规则、机制六要素。③ 也有学者将组织结构要素分为两大类，即职位、职权、人员、管理层次、职能部门等构成的"显结构"要素和由目标价值、观念、态度、气质、情感等构成的"潜结构"因素。④ 根据这些研究，吸纳组织结构变革理论的思想，将乡镇政府组织结构变革要素总结为体制化和边界化两层级八大要素。

---

① ［美］罗纳德·波特：《结构洞——竞争的社会结构》，任敏、李璐、林虹译，格致出版社、上海人民出版社2008年版，第18—32页。
② ［美］理查德·H. 霍尔：《组织：结构、过程与结果》，张友星等译，上海财经大学出版社2003年版，第60—63页。
③ 曾维和：《当代西方国家公共服务组织结构变革——基于服务需求复杂性的分析框架》，《经济体制改革》2013年第6期。
④ 张成福：《行政组织学》，中央广播电视大学出版社2008年版，第23页。

1. 体制化的"显结构"要素轴

体制化组织结构要素是指由乡镇政府组织正式的体制及其制度规定的"显性"结构性要素，主要包括乡镇政府组织运行的权责利、人财物、规章制度等，它们以机构改革与权力重组作为组织结构变革的要素轴。

（1）机构改革。机构是组织结构的"骨骼"。在政治科学中，机构（institution）是"在有关价值的框架中由组织的社会交互作用组成的人类行为固定模式。地方的、全国的和国际上的政治机构包括宪法和别的基本文献及习俗，也包括立法的、执行的、行政的和司法的结构和过程……机构以限制行政权力的范围和左右政治通讯的容量和方向的方式决定了政治过程的后果"[①]。本书研究的机构主要是指"执行的"、"行政的"机构，就是通常所说的行政机构改革。以我国地方机构改革作为基本的研究场域，具体包括乡镇政府内部管理体制、机构设置、职能转变、人员匹配以及这些机构人员的排列组合方式、运行机制所进行的调整与变革，也包括乡镇社会治理中的乡镇政府与村两委互动关系中的各种机构的调整与变革。

（2）权力重组。权力是政府组织运行的核心要素，此处指的是行政权力，它是政治权力的一个组成部分，是行政机关执行国家意志进行公共事务管理的一种能力。正如诺顿·朗所说，"行政管理的生命线就是权力。权力的获得、保持、增长和丧失是实践工作者和研究者所不能忽视的"[②]。权力成为乡镇政府组织结构变革的一个核心要素，乡镇政府组织结构运作的逻辑在某种程度上就是乡镇权力运行的逻辑。权力重组总是在一定的规则安排下进行的，规则要素是一个组织赖以生存的基础。乡镇政府组织结构变革的规则既包括各种规章、制度、条例、法律法规及其政策等正式的规则，也包括习惯习俗、伦理道德、价值观念及其意识形态等非正式规则。乡镇政府组织结构变革

---

① ［美］杰克·普拉诺等：《政治学分析辞典》，胡杰译，中国社会科学出版社1986年版，第77页。
② 转引自汪志强、袁方成《乡镇行政权力的运作：模式与绩效》，《北京行政学院学报》2006年第5期。

的权力重组就是在多种规则交互作用下行政权力的重新调整与配置。

2. 边界化的"潜结构"要素轴

边界化组织结构要素是指在乡镇政府治理中由于边界的收缩和扩展而形成的行动策略、正式或非正式关系、互惠规范、信任、文化等"潜结构"要素，它们以互动关系和网络关系等作为组织结构变革轴。

（1）互动关系。乡镇政府组织结构变革的互动关系既存在于纵向的政府层级互动中，也存在于乡镇治理各种主体结构中。在县乡关系和乡村关系的互动中，形成了诸多策略性的互动工具、方式和方法。例如，赵树凯在分析乡镇控制系统时就详细描述了两类策略性互动行为：一是应酬上级，主要包括会议、文件、汇报、接待、检查等。乡镇干部在"会议多、文件多、汇报多、接待多、检查多"的长年累月穷于应付的过程中，积累了许多应酬上级的策略。二是管理村庄，包括对村干部、村财务、村事务的管理策略。[①] 在乡镇治理的实践中，乡村干部间的相处模式除了正式规则层面上的行政化干预与控制外，也不乏一些非正式控制的策略化运用。如乡镇干部与村干部在具体的工作开展中通过工作交往和私人交往相互缠合，双方会注重私人情感互动。通过开辟多样化的交往渠道，丰富交往的实际内容来减少行政上的权威，增强私人情感间的互惠，将一些正式制度做非正式运用，力求完成复杂的乡村工作，达成乡村干部的共同追求。[②] 不仅如此，出于自利性动机，乡镇干部会对村干部的一些灰色行为睁一只眼闭一只眼，进行选择性控制，并在村民上访中千方百计保护村干部，使得村干部高效完成乡镇布置的各项任务，在这种"约定俗成"权力运作下，乡村干部间结成互惠互助的利益共同体。[③] 这些乡镇关系处理策略属于"潜结构"要素的一个重要部分，对乡镇治理环境的改善、

[①] 赵树凯：《乡镇治理与政府制度化》，商务印书馆2012年版，第167—183页。
[②] 王荣武、王思斌：《乡村干部之间的交往结构分析——河南省一乡三村调查》，《社会学研究》1995年第3期。
[③] 贺雪峰、苏明华：《乡村关系研究的视角与进路》，《社会科学研究》2006年第1期。

治理水平的提高具有重要的影响作用,迫切需要纳入到组织结构变革的框架中进行研究。

互动关系往往与乡镇治理文化相联系。文化是组织结构变革的精神要素,它决定组织结构变革的行为规范、伦理体系、价值准则和习俗信仰。① 县乡互动、乡村互动中形成的文化类型也是乡镇政府组织结构变革的一个重要的"潜结构"要素。从实践看,县乡互动、乡村互动中形成了多种值得总结的文化类型,如调适型文化、协商型文化等。调适型文化指的是不同组织间通过调关系、调矛盾、相互配合、相互适应,把冲突因素控制在合理的"度"内,产生彼此间的和谐关系的文化导向,如县乡间通过"乡财县管"、"强镇扩权"来合理调适财权和事权之间的配置关系,乡村间通过对大数据的引用、对乡村关系间三种常态化模式的优化来对"乡政"与"村治"进行调适。协商型文化,则指的是实现位于政治层级中"下空间"的村民与"上空间"的政府间的对话和协商,尊重公民的利益表达,促进广泛的参与,进而使决策更民主、更完善的一种文化指引。② 在协商型文化的强力指引下,扩大了村民有序的政治参与,培养了公民意识和公众精神,在一定程度上制约了行政权力的膨胀,如乡镇参与式预算改革中形成的协商共治的文化。调适型文化和协商型文化为乡镇政府调适型和协商型组织结构创新打下了良好的基础。

(2)网络关系。乡镇组织不是一个孤立的存在,它与县、村级村民发生着广泛而密切的联系,这种隐性的关系就构成了乡镇政府组织结构的一个重要"潜结构"因素。在县与乡、乡与村互动中主要存在着权力、财政和行政三重网络关系。权力关系主要表现为乡和村在"乡政村治"下的权力运行机制,具体包括乡镇政权、村党支部(村委会)以及自治组织三重权力结构;③ 财政关系表现为县、乡、村之间财政体制的改革及其资源分配。目前县乡间的财政体制是1994年

---

① 芮明杰:《管理学——现代的观点》,上海人民出版社1999年版,第418页。
② 陈家刚:《协商民主与当代中国民主政治的发展》,《学习时报》2006年8月28日。
③ 金太军:《村庄治理与权力结构》,广西人民出版社2008年版,第41—58页。

确立的分税制财政体制，在此之前经历过高度集权的财政体制、传统的财政管理体制和放权让利为特征的财政管理体制等不同阶段的变动；① 行政关系即通常所说的"条块关系"，表现为县、乡、村的机构设置及其职能配置，如"七站八所"就是体现条块关系的典型。县、乡、村关系有时也存在过严重的体制性冲突，如乡政府承受着压力型体制带来的自上而下的"行政压力"和面临着越来越大的村民治理力量发展的挑战。② 因此，县乡关系，尤其是乡村关系成为贯彻乡镇政府组织结构变革的一个重要要素。

网络关系大量存在于乡镇政府治理与公共服务提供实践过程中。有学者实证分析了多元权威主体互动下的乡村治理，特定的文化能够使乡村治理过程中的不同的权威主体之间的依存互动形成规范与约束，形成相互依存和相互监督"权威三角"治理网络。③ 有学者从乡村秩序重建的视角探讨了乡村治理中由于权力结构失衡所导致的乡镇政府、村两委、乡村自组织、村民之间不稳定等沟通网络问题，提出需要优化权力结构、提高乡村主体间的合作程度，完善沟通网络，才能优化乡村治理。④ 也有学者认为我国农村卫生保健服务体系是一个复杂网络系统，需要构建一个服务保健网络。⑤ 还有学者从行动者网络视角出发，分析了农村公共服务多元合作供给"行动者网络"的多元合作供给关系和多元主体行为模式，并提出明晰供给主体行为边界和加强行动主体供给过程中的协作性管理是破解多元合作主体行动网络的运行困境及供给主体的行为异化关键。⑥ 不难看出，乡村治理与服务中的网络关系是分析乡镇政府边界化组织结构创新的一个基本点。

---

① 赵英兰、李勇：《县乡财政问题研究》，山东人民出版社 2014 年版，第 112—116 页。
② 吴理财：《县乡关系：问题与调试》，中国社会科学出版社 2011 年版，第 200 页。
③ 陈天祥、魏晓丽、贾晶晶：《多元权威主体互动下的乡村治理——基于功能主义视角的分析》，《公共行政评论》2015 年第 1 期。
④ 吴春梅、邱豪：《论乡村治理中的沟通网络》，《理论探讨》2011 年第 3 期。
⑤ 李伯阳、张亮、张研：《基于复杂网络的我国农村卫生保健服务体系分析理论探讨》，《中国卫生经济》2016 年第 10 期。
⑥ 戴祥玉、杜春林：《行动者网络视域下农村公共服务的多元合作供给》，《西北农林科技大学学报》（社会科学版）2017 年第 5 期。

第三章　基于社会治理复杂性的乡镇政府组织结构变革分析框架

三 "一性两层四要素轴"的分析框架构建

在乡镇社会治理复杂性的驱动下，乡镇政府组织结构在静态的体制化"结构—功能"层面和动态的边界化"行动—机制"层面发生了复杂适应治理的变革，形成了一个基于社会治理复杂性的乡镇政府组织结构变革分析框架（见图3-4）。

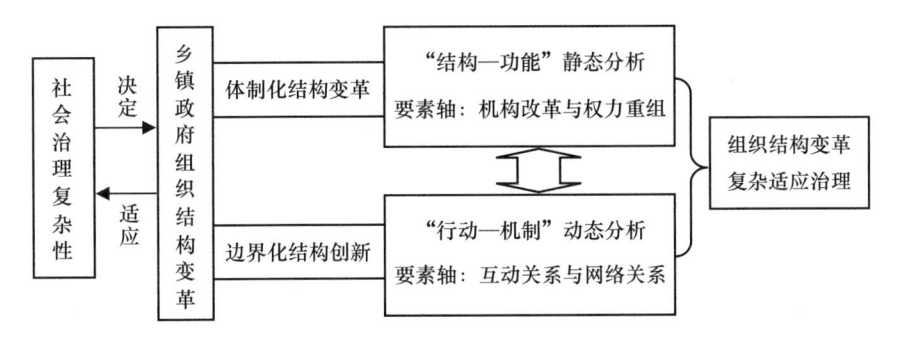

图3-4　"一性两层四要素轴"的分析框架构建

如图3-4所示，在我国乡镇社会治理需求日增复杂性的同时，乡镇社会治理却出现了与之不相称的"内卷化"困境，这从乡镇社会治理的供需层面提出了乡镇社会治理创新的客观要求。基于复杂系统的乡镇社会治理创新可以从两个层面入手：一是体制化层面的"结构—功能"分析；二是边界化层面的"行动—机制"分析，在复杂适应社会治理的变革路径的基础上，构建了"一性两层四要素轴"的乡镇政府组织结构变革分析框架，这一分析框架对研究我国乡镇政府组织结构变革具有较好的学理价值和实践意义：

首先，"一性"就是"社会治理复杂性"，它是乡镇政府组织结构变革的直接驱动因素和原动力，对乡镇政府组织结构两个层级的变革发挥着决定性作用。社会治理复杂性从根本上决定着乡镇体制化结构和边界化结构变革的基本内容和发展方向，这为探索乡镇政府组织结构变革的基本规律和发展趋势提供了可能。

其次，"两层"是指乡镇政府组织的体制化组织结构变革和边界化组织结构创新,这两层级结构变革相互联系、相互促进,共同推进乡镇政府组织结构复杂适应社会治理。体制化组织结构变革是传统组织结构变革的内容,是指乡镇政府组织内部的横向权力关系和纵向职能关系之间的联系,它是乡镇政府体制内的组织结构要素变动。边界化组织结构创新是乡镇政府在边界互动关系和网络关系过程中所形成的新型组织结构创新模式。因此,"两层级"组织结构能够把古典的组织理论和前沿的组织理论中关于组织结构变革的先进理念和优秀因子有机地结合起来,形成一个综合性的组织结构变革分析维度。

最后,"四要素轴"是乡镇政府组织结构变革的主体内容,从体制化结构和边界化结构两个层面展开。体制化结构变革包括结构改革与权力重组两个要素轴,主要包括权力、机构、职能、人员、规则等"显结构"要素,它们的优化组合直接推动"显性"的乡镇政府体制化组织结构变革;边界化结构创新包括互动关系和网络关系两个要素轴,主要包括互惠规范、网络、信任、策略、文化等"潜结构"要素,它们的优化组合推动着"隐性"的乡镇政府边界化组织结构创新。这"四轴要素"既有利于从静态层面分析乡镇政府组织结构变革的体制化内容,也有利于从动态层面分析乡镇政府边界化组织结构创新,极大地增强了乡镇政府组织结构变革研究的系统性。

总之,基于社会治理复杂性的"一性两层四要素轴"乡镇政府组织结构变革分析框架,从宏观的社会治理和国家治理到中观的政府层级,再到微观的乡镇治理主体,可以系统地全面分析乡镇政府组织结构变革的基本内容;这一分析框架也可以从静态体制化组织结构变革和动态的边界化组织结构创新,管窥中国乡镇政府组织结构变革的内在机理,为探索我国乡镇政府组织结构变革路径提供理论依据和实践参考。

第四章　乡镇政府体制化组织结构变革

随着乡村社会治理需求复杂性不断增加，村民对良好的社会秩序和优质的公共服务需求也随之增加，乡镇政府组织结构的弊端也日渐突显出来，体制化组织结构变革成为乡镇政府组织结构变革的一个首要选择。乡镇政府体制化组织结构变革以"机构变革—权力重组"作为结构性要素变革轴，形成了机构的精简与整合、权力的授权与共享为主要内容的组织结构变革，推进乡镇政府服务职能的转变和完善，从而更好地适应乡镇社会治理复杂性需求。

第一节　乡镇政府体制化组织结构的理论分析

"体制"的英文是"system"，表示制度、体系、系统等含义，《现代汉语词典》中的"体制"的解释为"国家机关、企业、事业单位等的组织制度"[1]。中文对"体制"的一些翻译是欠妥当的，如"制度"、"体系"、"系统"这些概念不仅词义相近，而且都是一种静态的词义。事实上，政治科学和管理科学的"体制"还包括动态的词义，即"体制"还包括运行机制、互动关系的含义。例如，政治体制就是一种政治的决策机制，是"政治权力"的存在形态和运行方式；[2]

---

[1] 中国社会科学院语言研究所词典编辑室：《现代汉语词典》，商务印书馆1998年版，第1241页。
[2] 徐庶：《政治体制的涵义及其它》，《政治学研究》1987年第5期。

行政体制是"作为体现国家行政机关组织形式、管理方式和行为规范的具体运行机制"①。又如，政府过程的体制化结构是宪政体制所规定或派生出来的政治结构，它包括两层含义：一是要以在特定的体制框架下哪些政治结构实际介入了政府过程为标准，而不管这些结构是否是法定和正式的；二是要以一定的政治结构在政府过程中的实际作用为标准而不管其法定地位和权力的高低与大小。②可见，政治与管理意义上的体制既包括制度所规定的机构设置和权力关系，也包括这些机构和权力的实际运作。

政府组织管理的"体制"即"行政体制"，它也不是体系、制度、系统的简单叠加式合称，而是行政体系与机制的有机整合，具体指行政系统的权力划分、组织结构、职能配置、运行机制等关系模式。行政体制是政治体制的一个有机组成部分，它的核心内容是行政权力的划分和行政职能的配置，表现形式是行政组织结构，灵魂是运行机制。③这里的"体制"是政府组织的权力、结构、职能、机制等构成的关系模式，而静态的地方政府结构也是一种关系模式，即包括条与块的关系、机构配置关系、政府与人大的关系、政府与执政党的关系及国家与社会、中央与地方的关系，具体表现为层级结构、内设机构和权力关系结构。④"体制"与"结构"连接起来分析，就构成了"体制化结构"，行政体制是政府结构的基础，它规定了政府结构的基本内容。有学者指出，地方政府的体制化结构是"一个国家地方政府制度的体现形式，也是国家行政管理体制在地域上的安排，它是指维持地方政府运行的各种相互联系、相互作用的规范和组织构成的机制，包括地方政府内部的关系、地方政府与其他国家机关的关系、地方政府与民众的关系"⑤。显然，这里的地方政府体制是指中央以

---

① 李琪：《论行政体制的内涵、构成及其与政治体制的关系》，《社会科学战线》1990年第2期。
② 胡伟：《政府过程》，浙江人民出版社1998年版，第83页。
③ 谢庆奎等：《中国政府体制分析》，中国广播电视出版社1995年版，第4页。
④ 谢庆奎等：《中国地方政府体制概论》，中国广播电视出版社2005年版，第248页。
⑤ 方雷：《地方政府学概论》，中国人民大学出版社2010年版，第44页。

下多个政府层级构成的政府体制，它既包括纵向的府际关系，也包括单个政府层级的内部关系。如果是单一层级的政府体制，则不包括纵向府际关系，只包括该层级政府内部的层级关系。本书中体制化结构主要是指单一层级政府的组织结构，即由行政体制规定的特定层级政府组织内设机构设置和权力划分所构成的关系模式，其范围包括该层级政府的纵向管理层级和横向管理幅度两个方面。

体制化结构虽然也涉及政府与民众、政府与外部环境的关系，但它总体是一种内部取向，内部的机构设置和权力划分是主要内容。因此，体制化结构属于费斯勒和凯特尔所言的大型组织"结构途径"中的古典理论途径。① 古典理论的结构途径主要见于韦伯、泰罗、法约尔、古利克的组织结构设计思想，它是在一个封闭的组织系统内部按照合法权威进行机构设置和权力划分。例如，韦伯认为，官僚制组织结构构建的基本原则有两个：第一，法律和行政规章建立在"固定和正式的权限领域"，且每个领域被指定"作为职责的职业活动"，以及"发布命令履行这些职责所需要的权力"；第二，"职务等级制和权威级别的原则意味着一个稳固的井然有序的上下级系统……上级官员监督下级官员"②。这表明，韦伯的官僚制组织结构是一种等级制的机构设计和权力划分关系，即纵向的内部层级结构。古典理论途径既注重纵向的层级设计，也注重根据专业分工（职能的差别）进行横向的管理幅度设计，如泰罗的科学管理的职能工长制、法约尔的管理五要素等。

乡镇政府体制化结构是单一层级政府组织的内部结构，主要是指乡镇内设机构、权力划分、职能配置等关系模式。内设机构是乡镇政府体制化结构的一个重要载体，它包括乡镇内部设置的各种科室、管理站所和服务机构，也包括"条"上的一些事业站所。权力划分是内设机构实现其职能目标的基础，行政权力的归宿、分配和实际运作

---

① 还有一种"结构途径"是系统理论途径，这是边界化组织结构生成的依据。
② ［美］詹姆斯·W. 费斯勒、唐纳德·F. 凯特尔：《行政过程的政治：公共行政学新论》，陈振明等译，中国人民大学出版社 2003 年版，第 56 页。

所构成的权力关系决定着乡镇政府体制化结构的基本性质;职能配置是内设机构和权力划分的依据,它保证了乡镇政府内设机构和权力划分的合理性和合法性。因此,从乡镇政府体制化组织结构变革历程看,机构改革和权力重组是乡镇政府组织结构变革的两大基本内容,它们都是为了有效地转变乡镇政府职能,更好地提高行政管理效率提供服务。

第二节 精简与整合:机构改革下乡镇政府组织结构变革

在传统政治科学和管理过程中,机构是一个部门或主体,它是组织结构变革的一个重要要素。我国乡镇政府组织结构变革大致经历了一个从机构精简到乡镇撤并,再到综合服务机构改革的过程,即经历了一个从"量变"(机构增减)到"质变"(功能整合)的变革过程。

一 乡镇政府精简型组织结构变革

乡镇政府精简型组织结构变革主要是乡镇政府内设机构(乡镇政府组织内部并列的、地位相互平等的行政机构)及乡镇站所的精简式改革,[①] 这个改革过程中包括人员的精简分流、乡镇领导的职位数控制和政府职能转变等。

1. 乡镇机构膨胀的缘起和结构扩张惯性

新中国成立初的一段时间内,乡镇政府组织结构较为简单,大部分乡镇不设立内设机构,只是配备一些专职工作人员。如政务院制定的《乡(行政村)人民政府组织通则》(1950)规定,乡人民政府委员会由乡人民代表大会选举乡长一人、副乡长及委员各若干人组成,

---

① 我国乡镇政府机构改革的实情是没有采取政府层级间的"纵向压缩",而是以乡镇数量的撤并和乡镇政府内设机构的"横向瘦身"为主。参见曲延春《乡镇机构改革三十年:实践演进与理论研究的双重审视》,《东岳论丛》2014 年第 8 期。

一般不设内设机构，3万人以上的乡镇可分设若干业务股或科，分管公安、民政、财政、粮食、协调等乡镇事务。1954年的《中华人民共和国宪法》和《地方各级人民代表大会和地方各级人民委员会组织法》以及《关于健全乡政权组织的指示》（1954）的相继颁布，确立了这个阶段乡镇政府的基本架构。乡镇政府的机构设置以委员会的形式，仅设置了少数几个委员会负责生产合作、人民武装、文教卫生、治安保卫、民政、财粮等工作。区、乡党委设正副书记、文书等，同时增设青年、农协、妇女、民兵等群众组织。党政负责人实行脱产、半脱产制，各政府委员及委员会都是从群众积极分子中选举产生而来。至于下设事业机构，则根据时代的需要而设置相应的机构。如50年代、60年代随着有线广播事业的发展，增设广播站等。①

1958年后，撤乡建社。随着人民公社化运动的大规模开展，农村基层政权以公社的形式出现，公社成为这时期农村公共服务的主要承担者，其职能涵盖广泛，逐渐变成了"法力无边的政府"。在1958年到1978年这20年的时间里，人民公社集"党政军企民"于一身，兼管"工农商学兵"等各项事务，职能大肆扩张导致机构大幅度膨胀。截至1980年底，全国农村人民公社共54183个，生产大队71万个，生产队576万个，达到空前的规模。②

改革开放以来，被破坏的乡镇政权建设逐渐转向正规。1983年中共中央、国务院发出的《关于实行政社分开建立乡政府的通知》中提出"乡政府设正副乡长各1人，民政、公安、司法、财政、文教卫生、计划生育、生产建设等部门不设职能机构"。由此可窥探出乡镇政府机构设置的大致情况。《中华人民共和国各级人民代表大会和地方各级人民政府组织法》（1982）第六十一条对乡镇的职权做出了规定。结合当时的实际情况，就是要落实家庭联产承包责任制、完成上级交办的任务、接待上级考核和检查、向农民征收税费、实施计划

---

① 郑有贵：《乡镇政权组织与制度变迁的特点、机构膨胀的成因及对策探讨》，《中国农村观察》2000年第4期。
② 张新光：《论我国乡镇的建制规模、职能定位与机构设置》，《西南民族大学学报》（人文社科版）2005年第9期。

生育、社会治安管理、招商引资等。作为国家在基层的代理人，乡镇政府管理的事务越来越多，越来越细，涵盖了政治、经济、文化等方面，如计划生育、社会治安、招商引资、征地税收。由此，乡镇的机构设置大致是政府办公室、党委办公室、民政办公室、计划生育办公室、综合治理办公室、工会、团委、妇联、财政所等等。乡镇政府要对亿万农户征收税费，且目标责任管理制下的硬性指标逐年递增，乡镇为了完成行政性任务，其机构设置在一定程度上要与县级政府保持对应关系，职责同构地形成了"麻雀虽小，五脏俱全"的局面。当然，这些仅凭乡镇政府一己之力是无法完成的，这时各类站所开始如雨后春笋般大规模涌现，如土地管理所、供销社、种子站、粮站、食品站、农机站、农经站、农技站等为农民提供公共服务职能的机构设立，"七站八所"的规模也达到顶峰。"一般来说，管的事情越多，管理方法越微观，机构设置和人员配备越多，越呈臃肿庞大之态势；反之，机构和人员则少，并趋于精干。"[1] 在政社分开、乡镇重建下乡镇及其机构数量大幅增加，1985 年乡镇的数量是 91138 个，比 1980 年人民公社的数量 54183 个多出 36955 个。[2]

乡镇机构膨胀的一个重要原因就是乡镇组织结构扩张惯性。从理论上看，"内设机构设置是否科学，便影响该层级政府行政系统功能的实现程度。内设机构通常是根据其所在层级的政府行政系统所处的行政环境和所要达到的功能目标设置的。因此，只有在科学分析政府行政系统所处的行政环境和所要达到的目标的基础上，科学合理地分解地方行政系统的功能，才能设置相对合理的内设机构"[3]。但是，我国乡镇机构精简式改革并没有完全按照理论依据科学合理地设置，更多的是回应乡镇财政压力或是执行中央政策而进行的改革。这种对上和对内回应压力，形成了乡镇组织结构扩张惯性，从而导致乡镇机构的膨胀。

---

[1] 张云伦：《中国机构的沿革》，中国经济出版社 1988 年版，第 123 页。
[2] 国家统计局：《2001 中国统计年鉴》，中国统计出版社 2001 年版，第 371 页。
[3] 谢庆奎、燕继荣、赵根成：《中国政府体制分析》，中国广播电视出版社 2002 年版，第 104 页。

首先，回应对上压力的"职责同构"。职责同构是我国当代纵向政府间的主要关系模式。是指纵向间不同层级的政府在职能、职责和机构设置上的高度趋同性。① 职责同构必然导致纵向政府层级间机构设置的单一性并出现雷同。在计划经济体制的集权体制影响下，部门设置细化，地方政府层级职责同构，导致设置了一些多余的机构，形成政府冗员，增加了行政运行成本。这种内设机构设置的方式显然不科学，它不是根据行政环境和组织功能设置的。因过分强调政府管理的统一性而往往将政府职能、职责、机构设置等进行上下对口。可以说，从中央、省、市、县到乡镇的机构设置，上下几乎完全一致。② 同时，由于职责同构是一种府际关系构造模式，不同层级政府部门之间的人员、机构、编制等同质性较强，未能充分反映出实际中决策、执行、分工的现实，尤其是对于最低层级的乡镇政府而言，要面对广大的涉农事务，易导致实践中出现"头重脚轻"的编制配置，即一线执行部门和主要责任部门的编制较之级别较高的部门人员编制相对紧缺。这其实是压力型体制下的一个表征。此外，压力型体制下的目标责任管理制等一系列的责任考核方式忽略了对乡镇机构管理的考核，一定程度上成为编制资源滥用的诱因之一。③ 这导致乡镇内设机构迅速地膨胀起来。

其次，回应内部财政压力下的机构及人员膨胀。乡镇财政体制和税费制度是滋生机构和人员膨胀的天然"沃土"。乡镇政府为了有效地从农村、农民那里汲取社会资源，增设了大量的机构和聘任了大量的工作人员，在新中国成立初到恢复乡镇建制期间，乡镇没有独立的财政预算，实则是一个一级报账单位，各项开支经费等由县财政拨款，乡镇政权并无实权，也无膨胀的可能性。恢复乡镇建制后，乡镇有了一定的财政自主权，有了自筹收入，并且缺乏法律效力的管理制

---

① 刘靖华、姜宪利等：《中国政府管理创新》（施政卷），中国社会科学出版社2004年版，第154页。
② 叶麒麟：《打破职责同构：政府机构改革的新思路》，《学术探索》2007年第2期。
③ 闫丽萍：《关于乡村基层治理的几点思考——基于深化乡镇政府机构改革的视角》，《东岳论丛》2012年第11期。

度和约束,所以出现一些本应由政府部门办的事,为了收费则另成立事业单位,聘请所谓的"帮办"人员等,这在某种程度上催生了各类站所"雨后春笋"般地崛起,① 从而导致乡镇政府组织结构的迅速扩张。

2. 乡镇政府精简型组织结构改革的发展阶段

自1986年开始,乡镇机构开启了精简式改革。这个改革从总体看表现为乡镇撤并的精简式改革,从具体实施过程看则是乡镇机构和人员的精简式改革。

(1) 乡镇撤并的精简式改革。这包括撤销乡镇和对乡镇进行合并两个方面,大致经历了五个改革阶段(见表4-1)。

表4-1 五轮乡镇撤并的精简式改革过程

年份	相关政策文件或政策	改革成效
1986	中共中央、国务院《关于加强农村基层政权的通知》	经过乡镇撤并,1986年的乡镇数比1985年少了19618个,1988年的全国乡镇数为56002个,比1985年减少了3516个
1993	简政放权改革导致了乡政机构的膨胀和乡镇财政供养人员的增加	1996年的乡镇数为45484个,比1993年的48179个乡镇数减少了2695个。1996年的乡镇数比10年前的乡镇数减少了45654个
1999	配合1998年国务院第4机构改革的实施、农村税费改革试点	这一段时间,全国的乡镇撤并达到高潮。到2001年底,全国乡镇数量为40161个,比1999年的44741个减少了4580个
2005	2004年,中央发出了《关于促进农民增加收入若干政策的意见》	按照中央关于精简乡镇机构及财政供养人员的部署,各地又一次掀起了乡镇精简式改革热潮,到2005年,全国乡镇总数精简为35509个
2009	《中央机构编制委员会办公室关于深化乡镇机构改革的指导意见》	截至2011年底,全国乡镇数量总共为33270个,其中镇的数量为19683个,乡为13587个,自此,乡镇机构改革的任务基本完成

资料来源:根据曲延春《乡镇机构改革三十年:实践演进与理论研究的双重审视》,《东岳论丛》2014年第8期,第136—137页相关内容改写而成。

---

① 郑有贵:《乡镇政权组织与制度变迁的特点、机构膨胀的成因及对策探讨》,《中国农村观察》2000年第4期。

从表4-1不难看出，乡镇并存工作在改革开放之初就已经开始了。撤社建乡以来，乡镇撤并工作也随之大规模开展，可以说乡镇撤并几乎从未中断过。1983年，《关于实行政社分开建立乡政府的通知》中指出"乡的规模一般以原有公社的管辖范围为基础，如原有公社范围过大的也可以适当划小。在建乡中，要重视集镇的建设，对具有一定条件的集镇，可以成立镇政府，以促进农村经济、文化事业的发展"。在1985年到1988年这一撤社建乡初期，乡镇数量急剧减少，乡镇区划调整较为频繁。1985年乡镇数量高达9.1万个，1988年则降至6万个以下。[1] 随后，撤并乡镇工作仍在持续进行。

2000年，配合农村税费改革，以及针对我国乡镇规模普遍较小，小城镇建设较为分散等突出问题，我国开始集中进行乡镇撤并工作。为了做好乡镇撤并工作，民政部等七部门下发了《关于乡镇行政区划调整工作的指导意见》（民发〔2001〕96号），要求乡镇行政区划调整工作要坚持实事求是、稳妥有序的原则，据此，各地在政府主导下有计划、有步骤地开展了乡镇撤并工作。2004年1号文件指出："进一步精简乡镇机构和财政供养人员，积极稳妥地调整乡镇建制，有条件的可实行并村。"这对进一步撤并乡镇提供了有力的政策依据。

2000年到2006年是我国乡镇撤并的又一高潮期，其中2001年达到乡镇撤并的最高峰，2007年以后随着各地乡镇撤并工作的逐步完成和农村综合改革的推进，乡镇撤并工作趋于平缓。而在这一阶段，我国乡镇撤并经历了两个过程。2000年到2002年是撤乡建镇的时期，这一时期乡的数量大大减少，3年中累计合并减少达到6106个。与此同时，镇的数量在不断增加，2000年和2001年我国的建镇数均增加了227个；从2003年开始，乡镇总体数量在全面下降，这一时期，全国乡镇合计减少5205个，乡减少了3791个，镇减少了1234个。[2] 此后，乡镇撤并工作基本趋于平缓，1986—2015年乡镇数量变

---

[1] 吴理财：《改革与重建——中国乡镇制度研究》，高等教育出版社2010年版，第63页。
[2] IUD领导决策数据分析中心：《10年间全国撤并乡镇9341个》，《领导决策信息》2010年第25期。

化见表4-2。

表4-2　　　　　1986—2015年全国乡镇数量变化情况表

年份	1986	1987	1988	1989	1990	1991	1992	1993	1994	1995
乡镇（个）	72132	69842	56676	56497	56481	55109	48366	48251	48165	47034
年份	1996	1997	1998	1999	2000	2001	2002	2003	2004	2005
乡镇（个）	45227	44891	44928	44501	43511	39715	39240	38290	37334	35473
年份	2006	2007	2008	2009	2010	2011	2012	2013	2014	2015
乡镇（个）	34675	34369	34301	34170	33981	33270	33162	32929	32683	31830

数据来源：《民政部统计年报》，中华人民共和国民政部官网，http：//www.mca.gov.cn/article/sj/tjgb/。

（2）乡镇机构和人员的精简式改革。乡镇撤并的精简式改革为乡镇机构和人员的精简式改革提供了总体框架和背景，但二者的改革步伐有趋同，也有不一致的地方。第一轮乡镇机构精简式改革始于1986年，根据中共中央、国务院《关于加强农村基层政权的通知》，其改革的重点是解决乡镇重建的政府职能定位问题。山东莱芜就此率先进行了"简政放权"改革，解决乡镇"条块分割"的问题，下放一些站所的管理权，中央层面则于1992年召开的县级综合改革经验交流会上明确指出，县要适当地下放权力给乡镇，扩大乡镇的自主权，进行精简改革。1997年，党的十五大报告中指出："机构庞大、政企不分，官僚主义严重，直接阻碍改革的深入和经济的发展，影响党和群众的关系。这个问题亟待解决，必须通盘考虑，组织专门力量，抓紧制定方案，积极推进。"[1] 于是，1998年，第九届全国人大代表大会讨论决定，中国各级政府开始为期三年的机构改革，要实行政企分开、精兵简政，明确划分部门职能分工，将相同或相近的职能交由同一部门承担，[2] 全面提升政府的公共服务能力。相应地，乡镇

---

[1]《中国共产党第十五次全国代表大会文件汇编》，人民出版社1999年版，第34页。
[2] 罗干：《关于国务院机构改革方案的说明》，载国家行政学院《中华人民共和国政府机构改革五十年》，党建读物出版社、国家行政学院出版社2000年版，第502页。

政府也要实现政社分开、政企分开、政事分开等。然而乡镇机构的实际数量和运行表明,尽管从撤社建乡开始后的10多年时间里进行了多次改革,但是依然始终未能走出机构改革的怪圈。

1998年10月,十五届三中全会通过了《中共中央关于农业和农村若干重大问题的决定》,标志着中国农村改革步入了正常的发展轨道。进入20世纪以来,税费改革启动,农村改革进入了质变阶段。农村税费改革对涉农公共服务的主要提供主体(乡镇机构)产生了较大的影响。在税费改革前,分税制改革使得原本就不健全的乡镇财政显得更加捉襟见肘,但是由于乡镇财政和农经站划归乡镇政府,预算外收入和自筹资金在一定程度上使得乡镇财政依然能维持基本日常运转。但是税费改革后,行政事业收费和政府性基金、集资,乡统筹费被取消,"村提留"中的公积金被剔除,乡镇财政的资金收入被大量削减,其机构运转难以为继。可以毫不夸张地说,农村税费改革"革"了乡镇机构收费的"命",① 如何保证足额的资金维持组织运转便成了乡镇机构的当务之急。不仅如此,历次精简不彻底的乡镇机构膨胀,给农民带来较大负担。据统计,2002年时,全国共有3.9万个乡镇政府,单是乡镇一级需要农民负担财政来源的干部就有1200万人,平均下来差不多一个干部需要80个农民养活,乡镇机构也达到了20—30个,极大增加了农民负担,② 随后,国家统计局等11个部委对全国1020个代表性乡镇的抽样调查也充分说明了乡镇机构庞大、人员臃肿的问题。全国总体上有4.5万个乡镇,财政供养人员达到1280万人。在职人员中,党政干部约140万人,其人员平均158人,超过正常编制的2—3倍,平均每个乡镇党政内设机构为16个,近35人;平均每个乡镇下属事业单位为19个,人员达到290余人,严重超编。③ 财政压力引起制度变迁的理论给税费改革背景下乡镇机

---

① 郭月梅:《从农村税费改革看乡镇财政困难的成因和对策》,《财政研究》2005年第3期。
② 蔡继明、杨万友:《减轻农民负担的重要举措——乡镇政府机构改革》,《经济学动态》2003年第12期。
③ 金太军:《推进乡镇机构改革的对策研究》,《中国行政管理》2004年第10期。

构变革提供了一个很好的解释框架。这期间，中国（海南）改革发展研究院做的"乡村治理与乡镇政府改革"的问卷调查表明，针对"促使乡村治理变迁和乡镇政府改革的主要因素"这一选项中，排在首位的就是"机构臃肿，财政供养人员过多"[①]。这说明进一步强化乡镇机构改革势在必行。

从2000年开始的新一轮机构改革作为农村税费改革的配套改革，基本上是与税费改革同步进行的，共同服务于农村经济社会发展的大局。新一轮的乡镇机构改革的着力点与以往历次改革不同，是依托于税费改革，作为农村综合改革的重要环节而展开的，这也就决定了新一轮的乡镇机构改革更具展现力，结合各地农村实际情况，探索出适合自己的改革模式。以2006年为界，在最终取消农业税之前，以一系列的政策文件作为宏观导向指引来开展各地具体的实践。2000年3月中共中央、国务院《关于进行农村税费改革试点工作的通知》中就指出了关于农村税费改革试点的配套措施，要"精简乡镇机构和压缩人员。农村税费改革后，县、乡政府因收入减少影响的开支，主要通过转变政府职能、精简机构、压缩财政供养人员、调整支出结构等途径解决。要按照政企分开和精简、效能的原则，合理设置乡镇机构，严格核定人员编制，提倡党政干部交叉任职"[②]。同年9月国家发展计划委员会《关于当前农村经济发展中的几个主要问题和对策措施的意见》中指出要积极稳妥地推进乡镇机构改革，"乡镇机构臃肿、人员过多，是加重农民负担的重要原因，能否有效解决这一问题，是农村税费改革成败的关键。各地区要结合县乡机构改革，精简乡镇机构和压缩人员。首先要采取坚决措施，清退乡镇聘用人员，裁减超编人员，减少村组干部补贴人数"[③]。十五大报告中关于机构改

[①] 中国（海南）改革发展研究院：《"乡村治理与乡镇政府改革"专家问卷调查》，中国改革论坛网，http://www.chinareform.org.cn/inquiry/cirdsurvey/201011/t20101124_107971_5.htm。

[②] 中共中央、国务院：《关于进行农村税费改革试点工作的通知》（中发〔2000〕7号），2000年3月2日。

[③] 国务院办公厅：《转发〈关于当前农村经济发展中的几个主要问题和对策措施的意见〉的通知》（中发〔2000〕15号），2000年9月28日。

革的总体部署指出,要"深化行政体制改革,实现国家机构组织、职能、编制、工作程序的法定化,严格控制机构膨胀,坚决裁减冗员",这使得市县乡的机构改革在全国陆续展开。《关于市县乡人员编制精简的意见》中着重对乡镇机构改革中的财政供养人员提出了指导意见,就站所、农村中小学校、乡(镇)医疗卫生和计划生育等办事机构提出了一些改革措施。2001年国务院发布的《关于进一步做好农村税费改革试点工作的通知》中提到,乡镇机构改革要在"各级党委和政府的领导下,有计划、分步骤地进行",通过"精简乡镇党政机构和人员编制,进一步压缩乡镇干部和事业单位人员",可以考虑实行交叉任职等。[1] 2004年国务院发布的《关于做好2004年深化农村税费改革试点工作的通知》中进一步提到要"严格核定和控制乡镇行政和事业编制,乡镇政府不再新设自收自支事业单位",同时要"严格控制领导职数"。[2]《国务院关于2005年深化农村税费改革试点工作的通知》中提到,对乡镇行政类机构,要进行综合设置;而事业类机构,则要按照分类管理的要求,合理区分公益性职能和经营性职能,在此基础上整合现有乡镇事业站所,强化公益性事业单位公共服务功能与强化经营性事业单位自我发展能力。同时继续深化"严格控制乡镇领导职数,从严核定和控制乡镇机构编制和财政供养人员数量"的策略。[3] 截至2004年9月30日,全国乡镇与1995年相比,共精简了机构17280个,裁减人员8.64万人,财政支出累计减少8.64亿元。[4]

2006年开始全面取消农业税,农村进入一个以乡镇机构改革、农村义务教育改革和县乡财政管理体制改革为主轴的综合改革阶段,

---

[1] 国务院办公厅:《国务院关于进一步做好农村税费改革试点工作的通知》(国发〔2001〕5号),2001年4月14日。

[2] 国务院办公厅:《国务院关于做好2004年深化农村税费改革试点工作的通知》(国发〔2004〕21号),2004年7月21日。

[3] 国务院办公厅:《国务院关于2005年深化农村税费改革试点工作的通知》(国发〔2005〕24号),2005年7月11日。

[4] 张新光:《"乡镇撤并"这一招为何不灵验》,中国乡村发现网,http://www.zgxcfx.com/sannonglunjian/76625.html。

乡镇机构改革也进入扩大和深化试点阶段。中央机构编制委员会办公室在进行乡镇机构编制和人员情况的调查时，明确提到乡镇编制要实名制管理，确保五年内乡镇机构编制和财政供养人数"只减不增"，"上级业务部门不得干预乡镇的机构设置和人员配置"。① 此后，各地积极探索新的实践模式，不断深化改革。据统计，截至2008年底，全国试点乡镇约1.8万个，占全国乡镇总数一半以上。② 这一轮的乡镇机构改革，主要任务就是配合农村税费改革试点，通过精简乡镇机构和压缩财政供养人员来减轻农民负担，为彻底取消农业税、推进农村税费改革的顺利进行做好配套方面的基础，通过"规范管理"来实现"精简冗员"，借此来较大程度上消除农民负担的体制性因素；后阶段的改革则是在乡镇机构精简的基础上，为了适应彻底取消农业税而进行的，通过"创新机制"来"落实任务"，借以打造服务型政府。③

2009年中共中央办公厅、国务院办公厅转发《中央编办关于深化乡镇机构改革的指导意见》，至此，我国乡镇机构由试点转入全面推开阶段。同年4月，全国已完成和正在进行机构改革的乡镇为19406个，占全国乡镇总数的56.6%，而且安徽、湖北、吉林、黑龙江、河南、浙江等省份已在全省范围内展开了改革工作。④ 自此，乡镇机构精简式改革基本定型与完成。

3. 乡镇政府精简型组织结构变革的实践模式

农村税费改革前的乡镇机构精简式改革只是停留在机构层面的精简，并没有改变乡镇政府"汲取"型职能定位，是一种回应上级压力和内部压力的改革，因而无法打破组织结构扩张的惯性。税费改革后，农业税的取消使乡镇政府的职能发生根本性的变化，乡镇政府从

---

① 林艳兴：《中编办：上级"条条"不得干预乡镇机构设置和人员配备》，新华网，http://news.xinhuanet.com/politics/2006-11/22/content_5362860.htm。
② 胡亮：《乡镇机构改革进入第二阶段》，《中国经济时报》2009年4月20日。
③ 王圣志：《安徽省乡镇机构改革调查》，新浪网，http://news.sina.com.cn/o/2009-05-30/101715705689s.shtml。
④ 盛若蔚：《推进乡镇机构改革：已完成和正在进行的乡镇过半》，《人民日报》2009年5月21日。

汲取型政府转变为服务型政府。这打破了组织结构扩张的惯性，乡镇机构精简式改革开始回应乡镇社会治理复杂性的需求，从而开始进行一个机构设置合理、职能定位科学的结构设计过程。税费改革后乡镇政府精简型组织结构设计的内容主要包括以下几个方面：

第一，以回应财政压力为机构精简式改革的直接动因。"大而全"的乡镇机构设置，机构臃肿、官多民少，导致成本偏高，行政效率低下，使乡镇财政一度陷入困难。农村税费改革之后，全国各地的乡镇财政状况更是不堪重负，负债累累，出现了生产性负债、基础设施建设负债、行政事业支付负债等多种负债形式。由于乡镇政府缺乏可支配的财政资源，普遍出现"无权、无钱、难办事"的困境。回应乡镇财政压力，乡镇政府开启了多轮精简型组织结构变革。

第二，以明确的政策指导意见作为机构精简型组织结构变革的内在推动力。全国推开乡镇政府机构改革始于2009年中办、国办颁发的《中央机构编制委员会办公室关于深化乡镇机构改革的指导意见》，之后安徽、湖北等各省陆续颁发了省级层面的机构精简指导意见，这样，乡镇认真落实政策，全面推开了精简型组织结构变革（见表4-3）

表4-3　　　　税费改革后安徽和湖北乡镇政府精简式样
组织结构变革的政策设计

政策文本	机构设置精简	领导职数精简	编制精简和人员分流
《中共安徽省委、安徽省人民政府关于乡镇党政机构改革的实施意见》（2000）	乡镇机构设置要区别对待，分类指导。中心建制镇和城关镇可设置党政办公室、经济发展办公室、社会事务办公室3个综合性机构，其他乡镇可设1至2个综合性机构：党政办公室（同时挂计划生育办公室牌子）、经济发展办公室，或者只设必要的助理员	乡镇党委设书记1名，副书记2至3名、（其中1名兼纪委书记）；乡镇人大主席由党委书记兼任的可配专职副主席1名，不兼任的配专职主席1名；乡镇政府设乡镇长1名，副乡镇长2至3名。提倡党政领导交叉任职，不设乡镇长助理	乡镇行政编制精简10%。各地要在核定行政编制和领导职数的基础上严格定岗定员；乡镇要把精简下来的人员安排同发展当地经济结合起来，采取自谋职业、到村任职、提前离岗或办理退休手续等多渠道分流人员

续表

政策文本	机构设置精简	领导职数精简	编制精简和人员分流
《中共安徽省委、安徽省政府关于乡镇事业单位机构改革的意见》（2000）	统筹规划事业单位的机构设置，以撤销、划转、调整撤并、清理等方式改革事业单位机构，省事业单位平均由12.2个压缩到7个以内，实行限额设置；中心镇建制和城关镇限额7个，其他乡镇6个	乡镇对事业单位的管理主要是管好领导班子或法定代表人，监管政策执行和国有资产。结合改革对乡镇事业单位实行定机构名称、机构性质、机构规格、职责范围、隶属关系、人员编制、领导职数、经费渠道等"八定"工作	全省事业单位财政供养人员平均由43.2名精简到30名，中心建制镇和城关镇限额到30名，其他乡镇限额25名。多渠道分流人员，可鼓励创业、可下派任职，可采取竞争上岗
《中共安徽省委、安徽省人民政府关于全面推进农村综合改革试点的意见》（2007）	综合设置乡镇党政机构，一般控制在3—4个。大力整合乡镇事业站所，原乡镇站所承担的行政管理职能收归乡镇政府承担，受委托的行政执法上划县直有关部门	严格控制领导职数，乡镇领导职数一般控制在5—9名，实行党政领导交叉任职，全面推行岗位目标责任制。深化干部人事制度改革，在党政机关、事业单位普遍推行竞争（竞聘）上岗和"凡进必考"制度	加强机构编制管理，建立编制、组织、人事、财政等之间协调机制。乡镇行政编制和事业编制由省重新核定控制数，实行总量控制。严把乡镇机构进人关，在5年内乡镇机构编制和财政供养人员数量只减不增
《中共湖北省委、湖北省人民政府关于推进乡镇综合配套改革的意见》（试行）（2003）	从紧设置乡镇工作机构。每个乡镇设3个内设机构，1个直属事业单位。3个内设机构：党政综合办公室（加挂综合治办的牌子）、经济发展办公室、社会事务办公室。也可只设党政综合办公室。1个直属事业单位是财政所。乡镇与村之间不设立中间层次的管理机构	实行领导班子交叉任职。每个乡镇党委设党委委员7—9名。其中，党委书记原则上兼任乡镇长；党委副书记2名，1名担任人大主席，1名兼纪委书记；兼任副乡镇长的党委委员2—3名；兼任人武部长等职务的党委委员2—3名。每个乡镇可设非领导职务的正、副科级干事1—3名	合理核定乡镇行政和事业编制。按照地域面积、所辖人口、财政收入状况等因素，科学确定乡镇类别。在各县（市、区）已核定的乡镇行政编制总额内，一、二、三类乡镇的行政编制分别不超过45名、40名、35名。探索社会保障办法，妥善分流富余人员，彻底清理清退非在编人员
《湖北省委、省人民政府关于深化农村综合改革的意见》（2007）	乡镇机关和事业单位实行编制管理实名制、公开化管理，接受群众监督；坚持因地制宜、精简效能、权责一致的原则，转变政府职能，提高行政效率	完善乡镇主要领导机构编制工作责任审计制度。各地要严格执行机构设置和人员编制的有关规定，确保五年内乡镇机构编制和财政供养人数只减不增	妥善安置分流人员，是公务员以及参照公务员管理的人员，主动分流的按本人四项基本工资的70%发放基本生活费，竞争落岗后分流的按60%发放

第三，以全面精简为组织结构变革的实践操作方案。由于税费改革的试点是从安徽省开始的，乡镇政府精简型组织结构变革也是从安徽率先进行的，后来逐步扩展到湖北、河南、黑龙江、吉林等地。"全面精简"在实践中主要表现为"减机构"和"减人"两个方面。

"减机构"主要是按照精简统一效能的要求，统筹乡镇党政机构设置，以乡镇规模的实际情况为依据，根据不同类型确定党政机构设置的形式和数额，通过设立综合办公室对乡镇内设机构进行大幅度精简。安徽乡镇"三办一所"内设机构精简具有代表性（见案例4－1）。

案例4－1：安徽乡镇政府机构精简的"三办一所"实践模式

在"十一五"期间，安徽省乡镇政府改革取得了较好的成效。通过乡镇机构改革，大部分乡镇按照精简的标准将原有机构整合为"四办两中心"，乡镇只设立党政办、经济发展办、综政办、计生办"四办"和农业综合服务中心、社会事务发展中心"两中心"。部分乡镇根据自己的实际情况另辟蹊径，如庐江县统一推行"三办"模式，即党政办、经济发展办和综合事务办，部门设置的紧凑压缩了管理成本、提高了行政效率，进一步提升了乡镇公共服务能力与水平，一些人事管理制度等的实施提高了乡镇干部的积极性和责任意识等。同时，积极稳妥地推进乡镇、村的行政区划调整，巩固农村税费改革，有效缓解了乡镇数量多，但规模小、内设机构冗杂、干部人浮于事、财政紧缺难以维持机构运转等窘境。① 在"十二五"时期，乡镇要推行深化机构改革试点。乡镇内设机构进一步精简为"三办一所"，即党政办公室、人大综合办公室、经济发展办公室和财政所；对传统的五套班子进行革新，在乡镇一级不再设立人大和政协机构，仅设立党委机构和政府机构；精简职数，就正职而言，由党委书记兼任人大主

---

① 安徽省政府发展研究中心课题组：《安徽"十二五"时期乡镇政府改革研究系列之一：安徽"十一五"时期乡镇政府改革综述》，安徽发展研究网，http://www.dss.gov.cn/News_wenzhang.asp?ArticleID=321172。

席,至于副职,则由"三办一所"的负责人兼任;乡镇事业单位继续贯彻分类管理的原则,纵深推进改革。①

以巢湖市和县的乌江镇为例,目前共有13位领导,党委书记兼任人大主席;机构经过几次改革,现在遵循的是"三办一所"的模式。党政办公室挂信访工作办公室牌子,共有工作人员6名,含纪检、监察、组织、人事、宣传、统战、工会、共青团、妇联、信访等职位,除了这些工作外,也承担镇党委、人大、政府及上级部门交办的其他工作;经济发展办公室挂招商引资办公室、镇村土地规划建设办公室牌子,共有工作人员7名,含农业经济、工业经济、第三产业、招商引资、安全监督、统计、环境保护等职位,负责镇内的经济战略导向;社会事务管理办公室挂人口与计划生育办公室、社会治安综合治理办公室牌子,共有工作人员6名,含人武、司法、民政、社会治安、社会保障、人口与计划生育、科教文卫等。②"三办一所"的模式精简了乡镇内设机构,节约了行政成本,同时也精简了人员。

"减人"是"减机构"的必然逻辑,遵循两个"严格",即"严格规定核定领导职数"和"严格控制人员编制"。这主要表现为乡镇政府领导职数精简、编制精简和人员分流。在实践中,湖北乡镇政府"一规范三精简"实践模式具有示范性(见案例4-2)。

案例4-2:湖北乡镇政府"一规范三精简"实践模式

湖北省从2003年开始推进乡镇综合配套改革,随后湖北省在全省范围内推进乡镇综合配套改革,从领导干部动刀,推行党政干部交叉任职,党委书记原则上兼任乡镇长,领导班子成员只保留7—9名;内设机构合并,只保留党政办公室、经济发展办公室、社会事务办公

---

① 安徽省政府发展研究中心课题组:《安徽"十二五"乡镇政府改革研究系列之二:安徽"十二五"乡镇政府改革的重点和任务研究》,安徽发展研究网,http://www.dss.gov.cn/News_ wenzhang.asp? ArticleID = 321173。

② 《机构设置》,乌江镇人民政府官网,http://wj.hx.gov.cn/default.php? mod = article&fid = 21。

室"三办"和财政所,人员竞争上岗和分流,实行大幅裁减机构与人员。此外,按乡镇地域面积、人口和财政收入等对乡镇机关严格控制,一、二、三类乡镇的行政编制不得超过45名、40名和35名。①

据相关统计,经过一年的试点,7个试点县(市区)118个乡镇通过机构改革,减少了391个内设机构,精简了850多个领导职数,累计分流1820多名机关工作人员,各项精简比例基本接近50%。至于事业单位,在实现转制后,实现了分流。②到2005年末,湖北省已有60%的以上的乡镇实行党政"一肩挑",领导干部职数也由10543人减到6204人,精简率达到41.4%,实行改革试点的乡镇机关干部由41150人减到27058人,乡镇机关的职数也由平均61.5人下降到40人。③

湖北省乡镇机构改革的核心内容概括起来就是"一规范三精简",规范乡镇机构设置,精简领导职数、内设机构和工作人员;事业单位改革则是"两转三建立",即转变经费管理方式,转变单位用人机制,建立养老保险制度、"以钱养事"新机制和公益性服务考评机制等。④

4. 乡镇政府精简型组织结构变革的限度

乡镇政府精简型组织结构变革在一定程度上缓解了乡镇政府的财政压力,改变了"大而全"的机构设置状况。但是精简型组织结构变革并不是以职能定位和行政环境为科学依据,而是回应财政压力所进行的改革,以落实政策指导意见为任务和以"减机构、减人"为主要内容,其限度是非常明显的,主要有以下三个方面:

首先,难以有效地解决人员分流这一机构改革的最大难题。在

---

① 白钢、史卫民:《中国公共政策分析》,中国社会科学出版社2000年版,第96页。
② 陈剑文、张胜利、罗序文:《适时的"瘦身运动":来自全省乡镇综合配套改革试点的报道》,《湖北日报》2005年2月21日。
③ 袁志国:《湖北乡镇机构改革出现"三赢"局面 探索出一条适应新时期的农村公益事业服务新机制》,《中国信息报》2005年10月12日。
④ 《湖北省乡镇综合配套改革的实践和成效》,新华网,http://news.xinhuanet.com/politics/2009-04/28/content_11274041.htm。

2003年两会期间,温家宝总理在答记者问时指出:"中国农村的政权是食之者众,生之者寡。"这深刻地刻画出了我国乡镇政府内设机构庞杂、人员超编严重的现实。一个乡镇财政供养人数少则五六十人,多则三四百人。机构精简后,如果不能妥善地处理这个庞大的乡镇机构人员分流问题,则将会导致回流和下一轮机构的膨胀。事实上,每轮机构改革,反倒出现了新一轮的机构膨胀困境。

其次,难以有效地缓解乡镇财政供给的问题。每一轮机构改革都是以减少人员编制,减少乡镇预算作为基本手段。乡镇机构改革后,如果人员无法分流,将会导致乡镇财政陷入困境。取消农业税后,乡镇财政陷入"断奶"之痛,乡镇政府机构要想从"收税者"角色转化成"服务者"角色,仅仅靠机构精简是做不到的,这需要机构的整合和权力重组的改革。农业税费改革之后的乡镇机构精简式改革实际上是回应财政压力的改革。

最后,机构精简式改革难以转变政府职能和实现乡镇政府权力关系的重组。机构精简式改革只是促成权力在乡镇上下级之间、乡镇政府内设机构不同部门之间放放收收,难以实现乡镇政府角色的根本性改变。因此,以回应乡镇财政压力为动机的机构精简式改革,是一种行政自改革。这种行政自改革的力矩很短,只能传递到机构这一层次,难以触及乡镇体制的改革,在遇到乡镇财政状况好转时就会出现机构膨胀的反弹,在遇到既得利益的巨大抵制或触及"社会稳定"的底线时,都会导致改革停滞不前。[①] 如何突破行政自改革的困境?大部制启动后,乡镇政府整合型组织结构变革进行了一个有益的探索。

二 乡镇政府整合型组织结构创新

机构整合式改革是机构精简式改革的深化。事实上,在机构精简式改革的过程中一直存在机构整合式改革,如乡镇撤并过程中乡镇机

---

① 吴理财:《县乡关系:问题与调适——咸安的表述(1949—2009)》,中国社会科学出版社2011年版,第89页。

构职能归并和机构整合，机构改革过程的精简与合并，这里乡镇机构整合式改革主要分析地方大部制改革之后以职能整合，构建服务型乡镇政府为主要内容的改革。

1. 大部制改革下组织结构整合的国际经验

大部制（"大部门体制"的简称）一般是指为了适应经济、社会和政治的发展需要，在政府部门的设置中，把那些职能相近、业务范围类似的事项进行归并与整合，扩大部门的职能范围，促进部门间协调配合，最大限度地解决机构重叠、职能交叉、权限冲突，以及权责脱节等政府管理问题，从而达到降低行政成本、提高行政效率和改善公共服务质量的目标所实施的一种具有广泛管理职能的综合管理体制和组织形态。国外大部制改革是多种动因综合作用的结果，在过程与内容上呈现出一些共同的特征，"整合"是国外大部制改革的一个最基本的工具，主要表现在机构、职能、机制三个方面的整合。①

首先，大部制改革是政府机构的大整合。国外大部制改革并不是简单的机构重组与归并，而是政府机构功能的大整合。随着市场经济的发展与完善，公共管理事务的范围逐步扩大，内容也愈加丰富，政府部门之间的分工变得越来越细，政府机构随之趋向膨胀。这样，政府机构的职能交叉、权限冲突等问题开始增多，部门（机构）间的协调问题也愈加严重。西方各国从整合政府机构、加强部门间协调的目的出发，普遍在职能归口的基础上对机构加以重组与整合，以减少部门的规模，增强综合协调的功能，建立起职能有机统一的大部制。例如，美国的克林顿政府从1993年以来就积极推行压缩政府规模、裁减联邦雇员及放松管制的改革，通过改革既将部门职能进行重组与整合，也将政府部门的一些服务型机构建制转移到社会之中，在中央与地方都形成了大部制的管理体制。从组织结构创新看，国外大部制

---

① 曾维和：《国外大部制改革的动因、过程与内容——兼论与我国大部制改革的比较及启示》，《河北科技大学学报》（社会科学版）2009年第1期；《国外大部制改革的推进方略及借鉴》，《湖南农业大学学报》（社会科学版）2008年第6期。

改革通常要建立大量的管理局、执行局等政府决策的执行机构，改变了原有的以部—司—处为主要层级的组织形式，产生了以部—管理局—处或部—执行局等新型的组织结构形式。

其次，大部制改革是行政职能的大整合。国外大部制改革都是与政府职能转变相适应的，其经验是在权力分散化的基础上实行政府职能的两大转变：一是强化政府的执行职能。大部制中"大部"都是执行机构，主要履行行政执行的职能。如美国国会负责国际贸易立法和制定政策，总统及其下属的商务部都属国际贸易的执行机构，只有经国会授权才能制定部分贸易政策。二是政府职能走向综合化。如1966年成立的美国交通部（DOT）一开始就将原分散在商业部、财政部等8个部委和3个局、处的交通管理职能和相关事务有效地集中在一起，实现了对全国交通运输事务的综合管理，真正地体现了"大交通"和"大运输"的功能。在这两大转变的基础上，宽职能成为国外大部制组织架构的一个基本特征。国外大部制不仅组织规模大，而且职能部门的数量比较少。例如，1966年10月，美国总统约翰逊签署法令成立的交通部（DOT）就是一种大交通运输管理的典型代表，约翰逊总统一开始就将原分散在商业部、财政部等8个部委和3个局、处的交通管理职能和相关事务集中在一起，实现了对全国交通运输事务的综合管理。至今，美国交通部包括部长办公室以及11个具有不同职能的独立运行机构。[①] 日本政府的"国土交通省"就是由原运输省、建设省、北海道省和国土厅合并而成，是日本12省中最大的省。英国政府的环境、食品和农村事务部的责任和职能极其广泛，包括环境保护、牲畜饲养与加工卫生、动植物防疫、种植业、食品和酒业、农村事务、乡村景观与旅游、经济持续发展和统计等政策制定和管理，但该部仅有执行机构21个、咨询委员会也只有几十个。[②] 从职能部门的数量上看，日本政府只有12个职能部门，美国政

[①] R. Dale Grinder, "The United States Department of Transportation: A Brief History", http://dotlibrary.dot.gov/Historian/history.htm.

[②] 陈建先、李凤：《以全球视角认识"大部门体制"》，《重庆日报》2008年1月7日。

府和俄罗斯政府都只有15个职能部门。英国、法国、德国、西班牙、加拿大、澳大利亚、新西兰、韩国和新加坡等政府的职能部门也都在14—19个之间。

最后，大部制改革是运行机制的大整合。由于大部制改革是把部际矛盾转化成部内矛盾，因此，只有建立起整合性运作机制才能有效地处理大部内部各职能机构之间的协调与沟通问题，促使部内各职能机构互相配合、密切合作，从而有效地化解部内矛盾，提高工作效率。在大部制改革的初期，西方各国主要是通过行政权力、行政规制、市场合同等手段推动整体性协调机制的建立。例如，日本在2001年正式实施以大部制为重点的行政改革时，就建立了三个层次的中央省厅间协调机制：一是在首相的直接领导下，由内阁官房（相当于我国的国务院办公厅）主导的部门协调，为最高协调机制；二是由首相就特定政策问题任命的"特命内阁大臣"主持召开相关阁僚联合会议，协调省厅间的问题；三是省厅部门间的直接协调机制，一般特定政策问题由该政策的主要负责部门拥有协调权，其他部门参与配合。[①] 英国则在1988年的《伊布斯报告》中明确提出在建立大量的执行机构履行公共服务执行职能的同时也建立指导性的框架性文件，对执行机构的服务内容及履行职责等情况进行适度的约束与监督。也有些国家在在大部制改革的过程中通过"委托合同"的方式进行管理、实现权力协调。如德国的交通建设和住房部主要负责政策的制定与监督执行，具体管理工作则通过"委托合同"的方式由各个州政府来执行。总之，国外大部制不仅是一种动态的结构与职能整合，而且是一种静态的整合性运行机制。西方各国大部制改革经历了一个从进行部门整合到加强运行机制建设的过程。20世纪40年代，西方福利国家实施的大部制改革主要是为了解决机构重叠、权限冲突、协调困难、行政成本过大等弊端，其改革的主要内容就是把相同或相近的政府职能进行归并，从而整合公共服务部门。到了20世纪

[①] 南开大学周恩来政府管理学院课题组：《"大部门"体制的国际借鉴》，《理论参考》2008年第5期。

70 年代末，西方国家进一步深化了大部制改革，实行决策、执行和监督分开、公共服务宪章、行政问责制等多种方式加强运作机制以提高行政效率，改善公共服务品质，满足公众的需求。

2. 乡镇政府整合型组织结构创新的中国实践

乡镇政府整合型组织结构创新始于地方政府大部制改革的实践。2007 年 10 月，胡锦涛总书记在党的十七大报告中首次提出"大部制"这一概念，"加大机构整合力度，探索实行职能有机统一的大部门体制，健全部门间协调配合机制。精简和规范各类议事协调机构及其办事机构，减少行政层次，降低行政成本，着力解决机构重叠、职责交叉、政出多门问题"①。十七大对政府机构改革提出的规划是加大机构整合力度，探索职能有机统一的大部门体制及部门间协调配合机制。2008 年 3 月，《国务院机构改革方案》颁布后，国务院组成部门数量减少 1 个，由 28 个减至 27 个，正部级机构减少 4 个，新组建了交通运输部、工业和信息化部、人力资源和社会保障部、住房和城乡建设部、环境保护部。2013 年，十二届全国人大一次会议审议通过了《国务院机构改革和职能转变方案》，又开启了新一轮国务院机构改革，国务院组成部门数量减少 2 个，从 27 个减少至 25 个，正部级机构减少 4 个。这两轮改革，使中央层面的大部制改革顺利完成，理顺了机构之间的关系，较好地转变了职能。

按照中央的统一部署，2008 年之后，地方层面普遍地开启了大部制改革。地方层面的大部制改革的基本特征和经验主要有五个方面：② 一是获取高层大力支持。如顺德区的"党政联动"的大幅度改革就获得省厅的大力支持，广东省委办公厅和省政府办公厅专门出台了《关于推广顺德经验在全省部分县（市、区）深化行政管理体制改革的指导意见》，推广"顺德经验"，给予大力支持。二是寻求改

---

① 胡锦涛：《高举中国特色社会主义伟大旗帜　为夺取全面建设小康社会新胜利而奋斗——在中国共产党第十七次全国代表大会上的报告》，新华网，http：//news.xinhuanet.com/newscenter/2007－10/24/content_6938568.htm。

② 罗重谱：《我国大部制改革的政策演进、实践探索与走向判断》，《改革》2013 年第 3 期。

革的突破口。大部制及其政府机构改革是一项复杂的系统工程，必须寻找一个切实可行的突破口，按照"积极稳妥、循序渐进、成熟先行"的思路进行才能顺利和成功。例如，深圳市的"行政三分"、顺德区的"党政联动"就是较好的改革的突破口，这推动了改革取得良好成效。三是突出地方发展战略。把地方的战略发展与大部制改革有机地结合起来。如海南筹建旅游发展委员会的改革。四是职能有机整合优化。大部门改革的核心要义是要对业务性质相似或职能类同部门职能进行整合。这在各地的大部制改革中得以较好地体现。如辽宁省服务业委员会、江苏省农业委员会等改革就是整合多个相近部门的职责。五是完善内部运行机制。在各地的大部制改革都在内部建立了高效的协调运行机制。如长沙市部门内设机构的"大处室"制、成都市内设机构的"大科室"制等都是一些有益的实践。

国家和省市层面的大部制改革，成为乡镇政府大部制改革进行整合型组织结构创新的强大政策驱动力。2008年，为了贯彻十七大报告精神，国务院印发了《关于深化行政管理体制改革的意见》，明确提出"鼓励地方结合实际改革创新"，"根据各层级政府的职责重点，合理调整地方政府机构设置"。这意味着各级政府可考虑自身的差异性，确定自身改革方式和步骤。随着农村综合改革的不断深化，乡镇机构在全国范围内推开，大部制改革也渐渐在乡镇有了生长点，出现了诸多乡镇版"大部制"改革。2009年，中央编办在《关于深化乡镇机构改革的指导意见》中提出，乡镇政府既要着力推进职能转变，"以转变政府职能为核心，理顺职责关系，创新体制机制，优化机构和岗位设置"，也要按照精简统一效能的要求，统筹乡镇党政机构设置"根据不同类型、不同规模乡镇工作实际，确定党政机构设置形式和数额，可设若干综合办公室，也可只设若干综合性岗位"[①]。这为乡镇政府推进大部制改革提供了较好的政策支持。

在各乡镇推进大部制改革实践中，出现了一些富有特色、具有个

---

① 中共中央办公厅：《关于深化乡镇机构改革的指导意见》（中办发〔2009〕4号），2009年1月27日。

性化的整合型组织结构改革实践，主要表现在机构整合、职能整合、机制整合等方面。

（1）机构整合模式。机构整合就是按照精简、统一、效能的原则，在乡镇政府中建立一个综合性办公室和综合性管理部门，提高乡镇政府的综合管理能力。例如，广西延安镇"四所合一"改革就是将土资源、村镇规划建设和环境卫生、环境保护、安全生产监管4个站所进行整合，组成一个国土规划建设环保安监站（见案例4-3）。

案例4-3：广西延安镇"四所合一"机构整合改革模式

改革前，广西南宁市江南区延安镇的农村矛盾和纠纷最集中的是土地问题，这涉及国土、村镇规划、环保、安监等多个部门，这些部门作为上级派驻站所，不受乡镇规约，很容易出现推诿扯皮等现象，导致基层矛盾激化。在南宁市编委《关于在各县区开展乡镇站所"四所合一"改革试点工作的通知》（南编〔2014〕114号）和广西自治区编办《关于加快推进乡镇机构改革试点工作的指导方案》（桂编办发〔2015〕8号）颁布之后，江南区延安镇成为乡镇站所"四所合一"改革试点镇，该镇将国土资源、村镇规划建设和环境卫生、环境保护、安全生产监管四个站所进行合并，在保持延安镇行政编制和事业编制总量不变的情况下，组建起具有综合职能的联合工作机构——延安镇国土规划建设环保安监站，挂综合行政执法大队的牌子，进行综合执法。[①]

按照自治区机构"四所合一"改革试点工作有关要求，成立了乡镇机构改革工作领导小组，建立乡镇机构改革联席会议制度，明确了县直相关部门及各乡镇的责任义务等，按照简政放权的要求，对适合乡镇国土规建环保安监站管理执行的行政审批事项、委托行政执法事项等权限进行下放，签订了授权书与委托书等，按照"党委领导、政

---

① 《南宁市江南区"三步走"全面推进乡镇站所"四所合一"工作》，广西壮族自治区机构编制委员会办公室官网，http://www.gxbb.gov.cn/gxgzdt/gxbbdt/2c9298b44ffa339d015044db0c0c000a.html。

府引导、编委指导、部门配合"的原则,开展工作。同时乡镇国土规建环保安监站的各项服务审批事项应由专门的服务窗口统一办理,进一步促进乡镇管理和服务水平的提高。①

(2) 职能整合模式。职能整合是机构整合的深化,也是大部制改革的一项基本特征,就是将乡镇政府内部职能相近、业务范围相同的事项整合起来,解决机构职能分散、交叉和多元的问题,提供便捷、高效、整合性服务。例如,江苏张浦镇乡镇便民服务中心通过"组团服务"模式,将行政审批权,以及投资建设、生产经营、民生服务等服务职能有机整合起来,提供"组团式"服务(见案例4-4)。

案例4-4:江苏张浦镇乡镇便民服务中心的"组团服务"模式

2010年,张浦镇被列入全国第一批经济发达镇行政体制改革的试点,为了改变基层政府"权小"、"责大"、"力微"等尴尬局面,突破强镇扩权改革中遇到的权力下沉瓶颈和行政权力不匹配、权责不对等等问题,2012年,县级部分行政处罚权、行政许可权一次性下放,张浦镇在市里权力下放的过程中以便民服务中心为载体,承接这些权力。② 乡镇便民服务中心作为行政服务中心的延伸和扩展,是由乡镇设立的,它将司法、民政、国土资源、城建、工贸、招商、计划生育、农林牧渔、农机、劳动保障等原来分散办公的各个部门都纳入到集中的场所,统一为民办理审批、收费、咨询、代办等事项,该机构的设置借鉴了"政务超市"的模式。③

张浦镇将便民服务中心作为行政体制改革的重中之重,突破了原有的传统运作模式,将"决策、审批、执法"分离,形成"审管分

---

① 南宁市机构编制委员会办公室:《关于进一步理顺乡镇"四所合一"机构管理体制和运行机制的通知》,南宁市邕宁区机构编制委员会办公室官网,http://www.yongning.gov.cn/bianban/contents/384/117851.html。
② 本刊记者:《"强镇扩权"的张浦样本》,《群众》2014年第2期。
③ 桑娜:《我国乡镇便民服务中心建设中存在的问题及对策研究——以山东省菏泽市为例》,硕士学位论文,山东大学,2014年,第14—15页。

离"的一站式服务新平台,在全国开创了唯一的"政府授权、自主审批、审管分离、组团服务"的审批服务运行机制,实现了"事、职、人"的全面整合。① 在机构整合、人员统一管理的基础上,该中心进行功能整合的"组团服务":首先,集中行政审批权,镇便民服务中心统一受理、集中办理包括派驻机构在内的行政许可、非行政许可审批和公共服务事项,真正做到行政许可与审批事项100%进驻,100%授权,100%公开服务;其次,镇便民服务中心按"投资建设"、"生产经营"和"民生服务"三类进行组团服务,投资建设包括从项目立项到领取施工许可证的全部流程,主要有发改、建设、规划、环保等部门的审批服务项目;再次,生产经营围绕工商营业执照领取的前、后置环节重新设定,包括商务、质监、工商、国地税等部门的审批服务项目;最后,民生服务则将人社、民政、计生、教育、公积金等涉及民生民计的项目进行打包服务。②

(3) 机制整合模式。机制整合则是在机构整合和职能整合的基础上,形成一个职能互补、运转协调、高效运作、整体联动的良性运行机制,将部门间的协调转化成大部制机构的内部协调,从而优化组织结构,提高服务效率。例如,广东广福镇通过"一办一中心"的方式,建立起了综合协调运行机制(见案例4-5)。

案例4-5:广东广福镇的"一办一中心"的综合协调运行机制

以梅州市蕉岭县广福镇为例。广福镇位于蕉岭县城北部,辖区内共有10个村委会和1个居委会,下设124个村民小组。该镇从2014年开始推行镇级大部制改革,形成的是"一办一中心"模式。该模式将乡镇的6个综合性办公室(党政办公室、经济服务办、社会综治办、社会事务办、人口计生办、规划建设办)和7个服务中心(发

---

① 《张浦镇便民服务中心机构简介》,张浦镇便民服务中心官网,http://www.zpzx.ks.gov.cn/lbnr.aspx? id=b574e59c-e323-40db-bf4d-e3c8ccc6eae8。
② 昆山市行政服务中心:《昆山张浦镇创新体制机制推动审批制度改革》,《中国行政管理》2014年第4期。

展、农业、财政结算、社会保障、文体教育、公用事业和卫生计生七大服务中心）全部拆分，整合成党政综合办公室和社会治理服务中心两个部门，即"一办一中心"，实现一手抓政务，一手抓服务。除了下设的办事大厅，社会治理服务中心内设社会事务组、信访维稳组、人口计生组、文教体育组、产权交易组5个组，统筹社会建设和社会治理工作；党政综合办公室则内设党群工作组、经济发展组、农业农村组、规划建设组和机关服务组5个组。按照"对内统筹，对上保留"的原则，不增编制，不加人员，着力解决联系服务群众"最后一公里"问题。每个组都类似一个整合了相关职能的小"部门"，只不过在运行上，组别管理更加扁平化，每个组的组长都由一位镇党委委员或副镇长兼任。①

"一办一中心"模式也取得了良好的效果，被评为"广东基层社会治理创新优秀项目"。在第二年度的政府工作报告上，指出社会治理服务中心全年共受理业务咨询646宗，办理业务800多宗。继续巩固"廉洁镇村"创建成果，夯实广福、岩前两镇"六联并举"社会治理模式，有效促进了社会和谐稳定。

3. 乡镇政府整合型组织结构创新的主要特色

乡镇机构整合式改革下，乡镇组织结构设计是构建一种整合型乡镇政府组织结构。该结构模式在理论上是对新公共管理任务型组织而提出的一种替代模式。任务型组织是新公共管理理论组织结构设计的一个基本架构。张康之等较为详细地表述了这种组织结构特征，他们指出，任务型组织是一种越来越显性化的组织类型，它是"一类以任务为导向的、具有临时性特征的组织，它在资源获取、组织结构、运行机制、人力和物力的安排使用、管理的方式方法等各个方面，都不同于常规组织"②。任务型组织结构设计以其灵活性及

---

① 《广东梅州镇级机构"大部制"改革 仅一办一中心》，搜狐网，http://news.sohu.com/20140621/n401137802.shtml。

② 张康之、李东：《任务型组织之研究》，《中国行政管理》2006年第10期。

任务完成的及时性等特征，可以有效地弥补常规组织处理那些常规任务的不足，在变革社会中服务型政府建设的背景下，任务型组织是公共服务提供的一种组织结构选择，它作为一种非等级制和高度灵活的组织形式，有助于建立一个差异化和多样化的公共服务提供机制，从而促进服务型政府的职能实现。①任务型组织对于那些需要采用竞争方式的个性化服务具有较大优势，但在社会治理复杂性的条件下，对于那些综合性、交叉性的公共服务却表现为效率低下。因此，一些学者提出了整合型组织结构设计的替代方案。正如整体政府是作为新公共管理替代性设计提出的一样，整合型组织结构也是针对公共服务综合化需求提出的一种替代任务型组织的结构设计。整合型组织的整合性公共服务以伙伴关系为基本工具，以跨界性协同为基本提供结构和具有以公民为中心的协作性公共管理实践模式。②一些学者就乡镇层面进行了多种形式的整合型组织结构的探索，例如，行政服务中心机制创新及其政府体制改革，有助于推动整体政府框架下的跨部门政务协同。③整体政府组织结构设计下的行政服务中心网上联合审批提供了突破性思路，有效地解决了公共服务提供的"碎片化"问题。④

乡镇政府整合型组织结构创新遵循了整体政府理论组织结构变革的基本路径，具有以下三个方面的基本特色：

第一，以解决机构碎片化为突破口。"碎片化"在政府管理领域具体表现为在不同功能的机构之间缺乏沟通协调，无法顺利合作，致使政府管理和服务不到位、效能低下，⑤机构整合式改革前的乡镇政

---

① 张乾友：《变革社会中的服务型政府建设——任务型组织的途径》，《北京行政学院学报》2004年第1期。
② 曾维和：《整合性公共服务：当代西方国家公共服务提供的新模式》，《上海行政学院学报》2012年第1期。
③ 沈荣华、何瑞文：《整体政府视角下跨部门政务协同——以行政服务中心为例》，《新视野》2013年第2期。
④ 郑石明等：《我国行政服务中心网上联合审批研究——基于整体政府理论的分析》，《中国行政管理》2012年第9期。
⑤ 李玉基：《经济法视域下循环经济政府治理"碎片化"分析及化解》，《兰州大学学报》（社会科学版）2014年第5期。

府组织不仅表现为"条块分割"的碎片化,还突出地表现为内设机构过细的碎片化。改革前乡镇政府由众多部门构成,人们通常将这些从事乡镇教育、文化、科技、卫生等活动的服务组织概括为"七站八所",这是国家在20世纪80年代为了适应农村的发展而构建的一套能够提供公共服务的机构,这里的"七"和"八"都是泛指,一般而言,每个乡镇的机构通常在20个以上,有的高达30多个,这些七站八所是乡镇政府机构内部的最初形式,这些站所的设置是与上级政府部门一一对应的,一般包括党政办、经管站、财政所、农业办、招商办、计生办、土地所、农机站、林业站、农技站、司法站、水利站、社会保障所、民政办、妇联、司法调解中心等。经过这些年的机构改革,乡镇内部机构的名称也从"站"、"所"逐步变为了"办公室"和"中心"。整合型组织结构改革较好地解决了乡镇政府内设机构的碎片化问题。

第二,以职能整合为核心内容。乡镇整合式机构改革在形式上将各种机构归并、整合成一个综合机构,实质上是对相同、相近职能的整合。例如,延安镇的乡镇站所"四所合一"模式形式上是将国土资源、村镇规划建设和环境卫生、环境保护、安全生产监管四个站所合并为一个国土规划建设环保安监站,其实质是为了构建一个具有综合职能的联合工作机构,进行综合执法。又如,城关镇的"一办三中心"模式中党政综合办公室形式也是将原组织、党政办、团委、妇联、人大办、统战合并为一个综合机构,其实质是为了更好地进行综合协调工作,"三个中心"的最终目的是将社会服务、产业服务和政策法律服务的职能进行整合,以提供整合性服务。广东的"云浮模式"和"一办一中心"模式,以及江苏的便民服务中心模式和"智慧服务"模式,也都体现了这种职能整合的组织结构设计思路。

第三,以整合性公共服务提供为目标。整合性公共服务(integrated public service)也称为"协同性公共服务",是"各种公共服务组织或机构为了应对公共服务需求复杂性的要求,在不断地交互作用下跨越地方层级(甚至国家层级)利益相关者的组织边界,进行整合性公共服务提供的过程"①。乡镇大部制改革中的各种综合办公室及综合服务中心,其出发点都是向民众提供整合性公共服务。例如,广东"云浮模式"的社会事务服务中心就是将社会保障、计划生育、教育卫生、医疗等基本公共服务集为一体,提供"一站式"服务。广福镇"一办三中心"模式中的社会治理服务中心内设社会事务组、信访维稳组、人口计生组、文教体育组、产权交易组5个组,提供社会建设和社会治理等相关的整合性公共服务。整合性公共服务的提供注重先进技术和先进平台的使用,案例中的政务超市和一站式服务平台等就是这种内结构设计,例如,盛泽的"智慧服务"模式通过智能服务使得每个家庭都具备了使用信息技术的能力,它的网络服务以"云"的形式为公众提供智能化的服务。

第三节 授权与共享:权力重组下乡镇政府组织结构变革

权力(power)是政治科学研究的核心概念,一般称为"影响和影响力",它是"根据需要影响他人的能力……它包括一系列的影响手段,如劝说(没有报酬许诺或惩罚威胁的影响),温和的压力和交易(有报酬许诺或惩罚威胁),极端的压力、暴力或压制(严厉的惩罚或剥夺)。"② 在组织结构的要素中,"机构"和"权力"是密切相关的,机构是权力行使的载体和发挥作用的空间,它"以限制行使权力的范围和左右政治通讯的容量和方向决定了政治过程的后果"③。权力的行使则决定着机构的性质和功能,乡镇政府组织结构的"基本内涵就是权力的分配和实际运作"④。机构精简与整合的变革向纵向

---

① 曾维和:《整合性公共服务:当代西方国家公共服务提供的新模式》,《上海行政学院学报》2012年第1期。
② [美]杰克·普拉诺等:《政治学分析辞典》,胡杰译,中国社会科学出版社1986年版,第124页。
③ 同上书,第77页。
④ 谢庆奎、燕继荣、赵根成:《中国政府体制分析》,中国广播电视出版社2002年版,第103页。

发展，必然要涉及组织中的权力要素，推动以权力重组为核心内容的组织结构变革。从具体实践看，我国乡镇政府权力重组下组织结构变革主要包括授权型组织结构变革和共享型组织结构创新两种基本类型。

一 乡镇政府授权型组织结构变革

授权型组织结构变革是基层民主实践中"公推直选"制度创新的产物，它主要是解决乡镇权力运行机制存在的问题。在基层民主没有发展起来之前，乡镇领导的权力来源于上级，缺乏民意基础，部分乡镇领导只对上负责而不对下负责，甚至存在着跑官要官、买官卖官、滥用权力、任人唯亲等腐败现象。同时，在乡镇权力执行过程中，也存在乡镇人大权力虚置，以党代政、党政不分等问题。随着乡镇公推直选的逐步推进，从公推直选乡镇长发展到公推直选乡镇党委书记及其领导班子，乡镇直接授权型组织结构中的权力、人员关系、规则等结构性要素在持续互动的过程中也遵循着一种制度变迁的周期规律，这种规律主导着乡镇授权型组织结构的变革活动。

1. 乡镇授权型组织结构变革的背景与发展

授权是一种权力授受关系，主要是解决权力来源的问题，在理论上是寻找权力监督和制约的方式。政治权力的授权和监督经历了一个长期的演变过程：在古希腊，亚里士多德构画的"共和政体"，是由大众选举政治机构，并对执行机构进行直接授权；在封建君主时代，君主把自己作为权力的合法性论证，是一种超意志力量的授权；近代资产阶级兴起后，摒弃了王权，以人民主权作为逻辑起点，开始推崇契约式授权；马克思主义经典理论家认为原始社会和共产主义社会实行社会授权，阶级社会里是政治授权，授权的发展逻辑是从政治授权迈向社会授权，实行的是一种"以公民个人为主体，直接参与社会公共事务，直接行使主权的社会授权行为"[①]。社会授权实质上是一种

---

① 祝灵君：《政治授权：理论与实践》，《政治学研究》2005年第2期。

公民直接授权。

20世纪90年代末以来，随着基层民主逐步发展起来，地方政府实施了形式多样的乡镇公推直选基层民主探索。这种"公推直选"基层民主的勃兴，是政策驱动和基层创新共同作用的结果。一方面，中共十六大以来党的报告都明确提出了发展基层民主的论断，例如：党的十六大报告提出"扩大基层民主"，并把党内民主"作为党的生命"；中共十七大报告提出要"探索扩大党内基层民主多种实现形式"；中共十八大报告进一步提出要"扩大党内基层民主"和"积极开展基层民主协商"。中共十九大报告强调"巩固基层政权，完善基层民主制度，保障人民知情权、参与权、表达权、监督权"，把协商民主作为实现党的领导的重要方式。党的报告为乡镇"公推直选"提供了强大的政策驱动。另一方面，全国各地的乡镇也结合地方实际，由点到面，开展了多种形式的"公推直选"创新：首先，从改革背景来看，原因一般主要包括以下方面：党群、干群关系紧张，缺乏群众基础；乡镇组织、党团组织成员素质能力低弱，人才紧缺；领导和干部过分集权，人员选拔不正，民主程度低；等等。其次，从选举方式来看，从初期的"海选"候选人到"公推公选"接班人，再到"公推直选"、"直选"接班人，乡镇领导人选举的民主程度和范围不断地扩大，领导人员逐渐从"竞争性选拔"走向了"竞争性选举"，竞争程度更加突出，竞争机制更加完善。最后，从选举对象来看，大致可以分为三类：（1）乡镇组织行政职务包括乡长、镇长、副乡镇长等，一般采取公推公选、直选、三轮两票制、两票制等方式；（2）党团组织领导班子包括党委书记、党委副书记、纪委书记、党委委员、党委班子成员、纪委委员、团委书记、团委副书记、团委委员等，一般采取公推直选、直选、两票制、海选等方式；（3）党组织领导班子与自治组织行政职务一般采取海推、两票制、公推公选等方式。乡镇公推直选的进展与发展态势见表4-4。

第四章 乡镇政府体制化组织结构变革

表4-4　　　　　　　　乡镇公推直选的进展与发展态势

选举进程： 由点到面、广泛试点	选举方法： 多种探索到公推直选	选举对象： 以乡镇党委书记为主
1998年发端于四川，从1998年到2003年间，乡镇党委公推直选还停留在少数省份的"试点"层面。 从2004年开始，乡镇公推直选试点大范围展开，包括云南、重庆、吉林、江西、河南、河北、安徽、广西、贵州等全国多个省份先后加入，乡镇党委公推直选进入了全面推广的阶段。2003年至2007年间，全国有300多个乡镇党委换届采取了公推方式产生候选人	乡镇公推直选一度出现了五花八门的选举方法，如"公推公选"、"两推一选"、"海推直选"、"公推竞选"、"民推直选"、"公推差选"、"差额直选"等。在这些方法中，"公推公选"、"两推一选"、"公推竞选"比较具有代表性。到了2004年之后，全国开展乡镇党委选举改革大都开始采取了"公推直选"的方式进行	乡镇党组织选举改革不仅在选举方法上进行多元探索，在选举对象上也有所差异，出现公推直选乡镇党委书记、党委委员以及党政班子成员三种类型。公推直选乡镇党委书记就是指乡镇党委书记这一职。公推直选乡镇党委委员包括党委书记、副书记和委员。乡镇党政班子成员包括党委书记、副书记，乡镇长，副乡镇长，乡镇人大主任

资料来源：根据陈家喜《我国乡镇党委公推直选的改革态势与发展路径》，《社会科学研究》2011年第2期，第62—66页中的内容改写。

2. 乡镇授权型组织结构变革的实践模式

乡镇公推直选改革实现了乡镇领导权力来源的重组，打破了乡镇领导原来的权力格局，催生了一种授权型组织结构的产生。我国的政治体制和组织制度明确规定了乡镇党组织和政府机关的产生方式，乡镇党组由党员大会或党代表会决定，乡镇政府机关则由人代会选举产生。由于这二者的权力来源不同，导致其运行逻辑和负责方向也不一致，在实际工作中，经常会出现党政一把手推诿扯皮的情况。"公推直选"之后，较好地解决了乡镇党政权力关系存在的矛盾。其中，"公推"改变了以前乡镇党委换届时主要由上级党组织推荐候选人的做法，改由上级党组织、基层党员和普通群众分别推荐，这能够充分反映党内外群众的意见，增强了基层党组织权力来源的群众基础，从而增强了乡镇党委的执政合法性；由于交叉任职和"直选"，乡镇政府的领导一般都是党委委员，且能够获得代表的认可，从而保证了乡镇党委和政府权力来源的一致和党政职能的一致。① 公推直选在理论上解决了"主权在民"这个授受权力关系中的权力来源逻辑起点，从而乡镇政府在实践中可以更好地"执政为民"。

从乡镇"公推直选"中授权起点的对象看，主要有党员授权、群众授权、党员和群众共同授权三种方式。以此为依据，将乡镇政府授权型组织结构变革划分为党员授权模式、群众授权模式和混合授权模式三种类型。

（1）党员授权模式。该组织结构变革的基本思路是由党员公推出候选人，然后由党员代表大会直接选举乡镇党委书记。2005年，全国有13个省217个乡镇开展了"公推直选"试点。河南省在多个乡镇进行了公推直选乡镇党委书记试点，形成了一种党员授权模式的乡镇政府组织结构（见案例4－6）。

案例4－6：党员授权模式：河南省公推直选乡镇党委书记试点②

2005年初，河南省在荥阳市汜水镇、安阳县铜冶镇、卢氏县瓦窑沟乡和商丘梁园区张阁镇四个不同类型的乡镇进行。河南省乡镇党委书记公推直选主要有两项关键性的创新：一是通过公推产生候选人，二是召开全体党员大会进行差额、直接选举。

河南省乡镇党委书记公推直选主要做法有以下四方面：第一，公开平等，民主推荐候选人初步建议人选。试点地县（市、区）党委依据《党政领导干部选拔任用工作条例》等有关规定，结对竞职乡镇党委书记的资格和条件形成具体规定。然后普遍采取联合推荐（党组织推荐、个人自荐和领导干部推荐相结合）、党代表联名推荐等方式推荐候选人初步建议人选。第二，严格把关，五道程序民主筛选出正式候选人。通过以下五道关层层筛选确定候选人：一是审查关。将候选人初步建议人选交由纪检等部门审查。二是会议表决关。召开由

---

① 陈元中、高佳红：《乡镇公推直选制度创新与乡村权力关系变迁》，《理论探讨》2014年第1期。

② 袁建伟：《"公推直选"：基层党内民主建设实践的新探索——河南省公推直选乡镇党委书记试点工作的调查与思考》，《中州学刊》2006年第4期。

县（市、区）四大班子领导，乡镇及县（市、区）直各单位正科级以上干部参加的会议，投票表决选出10名人选。三是组织考察关。对这10名人选从德、能、勤、绩、廉等方面进行组织考察。四是常委会表决关。召开县（市、区）常委会，审议考察的人，并投票选出5名候选人初步人选。五是县委会表决关。召开县（市、区）委全委会，从对候选人进行审议，并票决出2人为正式候选人。第三，组织调研，深入了解乡情民意。为保证选举的质量和民意基础，试点地县（市、区）领导小组办公室统一组织、安排2名候选人，入乡驻村进行实地调研，并接受严格的纪律监督。第四，召开大会，进行差额直接选举。各试点县（市、区）采取领导分包支部的办法，进村入户，彻底摸清党员底数，确保乡镇全体党员大会党员参选率达到80%以上，在广泛宣传公推直选的意义之后正式召开党员大会进行选举，这有两个关键环节：第一，由2名候选人分别进行现场竞职演说并回答提问；第二，采取无记名投票方式进行选举，并当场公开唱票、计票，宣布结果，得票过半数的候选人始得当选。会后将入选的候选人报上级党委和有关部门审核，符合条件与程序后方可办理履职手续。

从乡镇政府组织结构变革的逻辑看，河南乡镇党委书记的公推直选较好地落实了党员"主体地位"，抓住了党委民主的关键，在乡镇组织结构变革中理顺了人民授权给党员，再由党员授权给党委书记的权力授受关系，形成一种权力来源于民的党员授权组织结构变革模式。

（2）群众授权模式。该模式组织结构变革的基本思路是由群众作为直选的行动主体，直选乡镇长，使乡镇领导的权力直接来源于广大群众。广东省深圳市大鹏镇通过"三轮两票"的公推直选方式，由群众授权直选乡镇长（见案例4-7）。

案例4-7：群众授权模式：广东省深圳市
大鹏镇"三轮两票"选举镇长

为了改变乡镇长存在素质低弱的困境，1999年1月21日起，深圳大鹏镇进行了"三轮两票"选举镇长的尝试,该年的1—4月,大鹏镇成功地进行了"三轮两票"选举镇长。具体做法是:镇党委公布镇长候选人基本条件,发动全镇选民广泛提名推荐候选人;召开选民代表大会,5名高票提名人选发表竞选演说,代表投票选举正式候选人;党委审定唯一候选人,提交镇人大选举产生镇长。三轮投票中,前两轮属于选民推荐票和代表推荐票,合称"民意票",后一轮属于法定选举票,故称三轮两票制,又称之为"两推(两次推荐)一选(一次选举)"。① 大鹏镇的"三轮两票"选举镇长的过程主要包括以下三个阶段:宣传发动阶段、民主推荐阶段和依法选举阶段。②

大鹏镇的"三轮两票制"在一定程度上改变了乡镇政府的组织结构要素:(1)利用制度使权力的行使更加规范。"三轮两票制"开放了候选人的提名程序,增设了选民代表大会的预选程序,使提名权和任免权得到了合理的分化。(2)创造了量化的民意表达机制。选民通过自由选举产生的镇长候选人是镇人民代表大会最终产生镇长的前提,镇人民代表大会实际上是就全体选民的民意结果进行表决,而不是另作选择。③ (3)实现了政治运行的多个转变。镇长由过去的"委任"变为"选任";群众的意愿从过去只供党委"参考"变为具有决定作用的"参与";群众政治参与的方式由过去的"间接参与"变为"直接参与",从而实现了基层民主政治建设由间接民主向直接民主的转变。④ 大鹏镇的改革有利于提高乡镇长的服务能力和责任精神,为优秀人才的选拔提供了条件。

群众授权式乡镇政府组织结构变革一个核心的意义在于"还权于民",充分发挥民意基础。但在许多乡镇的公推直选实施中,完全实

---

① 《广东省深圳市大鹏镇:"三轮两票"选举镇长》,中国政府创新网,http://www.chinainnovations.org/index.php? m = content&c = index&a = show&catid = 190&id = 1116。
② 《大鹏镇"两票制"推选镇长的程序及过程》,《中国民政》2000年第8期。
③ 俞可平:《增量民主:"三轮两票"制镇长选举的政治学意义》,《马克思主义与现实》2000年第3期。
④ 张定淮等:《关于"两票制"镇长选举制度改革学术研讨会综述》,《马克思主义与现实》2000年第4期。

现这一点还是有一定的困难，毕竟我国的基层民主发展还需要一个长期的过程。大鹏镇的公推直选就体现出了这种困境。有学者认为大鹏镇的选举改革和村民的利益关联度并不高，它只是在镇长候选人的提名和确认的过程中扩大了民意基础，而没有突破原有的体制，这种旧体制会阻碍民主的进一步发展，甚至出现回归与倒退等现象，这也许成为大鹏改革悄然而止的原因，而且在具体操作上有很多方面还不够完善，在选民的意愿、党的领导和人大的权威三者之间没有一个完善的平衡机制。① 大鹏镇的"三轮两票制"尽管只是在选举制度方面的有限改革，但它对于在现有宪法制度框架下如何增强公共权力的民意基础和权力资源的开放性提供了一套规则和程序。②

（3）混合授权模式。该组织结构变革的基本思路为由党员和群众一起公推直选乡镇书记和乡镇长。湖北省京山县杨集镇"海推"书记和镇长就较好地发挥了群众和党员共同选举乡镇领导的作用（见案例4-8）。

案例4-8：混合授权模式：湖北省京山县
杨集镇"海推"书记和镇长

面对农村新的情况、新的矛盾，上层省委领导在视察京山县时指出要在基层民主建设方面下功夫，这一指示促成了"海推直选"镇党委书记、镇长方式的产生，被誉为"石破天惊"的改革。从2002年8月26日改革启动到9月16日正式选出镇长和镇党委书记，一共历时20天。这次改革分为三步：第一步，召开全镇选民大会，由选民投票推荐镇党委书记和镇长候选人，取前三名作为初步候选人（候选人的条件是：凡45岁以下，大专以上学历，是中共正式党员，具有相应的工作能力和思想政治素质）；第二步，分别召开镇党员大会和村（居）民代表大会，对初步候选人进行投票，取前两名作为书记和镇长正式候选人；第三步，分别召开镇党员代表大会和镇人民代

---

① 邹树彬：《大鹏："三轮两票制"改革悄然终止》，《中国改革》2003年第7期。
② 徐勇：《大鹏一小步　中国一大步》，《马克思主义与现实》2000年第3期。

表大会，各自对已选出的两名正式候选人进行投票，正式选举产生书记和镇长。①

杨集镇的"海推"模式有以下几大特色：一是党内民主与人民民主相结合。党委书记候选人和镇长初步候选人分别由党员、群众联合推荐与选民推荐产生。二是"民意"与"法规"的巧妙衔接。镇委书记和镇长"依法"分别由党代会和人代会产生，在此之前还增加了群众和党员的"两推"环节。三是推选流程的公正公开性。整个推荐提名和选举过程采取了秘密写票、无记名投票、公开唱票计票等方式，并当场公布选举结果，以保证选举过程的公开公正，避免暗箱操作。②

随着杨集镇"海推"模式的深入进行，其乡镇组织结构也发生了两个方面的相应的变化：第一，提名权的下放。当选干部的权力不再来源于上级而来源于群众，有利于增强群众的主体意识和干部的服务意识。第二，改革发展与党政关系协调的双效策略。"海推"既符合宪法又能促使党委领导干部的选举方式进行同步改革，使容易流于形式的乡镇人代会和乡镇党代会选举真正落到实处。③

3. 乡镇政府授权型组织结构变革的运行困境

乡镇政府授权型组织结构变革发轫于20世纪90年代末的公推直选改革，大致经历了初步形成阶段（1998—2006）、迅速成长阶段（2007—2010）、逐步衰退阶段（2011—2014）等发展过程。这一过程与公推直选制度创新的生命周期基本同步，授权型组织结构内部要素的互动与变化对制度变迁起着反向激励与阻碍作用，它的生命力是公推直选制度创新获得成功的关键。④ 乡镇政府授权型组织结构变革是乡镇基层民主发展的结果，它同时也对乡镇基层民主起到了较好的

---

① 黄根兰：《杨集："海推直选"书记镇长》，《中国改革》2003年第7期。
② 秦立东：《镇官"海选"》，《中国社会报》2002年10月9日。
③ 贺雪峰：《"海推"：杨集实验的实质》，《决策咨询》2002年第10期。
④ 曾维和、杨星炜：《制度的周期：乡镇授权型组织结构变革——基于乡镇党委与乡镇长公推直选实验的比较分析》，《甘肃行政学院学报》2016年第6期。

推动作用，但这种组织结构变革最终没有很好地发展起来，出现以下几个方面的运行困境：

(1) 乡镇党政领导的权力来源问题没有得到很好的解决。"对党负责"和"对人民负责"在理论上具有高度的一致性，但在实际乡镇工作中还存在一些利益冲突和矛盾。正如吴理财所言："各种选举制度创新始终没有解决乡镇党委书记和乡镇长之间因为权力来源不同而发生的不可避免的冲突。"① 全国多个公推直选之后，乡镇党委书记和乡镇长关系并没有根本改变，甚至还出现"面和心不和"的情况，这影响了"乡政"的运行效率。

(2) 乡镇权责关系复杂化制约了运行效率。不管是党员授权模式、群众授权模式，还是混合授权模式，都导致乡镇权责关系的复杂化。例如，在党员授权模式中，乡镇党委书记除了对存在授权关系的党员负责外，仍然需要协调好不存在授权关系的党委和党代会的关系；又如，在群众模式中，乡镇长由直选产生，他必须对存在授权关系的选民负责，承诺选举时候的施政措施，充分地体现民意，但他还得对上级政府负责，同时也得协调好与乡镇党委书记的关系。但是，"基层政府的资源本身就处于稀缺状态，复杂的权责关系将有限的政府资源消耗在体制运转过程，降低基层政府公共产品的输出能力。不管基层政府在形式上显得多么民主，但如不能对乡镇社会提供快速、高效的公共服务，就将与基层民主的本质含义背道而驰"②。乡镇政府授权型组织结构变革难以提升乡村公共服务的品质，从而陷入困局。

(3) 相关利益主体的利益关系协调困难。结构与功能相适应，乡镇政府授权型组织结构变革因为不能处理好村民的关系，给村民带来直接的利益，所以这种改革后劲是不足的。实际的公推直选中，村民和乡镇政府之间存在着不少这样的倾向，"由于现行的权力资源配置

---

① 吴理财：《改革与重建——中国乡镇制度研究》，高等教育出版社2010年版，第63页。
② 汪波：《公推直选中乡镇党委书记与乡镇长的四种关系》，《重庆师范大学学报》（哲学社会科学版）2006年第3期。

不平衡、自下而上的利益表达机制还不够畅通,仅靠民间萌发的对民主的主动追求来维护民众的权益存在很大的难度"①。例如,大鹏镇"三轮两票"的镇长选举,主要是自上而下的推动,选举改革与村民的切实利益关联度并不高,改革几年后,村民并未得到明显的实际利益,初始制度的报酬递增机制没有建立起来,直接推动改革动力就慢慢地萎缩了。

二 乡镇政府共享型组织结构创新

权力共享是公共组织结构创新的一种前沿视角。近年来,我国乡镇"交叉任职"权力重组改革为乡镇政府共享型组织结构变革提供了较好的实践探索。

1. 权力共享与基层组织结构创新

权力的集中与分散是组织结构创新的两种经典视角。19世纪30—40年代古典组织理论以集权作为组织结构创新的基础,涌现出了韦伯的官僚制组织结构、泰罗的职能工长制组织结构等,这些组织结构都以权力层级节制、高度集权作为组织结构创新的基本特征。20世纪70年代末兴起的新公共管理理论则以权力分散、委托授权作为组织结构创新的基础,形成了一种扁平化、分权化的公共组织结构。20世纪90年代兴起的整体政府理论、网络化治理理论、公私合作伙伴关系理论、协作性公共管理理论等则开始提倡多主体合作,构建一种整体性、网络化组织结构,这些组织结构以主体间权力共享作为基本特征。在此基础上,凯特尔提出"权力共享"(haring power)是公共治理与私人市场发展的新趋势,② 他指出,科技的发展以及公司混合型权力的发展,不仅改变了现有的政府职能,还以不同方式重新组合了政治权力,同时,行政责任的分享意味着政府与其所依赖的组织和人员共同地分享他在社会中的权力。

---

① 邹树彬、黄卫平、刘建光:《乡镇长选举方式改革中诸种力量的博弈——大鹏镇与步云乡直选改革命运的个案分析》,《中国农村观察》2003年第4期。
② [美]唐纳德·凯特尔:《权力共享:公共治理与私人市场》,孙迎春译,北京大学出版社2009年版,第30页。

从权力分享中的主体间关系看，主要有两种基本类型：一种是单一组织内部中各机构之间、组织领导之间的权力分享。这是整体性政府理论所提出的组织结构创新设想，它提倡一种整体性责任与一体化权力。另一种类型是组织之间的权力分享，这主要见于公私合作伙伴关系理论、多中心治理理论、网络化治理理论等，这些理论提出了跨部门权力分享的组织结构创新思路。我国乡镇政府体制化结构创新中的共享型组织结构，是前一种权力分享，即通过"交叉任职"改革，实现乡镇政府内部机构之间的领导权力分享。

2. 交叉任职与乡镇政府共享型组织结构创新

"交叉任职"最早是从村两委书记、主任"一肩挑"的制度创新而来的。早在1988年，湖北冷集镇在村级组织换届选举中就开始尝试村级党政一把手"一肩挑"的体制改革，主要解决村两委会中党政分设所导致的职能重复、工作交叉问题，以及领导权不清所导致的班子内耗问题。① 这种"一肩挑"的村级交叉任职制度创新实践证明有利于理顺村两委的关系，发挥农村党组织的核心作用，保证了农村工作的高效运转。这推动了乡镇社会治理的"交叉任职"的制度创新。

农村税费改革前，乡镇机关人员过多过散，很大程度上是领导班子职数的"臃肿"。一般乡镇领导班子职数都在10—12人，乡镇党委书记一般一正两副，镇长一正三副，还有专职人大主席、人武部部长、组织部部长、宣传委员、纪检委员、乡镇长治理、县政府以上部门下派的副乡长等，而这很大程度上挤占了乡镇机关干部的编制，造成人员超编。此外，"四大家"（乡镇党委、乡镇政府、乡镇人大、政协）在实际工作开展中难以形成合力。② 2000年中共中央、国务院《关于进行农村税费改革试点工作的通知》（中发〔2000〕7号）中提到为配合税费改革，要压缩人员，严格核定人员编制，提倡党政干

---

① 袁正昌、宋海云：《村级党政"一肩挑"的初步尝试》，《改革与开放》1993年第11期。

② 孟白：《乡镇适宜党政领导交叉任职》，《农民日报》2008年8月11日。

部交叉任职；2001 年国务院《关于进一步做好农村税费改革试点工作的通知》（国发〔2001〕5 号）则明确提出"要压缩村组干部，实行交叉任职"。可以说，"严格控制领导职数"是从 2000 年开始到 2005 年一系列税费改革试点工作通知中必提的词汇。所谓交叉任职，实则是由乡镇党委成员兼任乡镇政府、人大、政协甚或一些群团组织的领导人，党委、人大、政府、政协"四大家"交叉兼职，形成四块牌子一套人马，简称"四合一"的局面。

在中央层面出台"交叉任职"改革方案后，湖北、安徽、江苏、浙江等省也出台落实乡镇政府"交叉任职"的实施意见，推进乡镇领导"交叉任职"、实现权力共享（见表 4-5）。

表 4-5　　　　机构改革方案中关于"交叉任职"的表述

层级	政策文件	相关表述
中央	《中共中央、国务院关于进行农村税费改革试点工作的通知》（2000）	严格核定人员编制，提倡党政干部交叉任职
	《国务院关于进一步做好农村税费改革试点工作的通知》（2001）	精简乡镇党政机构和人员编制，要压缩村组干部人数，实行交叉任职
	《中共中央、国务院关于促进农民增加收入若干政策的意见》（2004）	进一步精简乡镇机构和财政供养人员，积极稳妥地调整乡镇建制，有条件的可实行并村，提倡干部交叉任职
湖北	《中共湖北省委、湖北省人民政府关于推进乡镇综合配套改革的意见》（试行）（2003）	①实行领导班子交叉任职。每个乡镇党委设党委委员 7—9 名。其中，党委书记原则上兼任乡镇长；党委副书记 2 名，1 名担任人大主席，1 名兼纪委书记；兼任副乡镇长的党委委员 2—3 名；兼任人武部长等职务的党委委员 2—3 名。②根据领导班子交叉任职要求，由市委从乡镇党委书记、副书记、党委委员中提名人大主席和乡镇长、副乡镇长候选人，然后按照法律程序提交乡镇人民代表大会依法选举产生
安徽	《中共安徽省委、安徽省人民政府关于乡镇党政机构改革的实施意见》（2000）	乡镇党委设书记 1 名，副书记 2—3 名（其中 1 名兼纪委书记）；乡镇人大主席由党委书记兼任的可配专职副主席 1 名，不兼任的配专职主席 1 名；乡镇政府设乡镇长 1 名，副乡镇长 2—3 名。提倡党政领导交叉任职，不设乡镇长助理

续表

层级	政策文件	相关表述
安徽	《关于开展农村综合改革试点，建立农村基层工作新机制的意见》（2005）	扩大乡镇领导体制改革试点，提倡乡镇党政领导交叉任职，减少领导职数。完善乡镇用人激励机制，积极推进民主选拔干部进程
	《中共安徽省委、安徽省人民政府关于全面推进农村综合改革试点的意见》（2007）	严格控制领导职数，乡镇领导职数一般控制在5—9名，实行党政领导交叉任职，提倡乡镇党委书记和乡镇长一人兼。全面推行岗位目标责任制
江苏	《关于深化全省乡镇机构改革的意见》的通知（2009）	①设置综合性岗位的乡镇，提倡一人多岗、交叉兼职，职位数量也要有所限制。②完善乡镇党委会的组成结构，适当扩大政府领导成员交叉任职、一人多职，减少领导职数，解决分工重叠问题。减少乡镇党委副书记职数，实行党委委员分工负责，充分发挥集体领导作用
浙江	《关于开展乡镇财政管理规范化建设的通知》（2011）	乡镇财政管理机构人员力量配备要满足基本业务工作开展的需要，提倡一人多岗，相互交叉监管
	《浙江省人民政府办公厅关于印发浙江省强镇扩权改革指导意见的通知》（2014）	探索建立小城市主要负责人由县（市、区）相应部门负责人或试点镇党政领导兼任的交叉任职制度

在中央到地方的政策驱动下，不少地方的乡镇实施了"交叉任职"的改革实践。安徽在2000年最早提出"交叉任职"的乡镇机构改革，但它的推行深度不是很大。改革最深入的是湖北省。2003年，湖北咸安就开启了深度的乡镇"交叉任职"改革。因此，可以将乡镇机构改革的"任职"大体地分为安徽模式和湖北模式两种基本类型。

（1）共享型组织结构的安徽模式。安徽乡镇机构"交叉任职"改革主要体现在乡镇主要领导"一肩挑"，它的目的是减少乡镇核心领导层的职数，实现核心领导层上"党政合一"式的权力共享。安徽自2000年之后出台了多个有关乡镇机构改革"交叉任职"的政策，到2003年，有近三分之一的乡镇实行了"交叉任职"，形成了一种乡镇政府共享型组织结构创新的安徽模式（见案例4-9）。

案例4-9：核心层权力共享：安徽乡镇机构"一肩挑"交叉任职改革

安徽省早在2000年《中共安徽省委、安徽省人民政府关于乡镇党政机构改革的实施意见》中就提出了"提倡党政领导交叉任职，不设乡镇长助理"，但直到2004年5月，才在宣城市的7个乡镇实行交叉任职改革试点。安徽宣城的乡镇领导体制改革沿着"交叉任职"的主线，从正职到副职全面实行，形成了党政正职"一肩挑"、两名党委副书记一人兼任人大主席一人兼任纪委书记的党政领导班子成员交叉任职的架构。改革前，7个试点乡镇领导干部78人，改革后精简到49人，① 理顺了领导体制，提高了乡镇党委执政能力，推进了农村基本民主建设进程。以泾县蔡村镇为例，改革前的领导班子包括书记、4名党委副书记（1名兼镇长）、3名副镇长、3名党委委员、1名人大主席共12人，改革后则精简了一半，剩6人，党委书记兼任乡镇长，党委副书记兼任人大主席，3名党委委员兼任副镇长，1名党委委员兼任武装部部长。②

2005年《关于开展农村综合改革试点建立农村基层工作新机制的意见》中提出"扩大乡镇领导体制改革试点，提倡乡镇党政领导交叉任职，减少领导职数"③。随后，安徽省诸多乡镇开始了以"宣城经验"为模板、以政策驱动为引领的乡镇领导体制改革。庐江县是宣城经验扩展浪潮中的一员。自2005年以来，逐渐建立了"精简职数、主官合一、交叉任职、减少副职"为主要内容的乡镇领导体制改革，全县镇级领导班子成员从原来的409名减少到153名，减幅达62%，精简256人。④ 安徽省巢湖市则在庐江县进行先行试点的基础

---

① 《宣城率先试点乡镇领导体制改革》，安徽农网，http：//www.ahnw.gov.cn/2006nwkx/html/200412/%7B2D905CF0-185D-4225-A6EA-FD1C51BEC8C2%7D.shtml。

② 《乡镇领导体制改革启动　地方官员群体悄然"瘦身"》，《当代广西》2005年第1期。

③ 中共安徽省委办公厅、安徽省人民政府办公厅：《关于开展农村综合改革试点建立农村基层工作新机制的意见》（皖办发〔2005〕16号），2005年6月27日。

④ 《安徽庐江县：撤乡并镇创出新天地》，新华网，http：//news.xinhuanet.com/newcountryside/2006-07/10/content_4812386.htm。

上，于2005年末在无为县、和县、含山县和居巢区四县区全面推开乡镇领导体制改革，推行乡镇党政正职及村支部书记、村委主任一肩挑，副职交叉任职等。平均每个乡镇领导班子10个人中减少了6个，精简了六成。全市的乡镇党政班子由原来的1559人精简到630人，减幅高达60%。①

2006年8月，安徽省全省1412个乡镇党委换届工作已基本完成，共有3150名乡镇政府领导成员参加党委任职，约占政府领导成员总数的74.4%；全省乡镇党委领导班子成员总由14900多人减少到10916人，精简了近40000人，近三分之一的乡镇实行了"交叉任职"，党政正职"一肩挑"，占乡镇总数的19.4%。②

（2）共享型组织结构的湖北模式。湖北省乡镇机构改革的"交叉任职"于2002年底从咸安开始。咸安的乡镇改革是一种具有较强增量特色的深度改革，它运用了从"内核"到"边层"的改革策略。上到乡镇党委书记，下到站所的一般职工，都在改革范围之内。2003年，"咸安政改"的模式迅速蔓延到全省，形成了一种"内核—边层"权力共享的深度"交叉任职"改革模式（见案例4-10）。

案例4-10："内核—边层"权力共享：
湖北乡镇深度交叉任职改革

咸安区是最早推行乡镇领导班子"交叉任职"改革的地区。2002年底就开始着手准备以乡镇领导"交叉任职"为核心而向边层扩展的乡镇机构改革，首先在横沟桥镇和贺胜桥镇进行试点。乡镇党政职位设置、编制及"交叉任职"的具体情况大致如下：党委系统的编制共9—11名，其中党委书记1名，副书记3名，委员5—7名（兼

---

① 《安徽巢湖试点乡镇党政主官合一 三成乡镇被撤并》，安徽农网，http://www.ahnw.gov.cn/2006nwkx/html/200606/%7B68297754-B353-4339-AF74-0D20C1C03FB0%7D.shtml。
② 《安徽省乡镇党委换届结束共精简领导干部近4000人》，新华网，http://news.xinhuanet.com/politics/2006-09/01/content_5033370.htm。

任）；政府系统则控制在5名，镇长1名（由党委书记兼任）、副镇长4名（由党委委员兼任）；人大主席、政协工作委员会主任、纪委书记各1名，分别由3个党委副书记兼任。领导职数的安排大致如此，非领导职数的配备，严格按不超过科级领导职务的50%配备。① 以横沟桥为例，试点改革后，乡镇18名领导减为11个，由党委书记兼任乡镇长，3名副书记则兼任常务副镇长、人大主席、纪检书记和政协工作委员会主任；3名党委委员兼任副乡镇长，1名党委委员兼任武装部部长。整体精简了38.9%。②

从2003年1月起，在横沟桥镇和贺胜桥镇两镇试点成功后在全区铺开，先后对12个乡镇领导班子成员实行交叉任职、两票推选、竞争择优。截至该年2月20日，咸安区原"四大家"领导成员70名落选，108名干部当选，全区乡镇"四大家"领导职数由改革前的234人减少到132名，相较于改革前，精简了44%；而乡镇党政干部人数则由540人减少到301人，减少了45%。按照法律程序，通过改革实现了三对大交叉任职，即党政交叉、党委人大交叉、党委政协交叉，正职和副职对应交叉，党委全面交叉，基本形成了"党委书记兼任乡镇长，党委副书记兼任常务副乡镇长，党委副书记兼任人大主席团、纪委书记，党委副书记兼政协工委主任，党委委员兼副乡镇长"的定式。③

2003年，包括乡镇领导体制改革在内的"咸安政改"模式迅速推广蔓延到整个湖北省，同年11月颁布的《中共湖北省委、湖北省人民政府关于推进乡镇综合配套改革的意见》（试行）中将乡镇"实行领导班子交叉任职"明文规定，并做了进一步的说明："每个乡镇党委设党委委员7—9名。其中，党委书记原则上兼任乡镇长；党委副书记2名，1名担任人大主席，1名兼纪委书记；兼任副乡镇长的

---

① 吴理财：《改革与重建——中国乡镇制度研究》，高等教育出版社2010年版，第71—72页。
② 吴理财：《咸安政改：体制内的增量改革——咸安横沟桥镇综合配套改革调查》，《社会主义研究》2006年第1期。
③ 何红卫：《领导减了四成干部减了一半》，《农民日报》2003年3月1日。

党委委员2—3名；兼任人武部长等职务的党委委员2—3名。每个乡镇可设非领导职务的正、副科级干事1—3名。"①

3. 乡镇政府共享型组织结构的创新特色

乡镇政府共享型组织结构是集权型组织结构的一种创新方式，它不同于计划经济时代的集权型组织结构。在计划经济时代下，集权型组织结构生长在全能主义国家的土壤中，是一种政治、经济、社会管理高度集权的结构，既缺乏监督，也运转低效。农村税费改革后，权力重组下的共享型组织结构是在乡政层级民主发展到一定阶段而产生的，具有党内监督和村民的监督，这种组织结构具有如下几个方面的创新特色：

第一，以适度集权优化乡镇政府权力结构。交叉任职改革的权力重组主要以共享乡镇党政权力为思路，这种共享式的集权不是传统科层制的高度集权，而是一种适度集权，是乡镇领导班子和行政团队的精简，是为了调动乡镇一把手的工作热情而进行的适度权力集中和资源整合，同时也施以适当的压力。确切地说，交叉任职的权力重组是一种优化乡镇党政正职领导为主导的线型权力结构，"实行党政正职一人兼、党政交叉任职，构成了党政合一的领导体制和议行合一的运行机制，形成了线型领导体制和决策机制。这个线型的体制，党政的正职处于始端，更处于顶端"②。各乡镇的交叉任职实践，都较好地引进了民主、开放和竞争机制，从领导权力的来源上根除了高度集权的弊端。在这个线型权力结构中，乡镇人大、乡镇纪委、广大村民仍可以进行权力的监督和制约。

第二，以党委统领优化一体性乡镇机构。乡镇党政结构虽然在形式上是分设的，但实质上党政是高度一体化的，党政职能不仅没有分开，而且在运行上具有高度的混合性，在日常运行中，乡镇党委机构

---

① 中共湖北省委、湖北省人民政府：《关于推进乡镇综合配套改革的意见》（试行）（鄂发〔2003〕17号），2003年11月4日。
② 孙溥：《完善乡镇党政正职"一肩挑"运行机制的思路》，《领导科学》2009年第10期。

和政府机构都是根据"中心工作"统一安排、浑然一体的,"整体来看,乡镇范围内的一切活动都是党委统筹安排,如果说有分工,也是非制度化的、模糊不清的。乡镇党委和乡镇政府之间的权力关系本质上是一种授权关系,而不是分权制衡关系"①。在长期的实践中,乡镇"党政交叉"分工经常导致工作上的权责不一、政出多门、推诿扯皮的弊端,导致机构设置上的职能重叠、人员膨胀,班子内耗,高行政成本而低运行效率。交叉任职的权力共享在乡镇领导职数精简、党委统领能力提升基础上更好地提高乡镇一体性机构的运作效率和服务质量。乡镇交叉任职的"党政合一"领导体制"至少在县和县以下层级中是一个比较符合我国政治社会实际的可行改革选择……而且在一定意义上增强了党在地方治理中的执政能力,提升了党组织的权威,有效实现了党委在地方工作中的领导作用"②。

第三,以规范党政关系推进基层民主发展。1978年以来,我国农村基层党政关系经历了"乡政村治"格局确立下的党政职能分开、乡镇长直选与党政关系制度化、党委书记选举与党政交叉任职三个发展阶段。前两个阶段都未能较好地处理乡镇党政关系。中共十大以后,随着农村税费改革的推进,乡镇党政关系进入第三个阶段。这一阶段的党政交叉任职孕育了民主的因素,具体表现在通过"直选"、"两票制"和"两推一选",将党委班子建立在民意表达基础之上,实现了权力来源和制度规范内在统一,并且通过党政"一肩挑"解决党、政两个权力核心的矛盾。"交叉任职"下的领导权力共享通过自下而上和自上而下的两个方面的合力相互作用促进乡镇领导体制的变革。这与以往的乡镇党政一体化改革清晰地区别开来,是在合理优化规范基层党政关系基础上加强党内民主,加强党的执政能力建设,靠发展党内民主来增强基层政府执政的合法性,③

---

① 赵树凯:《乡镇治理与政府制度化》,商务印书馆2012年版,第138—139页。
② 吴理财:《改革与重建——中国乡镇制度研究》,高等教育出版社2010年版,第75页。
③ 丁俊萍等:《1978年以来农村基层党政关系的历史考察及其启示》,《江苏行政学院学报》2010年第1期。

第四章 乡镇政府体制化组织结构变革

从而有效地推动了乡镇基层民主的发展。

第四节 乡镇政府体制化组织结构变革的内在逻辑

乡镇政府体制化组织结构变革是在"机构变革—权力重组"结构性要素轴互动框架下,实现乡镇政府社会治理中的公共服务职能改进。

一 以机构改革为载体:从机构精简到功能整合

乡镇政府体制化组织结构变革经历了一个从机构精简逐渐转变为功能整合的发展过程。"行政机构是行政权力和行政职能的载体,若无机构,行政体制也就不存在了"①,因此,机构改革成为乡镇政府组织结构变革的一个重要载体。其一,机构改革推进了乡镇的撤并、领导职数的精简、人员的精简和分流。"减人减事减支出"一直是乡镇政府改革的主线,这条主线的实现载体就是乡镇机构改革。但单一的机构精简式改革难以实现乡镇政府结构全面再造。有学者具体分析了职能整合前乡镇政府机构改革的三个限度:在内容设计层面,是一种任务型的改革,改革的方案设计只是为了完成不同阶段的任务,并不指向政府组织的职能及其角色的结构设计;在改革工具层面,是一种非调适型改革,对量化工具过度偏好,机构改革的方案设计在"精简工具"上做文章,忽视组织创新、"自我革命"的增量改革;在驱动机制层面,是一种计划型改革(planned change),而不是回应型改革(reactive change),对乡镇政府组织的外部环境,尤其是民众需求,缺乏有效的回应,机构改革表现为"大撤大并大改名",被赋予浓烈的"改革符号"意义,作为改革符号的周期性呈现。② 其二,精简式机构改革为探索大部制条件下的功能整合式改革创造了条件。大部制条件下的机构整合式改革与精简式改革具有本质区别。大部制改

---

① 谢庆奎等:《中国政府体制分析》,中国广播电视出版社1995年版,第4页。
② 何艳玲、李丹:《机构改革的限度及原因分析》,《政治学研究》2014年第3期。

革内涵是"将政府相同及相近的职能进行整合,归入一个部门管理,或将一些职能相近或相关的部门整合为一个较大的部门。与按照政府专业管理职能设置政府机构的'小部制'不同,大部制是一种政府事务综合管理的体制。'职能有机统一'是大部制的精髓所在;'宽职能,少机构'则是大部制的鲜明特征"①。大部制改革不再侧重于政府规模的大小和精简程度,而是将重点定位于政府职能整合。

以功能整合为内容的乡镇机构大部制改革,成为机构精简式改革的一个发展飞跃,它在一定程度上解决了机构精简式改革的限度。大部制条件下的机构整合式改革充分考虑到乡镇社会秩序供给和公共服务需求的复杂性,是"按照市场经济运行对政府机构设置的一般要求、行业属性与部门特征的雷同程度、发展战略与重点布控的协和关系进行整合优化,构建具有中国特色的政府架构模式"②。因此,乡镇政府整合型组织结构创新是为了更好地适应社会治理复杂性的需求,以乡镇政府职能转变为核心,将乡镇内部职能交叉、相同、相近的内设机构和事业站所整合成一个综合性服务机构,改进服务质量,即构建了一种以公共服务为特征的整合型组织结构。

二 以权力重组为核心:构建乡镇权力制衡机制

权力要素是组织结构变革的核心要素,乡镇政府体制化组织结构变革在形式上以机构变革为载体,但其实质是以权力重组为轴心的变革。在公共组织管理中,权力是组织结构变革的核心要素,"从根本上说,无论权力的来源是什么,它都是组织变化的发动机,即达到目的的手段,最终也是组织获得成功,甚至是组织在其所处环境中得以生存的手段"③。同时,由权力要素所构成的权力结构是乡村治理的核心内容,正如金太军所言:"当下村民自治遭遇的问题和困难,除

---

① 龚常、曾维和、凌峰:《我国大部制改革述评》,《政治学研究》2008年第3期。
② 杨志晨:《优化政府结构和推进大部门制改革的对策》,《行政论坛》2013年第1期。
③ [美]尼古拉斯·亨利:《公共行政与公共事务》,项龙译,华夏出版社2002年版,第87页。

了一些是村民自治制度自身能够解决的外，更多的是涉及宏观体制和机制问题，其核心是权力结构问题。"①

权力重组式改革改变了乡镇政府组织中的权力结构关系，直接授权和交叉任职中民众因素的引入，构建了一个有效的权力制衡机制，确保乡镇政府组织结构的权力运行的有效性、合理性和合法性。在权力重组改革前的乡镇政府组织结构中，只是安排了一个形式化的权力制衡机制：乡镇党委的权力最高，在乡镇政府组织结构中居于核心位置；乡镇政府（此处指狭义的乡政府，即乡镇行政机构）的权力最实，但机构庞大，功能繁多，不堪重负；人大的权力最弱，既不能任命干部和对乡镇事务进行决策，也不能对党委和政府进行有力的制约和有效的监督。② 权力重组式改革解决了这种权力结构的弊端。因此，权力要素（主要是行政权）是乡镇政府组织的核心要素，权力的变革是乡镇政府组织的内核变革。

以权力重组为核心的改革所构建的乡镇权力制衡机制，是对乡镇政府组织结构核心密码的变革，所形成的授权式乡镇政府组织结构和共享型乡镇政府组织结构，是政府结构再造的变革，它"以大幅提高组织效能、效率、适应性，以及创新能力，并通过变革组织目标、组织激励、责任机制、权力结构以及组织文化来完成这种转型过程"③。这种结构再造式改革不同于农村税费改革前以汲取资源为主要目的的政府组织行为方式，它创造出了一种以最佳价值（best value）服务村民的公共服务型组织结构。最佳价值公共服务模式是英国公共服务改革实践的创新，它的一个突出特点就是地方政府在公共服务中的主体地位，通过"挑战、比较、协商、竞争"四个核心原则，以及一套相配套的绩效评估体系，提升地方政府的公共服务能力。④ 权力重组

---

① 金太军：《村庄治理与权力结构》，广东人民出版社 2008 年版，第 8 页。
② 吴理财：《从"管治"到"服务"——乡镇政府职能转变研究》，中国社会科学出版社 2009 年版，第 60—61 页。
③ ［美］戴维·奥斯本、彼得·普拉斯特里克：《摈弃官僚制：政府再造的五项战略》，谭功荣等译，中国人民大学出版社 2002 年版，第 14 页。
④ 王庆兵：《英国地方政府公共服务改革：最佳价值模式的评析》，《中国行政管理》2003 年第 5 期。

的乡镇政府组织结构变革,突出了乡镇政府在社会治理和公共服务中的主体地位和主体责任,为村民提供高效、高回应性的公共服务,从而实现了乡村社会治理和公共服务的最佳价值。

三 以职能转变为依归:推进乡镇服务型政府建设

职能转变是乡镇政府体制化组织结构变革的最后落脚点,不管是机构改革还是权力重组,最终目的都是转变乡镇政府职能,构建一个公共服务型基层政府,建立和完善服务职能,提升公共服务品质。

首先,机构改革的出发点是增强公共服务能力。这在政策设计和实践改革上都得到了充分的说明,如《中央机构编制委员会办公室关于深化乡镇机构改革的指导意见》(2009)指出,全面推进乡镇机构改革,就是要推进乡镇政府职能转变,"要着力增强社会管理和公共服务职能。拓宽服务渠道,改进服务方式,通过'一站式'服务、办事代理制等多种形式,方便群众办事。推进依法行政,严格依法履行职责。综合发挥人民调解、行政调解和司法调解的作用,及时化解农村社会矛盾,确保社会稳定。指导村民自治,推动农村社区建设,促进社会组织健康发展,增强社会自治功能"。该《指导意见》还规定要创新乡镇事业站所管理体制,推进事业站所分类改革,区分事业站所的公益性职能和经营性活动,把它们转变为公共服务机构,加强其公共服务能力建设,积极地探索农村公益服务的多种有效实现形式。从实践效果看,那些推进乡镇机构的精简式和整合式改革的乡镇大都较好地实现了政府职能的转变,从汲取型政府转变为服务型政府。

其次,权力重组也是为了增强乡镇政府的公共服务能力。授权型组织结构设计使乡镇领导的权力来源于人民,广大村民对其具有监督和制约能力,这使得乡镇的领导决策必须考虑村民的需求,并增强公共政策和公共服务的回应性。共享型组织结构设计的初衷是改变领导权力不统一而产生内耗的情况,以形成领导合力促进乡村建设,增强公共服务能力。从调研乡镇的体制化改革实践看,各地涌现出的多种形式的行政服务中心和便民服务中心、"一站式服务"平台和机制、大数据驱动下的智慧服务等，推进了乡镇政府服务型政府建设的步伐，创新了乡村社会治理方式，增强了乡村公共服务能力，提升了公共服务品质。

总之，乡镇政府体制化结构变革在机构改革和权力重组的基础上推动了乡镇政府的机构、人员、权力、规则等多个结构性要素的优化组合，实现了乡镇政府服务职能的转变，生成了四种具有一定稳定性，能够规范化运作，提高乡村社会治理与公共服务能力的乡镇政府组织结构模式。

第五章　乡镇政府边界化组织结构变革

乡镇体制化组织结构变革转向服务型组织设计，在一定程度上适应了乡村社会治理复杂性的需求，但其回应社会治理需求的结构敏感性相对较差，存在较大的限度。而乡镇政府边界化结构具有灵敏、便捷的特点，与体制化结构形成了良性的互补关系。乡镇政府边界化组织结构变革以乡镇政府治理主体的"互动关系—网络关系"为结构性要素的变革轴，形成了协商型、调适型、合作型和共生型四种边界化组织结构，这些组织结构较好地推进了乡镇政府服务职能的转变和完善，以新型的组织结构模式动态地适应乡镇社会治理复杂性，促进乡村善治，提升公共服务品质。

第一节　乡镇政府边界化组织结构变革的理论基础与实践维度

边界化组织结构是组织适应外部环境复杂化发展的产物，当代多种前沿的组织管理理论及政府改革理论都提出了边界化组织结构创新的思想。乡镇政府边界化组织结构具有县乡边界、乡村边界、乡村治理主体边界等多个维度，这些维度为乡镇政府边界化组织结构创新提供了生动的实践图景。

一　乡镇政府边界化组织结构变革的理论基础

边界化组织结构是对传统组织结构设计的一种创新，是组织结构的一个新维度。传统管理理论一般把组织结构分为纵向管理层级与横向管理层级幅度两个维度，即体制化结构。当代组织管理理论开始探讨组织的"第三维"，即组织结构区域分化和空间分散的维度。在当代社会治理日趋复杂的条件下，传统的管理层次与管理幅度所构成的二维分析构架下的组织结构的问题和弊端日益凸显出来，仅仅依靠这个二维分析架构，政府组织难以适应社会治理复杂性需求。因此，一种三维的政府组织结构分析框架逐步得到学界认可。有学者分析我国地方政府合理化的三个维度：一是"省直管县"改革的纵向整合，主要包括地方政府行政机构的扁平化、地方政府权力的解构和重构；二是"大部制改革"的组织整合，这主要是指地方政府自身结构的优化，地方政府的职能整合机制；三是从区划行政走向区域行政的横向整合，这主要是区域间相互依赖逐步加深之后所建立的区域化地方政府。① 第三维度的区域化政府实际上就是政府组织结构的区域分散化。有学者主张在传统二维结构的基础上增加一个管理深度的维度，构成组织结构的三维分析模型。"管理深度即是对组织本身干预的程度，它是一种软性标准，其衡量的具体指标有工作任务、工作职能、工作量等，它是无形的，尽管我们看不到，也摸不着，但是它是实实在在存在着的，我们能感受到它在组织中的作用。"② 管理深度就是政府组织结构空间分散化。也有学者具体分析了组织结构复杂性的三要素：一是水平分化（horizontal differentiation），即将组织要执行的任务进一步加以区分的方式。二是垂直（或等级）分化（vertical or hierarchical differentiation）。目前的研究已经用到描述等级的直接指数。三是地域分散（geographical dispersion）。这是水平分化或垂直分化的一种形式，指活动与成员可以根据水平或垂直功能通过权力中心或任务的分割来实现地域分散。这些组织结构复杂性可以从三方面衡量：横向、纵向和空间。纵向的复杂性是指层级的数量；横向的复杂性是指横向跨越组织的部门和工作的数量；空间的复杂性是指组织结构要

---

① 李和中、高娟：《地方政府结构合理化的三维透视》，《中国行政管理》2011年第5期。

② 李水金：《三维行政组织结构：一种新的研究视角》，《云南行政学院学报》2007年第3期。

素在地理位置方面分布的数量。①

因此，政府组织除了体制化的两个维度之外，还有与组织结构边界变化密切相关的第三维，即政府组织的结构性要素在地理位置和区域空间上的分布和优化组合。由于第三维对政府组织结构的边界创新具有较高的要求，是边界创新的产物，我们称之为"边界化结构"。边界化组织结构的提出源于组织的边界创新思想。多个前沿的管理与公共治理理论对组织结构的边界创新进行了探讨，其中代表性理论有整体政府理论、无缝隙政府理论、无边界组织理论和组织边界管理理论。

整体政府（holistic government）理论是作为新公共管理理论一种替代方案的理论设计，它提出了跨边界合作的组织结构创新思想。②边界是整体政府组织结构设计的一个重要考虑因素，各种伙伴相互作用、共同协作，必然产生边界及边界问题。更重要的是，由于整体政府组织结构设计是围绕结果和目标展开的，这迫使政府及其管理人员必须认真考虑跨边界的问题。整体政府就是跨越政府组织边界，把众多公私部门及志愿部门结合在一起进行协同运作，达成一个共识性目标的过程。整体政府主要整合三种功能边界：一是整合政府组织边界，即将两个或两个以上政府组织的全部或部分机构和功能整合到一个新部门；二是整合正式的伙伴关系的边界，即以契约、协议或框架性协议进行共同经营；三是整合非正式性的伙伴关系的边界，即以咨询、沟通、口头协议予以执行。③ 整体政府理论所形成的跨边界组织结构形式通常称为"联合岬"（joined-up-ness）。"联合"（joined-up）

---

① ［美］理查德·L. 达夫特：《组织理论与设计精要》，李维安等译，机械工业出版社2003年版，第9—63页。
② 这部分内容参见曾维和的系列论文：《当代西方"整体政府"改革：组织创新及方法》，《上海交通大学学报》（哲学社会科学版）2008年第5期；《从"企业家政府"到"整体政府"——当代西方政府改革组织创新的逻辑及方法》，《华中科技大学学报》（社会科学版）2008年第5期；《后新公共管理时代的跨部门协同——评希克斯的整体政府理论》，《社会科学》2012年第5期。
③ 曾凡军：《整体性治理分析框架下的公私合作伙伴关系重构》，《湖北行政学院学报》2013年第1期。

是它的一个基本特征。澳大利亚政府调查委员会（RCAGA）通过对澳政府改革的调查发现部门界限清晰、各自为政，不利于解决跨部门所形成的横切关注点问题（cross-cutting issues），以此为基础，该委员会提出"整体政府"组织结构的两种"联合"方式：一是基层"联合"——地方层级的一体化。这主要是解决地方层级组织分裂的问题，采用"一站式服务"，把联邦、州、地方政府和非政府组织的员工连接在一个组织整体内，建立伙伴关系，进行联合治理。二是高层"联合"——中央政府的适度集权与部门间的有机整合。具体方法包括伙伴关系的备忘录、一体化治理，以及与规模、风险相适应的制度化责任安排，并通过公共资金预算和联合拨款来保证。[①] 从性质上看，这两种"联合"方式都强调边界的伸缩性，构建一种区别于传统官僚制组织结构的现代网络化组织结构。

无缝隙组织理论通过边界要素创新，形成了一种无缝隙组织结构。无缝隙政府理论是美国学者拉塞尔·M.林登提出的关于政府部门再造的一种理论设计，他认为，要构建"随时随地"的无缝隙政府，需要增强结构要素的灵活性，在结构方面构建选择性争论解决、合作伙伴关系、协商制定规则、BRA委员会模式等多个新机制，创新组织结构边界，构建无缝隙组织结构（见表5-1）。[②] 无缝隙组织结构除强调组织内部结构性要素再造外，还强调组织结构要素对外部环境和服务需求的敏感性和回应性。

表5-1　　无缝隙政府组织结构再造的多个要素转化一览表

结构性要素	再造前特征	再造后特征
工作	狭隘、条块分割、很难控制工作的过程和决策的制定	广泛；具有多种技能的团队；通常能够较好地掌握工作程序和做出决策

[①] Wilkins, Peter, "Accountability and Joined-up Government", *Australian Journal of Public Administration*, 2002（1）：114.

[②] ［美］拉塞尔·M.林登：《无缝隙政府》，汪大海等译，中国人民大学出版社2002年版，第45—227页。

续表

结构性要素	再造前特征	再造后特征
测评	建立在投入与活动、员工与预算规模的基础上	建立在结果、顾客满意的基础上
技术	用于控制、集中各种活动	用于下放各种活动
内部组织	条块划分的部门和职能,受组织内部需要的驱使	完整统一的团队,更具顾客需要提供服务
时间敏感度	低下,按自己的步骤运作时效率最高;对外部需求和机会反应迟钝	很高,对终极顾客和结果的关注,使迅速的反馈成为首要因素,提供快捷及时的服务
角色的明确性和清晰度	很高,内部分工;组织、顾客与供应商之间区别对待	低;有跨职能的团队进行组织;供应商和顾客共同承担以前由公司执行的任务
产品或服务的性质	标准化;以组织生产最简便化为导向,缺乏变化性,高投入,几乎没有顾客参与	顾客导向性,致力于顾客的需求,灵活多变,高投入

资料来源:[美]拉塞尔·M. 林登:《无缝隙政府》,汪大海等译,中国人民大学出版社2002年版,第45—227页。

无边界组织理论通过创新边界进行新型组织结构设计,提出了增强组织边界渗透性和灵活性思想。无边界组织(boundaryless organization)是罗恩·阿什克纳斯(Ashkenas, R.)等在《无边界组织》一书中提出来的,该理论并不是要消除边界,而是要以边界为前提,增强组织边界的渗透性和灵活性,"要让边界具有更大的可渗透性,从而使组织的运转变得更加流畅。边界作为不变的障碍和顽固的阻碍而存在的传统观念,需要转变为一种全新的边界观——就像存在于生命、有适应能力的生物体内的可渗透、有弹性、能活动的隔膜一样,这种边界是有机的、活性的"[①]。阿什克纳斯等认为,无边界组织的边界是非常必要的,可以对组织的四种类型的边界进行改造,使组织的信息、资源自由流动以增强边界的灵活性和渗透性:一是对垂直边界(组织的层级)的改造,通过组织的等级、头衔、身份和地位把

---

① [美]罗恩·阿什克纳斯等:《无边界组织》(原书第2版),姜文波译,机械工业出版社2005年版,第3页。

组织成员分割开来；二是对水平边界（内部壁垒）的改造，通过职能、业务单位、生产群体或部门把组织成员分隔开来；三是对外部边界（外部壁垒）的改造，把企业同自己的供应商、客户、社区以及其他外部支持者分隔开来；四是对地理边界（文化壁垒）的改造，使组织可以实现跨越时空、跨越不同文化而存在。无边界组织理论认为边界化组织结构创新的要义就是促进组织结构要素的流动，增强边界的渗透性和灵活性。

组织边界管理理论对主流组织理论的边界概念进行了颠覆性更新。在主流组织理论中，组织在本质上是一个通过边界自我维持的系统，边界的功能在于对内维持秩序、对外发挥保护作用。英国学者尼尔·保尔森（Neil Paulsen）和托·赫尼斯（Tor Hernes）在《组织边界管理：多元化观点》一书中把这种研究推进了一步，开始研究组织边界的结构对于一个组织影响其他组织进程的能力所发挥的作用，他们指出："边界不是简单的约束或者是内部排序的工具。在多种可能性下，边界都可以组成授权机构，也就是说边界作为一种手段而存在，是组织扮演协调与其他组织关系的角色。"① 这说明边界化结构承担了对外协调的功能。保尔森和赫尼斯认为组织具有物理、社会和心理三种边界结构，具有限制和授权两种基本属性（见表5-2）。

表5-2　　　　　　　　　　边界的结构和属性

属性	心理边界	社会边界	物理边界
限制	教化、集群思考以及疏远（"不是来自这里的"症状）	遵从行为标准，通过社会互动实施权力	通过隔离监视，进行内部控制
授权	理解世界、创新和学习的基础	建立某种身份、所属和人际间信任的基础	为学习新知识和技巧提供稳定的环境和资源

资料来源：[英]尼尔·保尔森、托·赫尼斯：《组织边界管理：多元化观点》，佟博译，经济管理出版社2005年版，第28页。

---

① [英]尼尔·保尔森、托·赫尼斯：《组织边界管理：多元化观点》，佟博译，经济管理出版社2005年版，第28页。

如表 5-2 所示，组织的物理、社会和心理三种边界的组合就形成了组织的边界结构，这个结构在内部协调和改革中都起着重要的限制和授权作用：物理边界在组织内部形成一种约束效应，是达到组织的稳定性和可预见性的有效途径，在外部则起到建立和巩固组织形象的作用；社会边界是使组织自身区分于其他组织，促使"差异性"产生，社会边界在维持行为准则的同时也是一种支持社会力量的模式，可以为有效行为和改变提供基础，形成一些非正式的社会网络；心理边界既是组织的"心理围墙"，也是理解世界、创新和学习的基础。

边界管理组织理论认为无边界组织即使在复杂的公共服务项目中也不存在，边界化结构总是在发挥着作用。"复杂项目的研究为组织边界的概念化带来了许多重要的挑战。……然而，把项目看成完全以网络化和水平化为主要特征的'无边界组织'形态也同样是不适当的项目不代表缺少边界。通过围绕同一性和差异性的交叉区域进行的物质的和符号的操作以及程序，可选择的和经常重叠的边界得以产生、再现、加强、合并或超越。这些程序能够达到暂时的稳定性，边界正是通过这种稳定性规格化，并具有一定的确定性。"[①]

综合上述分析，边界化组织结构实质上是政府组织第三个维度的结构性要素为了适应社会治理复杂性需求所进行的边界变动关系。这个界定具体包括如下五个方面的内涵特征：

第一，边界化组织结构是政府组织结构的"第三维"，即体制化结构的纵向管理层级垂直分化和横向管理幅度水平所形成的一种新型组织结构，它是体制化结构应对社会治理复杂性需求（外部环境）所进行的组织结构创新。一方面，体制化结构是边界化结构发挥作用的基础；另一方面，边界化结构直接与外部环境相接触，它决定着体制化结构发挥作用的空间。

第二，边界化结构是政府组织"第三维"结构性要素边界化变动所形成的一种新型组织结构。"第三维"结构性要素与"第一维"、

---

① ［英］尼尔·保尔森、托·赫尼斯：《组织边界管理：多元化观点》，佟博译，经济管理出版社 2005 年版，第 63—64 页。

"第二维"所构成的体制化结构性要素相区别。体制化结构要素主要包括机构、权力、人员、制度等要素,是一些"显结构"要素,属于物质资本或人力资本的范畴;"第三维"的结构性要素主要包括社会治理中的各治理主体之间形成的互动关系、网络关系以及由此产生的信任和组织文化等,是一些"潜结构"要素,属于社会资本的范畴。①

第三,边界化结构是政府边界关系所规定或派生出来的结构。政府组织的边界化结构作为政府组织结构的一个层级,是一种组织结构的新类型,与府际关系结构、公私合作伙伴关系结构、网络化结构等性质不同,具有显著的差异。府际关系结构表现为政府间静态的法律、制度关系和动态的政策、人际、行政调控关系。②公私合作伙伴关系结构是政府组织与非营利组织、企业组织等在公共服务活动中所构成的合作关系;网络化结构是政府与多个治理主体所形成的以网络为特征的结构。这三种结构有一个共同的特征就是:各个结构主体之间的关系是平等的,它们之间是一种双向或多向互动关系,政府组织的边界化结构中的政府或其结构性要素在多个主体结构关系中处于先发性地位并发挥着主导作用。

第四,边界组织结构比体制化组织结构更具敏感性和灵活性,能够较好地适应外部环境的需求。组织结构的敏感性是指"复杂动态组织系统在演化过程中,其立体网状传导结构也会表现出微小的变化,并由此引发一系列长期持续的连锁反应,同时在时间和空间形成累积与叠加效应,从而导致系统行为的显著变化。由结构微小变化造成系统行为的显著性变化称为结构敏感性作用"③。复杂系统组织结构的

---

① 有学者把组织管理的要素分为内部构成要素和外部构成要素:内部构成要素主要包括组织和人员配备、人事指导和人事管理制度、绩效控制;外部构成要素主要包括与同一组织的外部单位或该组织的各个部门协调关系、与独立的组织协调关系、与新闻媒体和公众协调关系。与这些外部构成要素协调关系是一种管理职能,即这里所言的"第三维"结构性要素。参见[澳]欧文·休斯《公共管理导论》,彭和平译,中国人民大学出版社2002年版,第197—224页。
② 林尚立:《国内政府间关系》,浙江人民出版社1998年版,第68页。
③ 许正权、宋学锋:《组织复杂性管理:通过结构敏感性管理组织复杂性》,经济管理出版社2009年版,第95页。

敏感性往往不是通过"显结构"（体制化结构）发挥作用，而是通过"潜结构"（边界化结构）发挥作用，因此政府组织的边界化结构对外环境具有更大的适应性。

第五，边界化结构是体制化结构系统边界的创新体。体制化结构属于费斯勒和凯特尔所言的大型组织"结构途径"的系统理论途径。这与古典理论的封闭系统生成的体制化结构不同，边界化结构是由系统边界生成的。费斯勒和凯特尔指出，系统的边界在两个方面显得很重要："系统理论家需要确定'环境'对系统的投入与系统对环境的输出，而这些交易发生在系统的边界；系统理论要区分系统继续的两个必要条件——它控制和适应外部环境的能力以及制止和缓和内部威胁的能力。"① 系统理论途径说明系统的功能主要取决于边界，这进一步揭示了边界化组织结构在政府适应社会治理复杂性中起着主要作用。

乡镇政府组织边界结构以乡镇政府治理主体的"互动关系"、"网络关系"为变革轴心，通过互动关系的建立和网络关系的优化进行变革，形成了四种基本的组织结构类型：以互动关系为基础的协商型组织结构和调适型组织结构，以网络关系为基础的合作型组织结构和共生型组织结构。这四种新型组织结构构成了我国乡镇边界化组织结构变革的基本实践内容。

二 乡镇政府边界化组织结构变革的维度选择

从乡镇政府组织结构变革的边界关系看，主要有两个维度：一是政府系统内部的县乡关系和乡村关系；二是政府系统与社会系统继续进行人力、资源、文化等结构性要素交换、融合所形成的以乡镇政府为主导的乡村治理主体间关系。

县乡关系是一种纵向的地方政府间关系。各级地方政府间形成的纵向关系模式和格局，在很大程度上受制于中央与地方的关系，这在

---

① ［美］詹姆斯·W. 费斯勒、唐纳德·F. 凯特尔：《行政过程的政治：公共行政学新论》，陈振明等译，中国人民大学出版社2003年版，第57—59页。

理论上大体可以划分为两类：一是法律上的指导关系，权力上的领导和制约关系比较弱。这种关系主要存在于中央和地方关系上实行分权制的国家。例如，英国的各级地方政府都是自治的，它们之间不存在等级和从属关系。美国的州宪法规定，下级政府可以独立地行使法定的管理权力，其权力不是来源于州政府，而是来自于州宪法。二是领导与被领导、制约与被制约的关系。这种关系主要存在于实行中央集权制的中央与地方关系的国家。例如，我国2015年8月29日第十二届全国人民代表大会常务委员会第十六次会议《关于修改〈中华人民共和国地方各级人民代表大会和地方各级人民政府组织法〉的决定》第九条和第六十一条规定，乡、民族乡、镇的人民政府行使下列职权：执行本级人民代表大会的决议和上级国家行政机关的决定和命令，发布决定和命令；执行本行政区域内的经济和社会发展计划、预算，管理本行政区域内的经济、教育、科学、文化、卫生、体育事业和财政、民政、公安、司法行政、计划生育等行政工作；办理上级人民政府交办的其他事项。这些政策条文内容较为充分地说明，我国县乡关系是一种典型的下级隶属和服从上级的关系。[1] 在这种隶属型政府间关系下，主要是一种单边调控关系，由于乡镇政府在县乡关系中处于被动的从属地位，所以乡镇政府边界化组织结构创新的空间不大。

在实践中，县乡关系一度出现权责关系定位不明确、财权事权错位等问题，导致乡镇政府及其部门成为县政府的附属机构。[2] 有学者认为，我国县乡关系从总体上大致经历了一个从一体化到分离化，再到整体化的演变过程，主要包括四种基本模式：压力型体制下的压力模式、职责同构下的同构模式、政策灵活性执行下的共谋模式、"倒逼"和"反倒逼"的互动模式。这四种模式虽然侧重点不同，如压力模式对于运行机制分析的侧重，同构模式对于"结构"分析的侧重，共谋模式对于制度环境的分析的侧重，互动模式对于具体行为的

---

[1] 林尚立：《国内政府间关系》，浙江人民出版社1998年版，第23—24页。
[2] 杨军：《县乡关系视角下的乡镇机构改革研究》，《湖北社会科学》2014年第1期。

分析的侧重，但这四种模式都从不同方面揭示了县乡之间的支配性权力关系。县乡之间的"职责同构"、"共谋游戏"，以及互动、博弈等是由这种支配性的权力关系内在地决定的。① 笔者也通过跨案例比较分析，总结出关系重组下我国乡镇政府两种调适型组织结构模式，即乡财县管下的收权型组织结构模式和扩权强镇下的放权型组织结构模式。②

相比县乡关系来说，乡村关系要复杂很多。新中国成立后30多年，乡村之间是一种行政指令关系。③ 这种行政指令关系是通过革命动员建立起来的。1949年后，乡村关系的重构表现为国家权力向农村延伸，这不仅是行政权力的下沉，党组织的建立成为权力下沉的核心。在"政社合一"的人民公社体制中，以党组织为核心的权力得以完善，公社、大队、生产对三级组织都具有乡镇政权的功能，它们实际上是党支部权力链条的行政延伸，村庄事务变成国家事务的一部分，其运作都是按照国家的统一规划进行，村庄的事务根据乡政府的行政指令有序地进行，农民们的生活、生产，都不是私人事务，都取决于国家制度的供给与安排。因此，这一时期的乡村关系，实际上是国家与社会关系的一个缩影。

行政指令式的乡村关系一直持续到20世纪80年代初。1984年后，农村实行了政社分开，乡镇开始重建。1987年，《中华人民共和国村民委员会组织法（试行）》通过，第一条明确提出"为了保障农村村民实行自治，由村民群众依法办理群众自己的事情"，第三条规定"乡、民族乡、镇的人民政府对村民委员会的工作给予指导、支持和帮助。村民委员会协助乡、民族乡、镇的人民政府开展工作"，自此，农村开始实行村民自治，乡村之间的指导与被指导的关系开始建立。1998年，第九届全国人民代表大会常务委员会第五次会议修订通过了《中华人民共和国村民委员会组织法》，第二条规定"村民委

---

① 吴理财：《县乡关系的几种理论模式》，《江汉论坛》2009年第6期。
② 曾维和、张云婷：《关系重组下乡镇调适型组织结构变革——基于跨案例的比较分析》，《领导科学论坛》2017年第1期。
③ 郭俊霞：《当代中国乡村互动关系的演变》，《学术研究》2010年第6期。

员会是村民自我管理、自我教育、自我服务的基层群众性自治组织，实行民主选举、民主决策、民主管理、民主监督"。乡镇成为国家政权体系的末梢，村民委员会履行村庄自治的权力和职能，这样，乡村关系在法律上是一种指导与被指导的互动关系。在实践中，乡村关系曾出现了"附属行政化"和"过度自治化"两种非良性互动关系的倾向，个别乡镇还出现了乡村"利益共谋"的关系。[①] 这些异化的乡村关系很难生成促进乡村善治的乡镇政府边界化组织结构。

2004年取消农业税之后，乡镇不再需要村干部收取税费，村庄自治的空间进一步扩大，农村各种社会组织也逐渐成长起来，各种非正式制度在乡村互动关系中作用增大，乡村互动关系除了依靠法律规章，还需要依靠社会资本、情感关系才能维系。因此，乡村治理中的乡村互动关系和各种治理主体网络关系成为乡镇政府边界化组织结构创新最为活跃的一个场域。本章内容基于乡村关系和治理主体间关系，具体考察乡镇政府边界化结构创新。

第二节 调适与协商：互动关系建立下乡镇政府组织结构变革

乡镇政府边界化组织结构变革的互动关系主要有调适和协商两种，以此为基础，形成了调适型和协商型两种基本的边界化组织结构类型。

一 乡村互动关系的理论分析

互动是社会微观研究的一个重要视角，美国社会学家米德（G. H. Mead）通常被认为是互动理论的奠基人，他提出了符号互动论（symbolic interactionism），主要关注个体间互动行为的经验研究。[②] 社

[①] 张英秀：《利益共谋：解读县乡村关系的一个视角》，《中共福建省委党校学报》2015年第5期。

[②] 胡荣：《符号互动论的方法论意义》，《社会学研究》1989年第1期。

会互动理论已成为当代西方社会理论中与结构功能学派、冲突学派相抗衡的三大理论流派之一。芝加哥学派的布鲁默将其发扬光大,使其成为最有影响力的社会学理论流派,他认为,符号互动理论研究单位是微观的人际互动,它的研究重点是互动的性质和过程,"只有从行动者、行动过程和特定处境出发才可以充分地理解人类行为及其互动形态"①。德国社会学家乔治·齐美尔认为人们能够区分多种社会互动的主要形式:第一,交换,个人或全体旨在获得报酬或回报而采取某种方式的彼此交往;第二,合作,个体或群体为了一些共同的利益或目标而联合起来一致行动;第三,冲突,它是合作的对立面,是个体和群体针对珍稀物品或价值的争斗;第四,竞争,是一种遵循某些规则的合作性冲突,在这种形式的互动中,追求的目标比打败对手更重要;第五,强制,是个体或群体将其意志强加于另一方,它以物质力量或暴力威胁为基础。②齐美尔除了对冲突的具体形式进行分析外,还将以前符号互动论关于个体的研究扩展到群体的研究。

当前,以社会行动为视角的互动关系已经成为考察政府之间、政府与企业之间、政府与社会组织之间、政府与公民之间等行动主体间关系的一个重要变量。互动关系的类型也日趋多样化,从行动主体的地位关系看,主要有强制互动、服从互动、平等协商互动三种类型;从行动主体间互动的程度看,可以分为表层互动和深层互动;从行动主体的利益关系看,主要有合作互动、竞争互动、冲突互动三种类型。行动主体间最常见的互动主要有合作、竞争、强制、顺从、冲突、协商等类型。尽管互动关系类型多样,并且具有复杂性,但从性质看,大体可以分为良性互动和非良性互动两大类。良性互动关系包括合作、调适、协商、互助、交换等类型;非良性互动包括竞争、冲突、强制、顺从、掠夺等类型。良性互动关系是行动主体间互动追求的目标,应尽可能地避免非良性互动关系的产生。

---

① 谢立中:《西方社会学名著提要》,江西人民出版社2007年版,第319页。
② [美]戴维·波普诺:《社会学》(第十版),李强等译,中国人民大学出版社2000年版,第130—133页。

建立良性互动关系模式包括以下几个方面的条件：首先，宏观上的政治、经济、社会、技术等大环境，对行动主体之间的合作起到了范围的限定作用；其次，中观层面的相关政策规定影响这些行动主体之间合作的方向；最后，微观上行动主体之间互动过程中协商型权威的建立，以及认识、判断等影响具体的互动过程。协商型权威的建立是基础，有学者基于三峡移民的个案考察，发现适度权威模式的建立是政府与农民良性互动关系建立的基础和条件。这里的适度权威模式是相对于垄断型权威模式而言的，它是指行动双方具有相对平等的地位、占有相对均衡的资源和利益分配。这是一种政府通过和民众平等对话协商来达成社会发展目标的协商型权威模式。① 此外，行动主体对互动中的资源条件、利益关系、文化认同等的认识和判断影响着良性互动关系的具体进程。

新中国成立后，我国乡村之间互动关系经历了一个从非良性互动到良性互动的发展过程。这个过程深刻地影响着乡镇政府边界化组织结构的变革，它也大致地经历了这么一个发展过程。在乡村良性互动关系中，形成了乡镇政府调适型和协商型组织结构变革。

二 乡镇政府调适型组织结构变革

调适是国家治理与组织结构创新的一个重要工具，它主要见于政治对行政进行调适的治理关系中。政治对行政具有调适功能，行政学的开山鼻祖威尔逊及古德诺的著作中都有论述。威尔逊在《行政学研究》一书中开创性地提出了行政从政治中分开的思想，他指出："行政管理的领域是一种事务性的领域，它与政治领域的那种混乱和冲突相距甚远。"同时，他也指出行政与政治密切相关："行政管理却同时又大大高出于纯粹技术细节的那种单调内容之上，其事实根据就在于通过它的较高原则，它与政治智慧所派生的经久不衰

---

① 綦淑娟：《政府与农民互动关系的分析——以三门峡水利移民为个案》，《社会学研究》1996年第4期。

的原理以及政治进步所具有的永恒真理是直接相关联的。"① 古德诺对威尔逊政治与行政二分的思想进行了进一步阐释,他深刻地分析了政治对行政调适的思想:"政治的功能在于对国家意志的表达","政治必须对行政有一定的控制"。同时"政党的组织和行为对于政治功能的行使,即使没有决定性的作用,也有重要的影响作用"②。政治与行政二分法及政治对行政调适的思想成为西方行政研究的基本范式及分析方法。

　　古典行政学家关于政治对行政调适的思想主要表现为政治对行政的适度控制和政党的法外调节作用,从而实现政治与行政的协调。中国的政党(共产党)与西方意义上的政党具有性质上的区别,我们的党是执政党,宗旨是全心全意为人民服务。因此,党的作用不再是西方意义上的法外调节作用,而是能够发挥优秀的调适功能。我党的政党调适功能主要表现在自身的调适和主体间的调适两个方面。共产党自身的调适表现为党在组织环境的变化和组织规模扩大等背景下所进行的延续、突变和演进三种基本模式。③ 这种调适是我党自我完善、发挥自身优越性的突出表现。主体间的调适就是党对其他主体(行政)的调适,这是发挥党的凝聚力、向心力和战斗力的突出表现。有学者具体分析了中国共产党和民主党主体间的调适情况,认为我党通过加强和扩展党际之间合作、协商和共处方式,走上了平等、协商民主之路。④ 也有学者分析了乡村基层党组织功能调适表现,发现基层党组织适应治理内容复杂、主体多元化和方式民主化等新情况,通过功能建设强化了服务功能、突出了社会属性。⑤ 还有学者具体分析了

---

　　① [美] 威尔逊:《行政学研究》,竹立家译,《国外政治学》1987年第6期。
　　② [美] F.J. 古德诺:《政治与行政》,王员译,华夏出版社1987年版,第13—26页。
　　③ 程熙:《政党调适与中国共产党集中教育活动的演变逻辑》,《社会主义研究》2015年第3期。
　　④ 赵宬斐:《中国特色政党制度中主体间调适性问题探析》,《云南行政学院学报》2007年第5期。
　　⑤ 陈敏等:《乡村社会治理中基层党组织功能调适与实现路径》,《学校党建与思想教育》2016年第1期。

我国城市基层党组织调适功能的两种扩散方式:一是组织方向的调适功能扩散,表现为非公有制经济组织和社会组织中的党建;二是地域(空间)方向的调适功能扩散,表现为以商业区、住宅区、工业园区为依托而开展的"区域化党建"。①

这些研究成果充分表明,共产党作为执政党能够较好地发挥政治对行政的调适功能,尤其是在基层党建中这种调试功能发挥得更加明显。在乡政村治改革之前,由于乡村内生性力量的孱弱导致乡村关系结构失衡;乡政村治改革之后,尤其是农村税费改革之后,乡村内生力量慢慢地开始恢复,村民自治能力得以增强,国家和村民走向良性互动,形成了多种乡镇政府调适型组织结构。

1. 乡村内生性力量的孱弱与边界化结构异化

在改革开放之前,政府与社会之间是一种"强政府—弱社会"的模式,政府是一种"全能主义"政府,涉及职能范围较广,力量较强,容易侵犯个人与社会的权利,使得个人的独立地位和自由权利较为缺失,加之一些社会组织等发育程度较低,附属于地方政府。这种情况下造成个人的政治意识薄弱,参与程度较低。②随着改革开放进程中市场经济体制的建立与发展等,国家与社会的关系发生了一些变化,国家控制的范围逐渐缩减,职能逐渐调整,简政放权成为趋势,主体意识逐渐觉醒。这种"放权让利"一方面激发了农村经济体制的内在动力,使农村社会的潜在能量被空前释放,国家从农村中也汲取了更多的资源;另一方面,农村社会结构在发生深刻变化的同时也出现一些困惑,政治结构、政治关系较之从前发生了脱胎换骨式的改造:国家权力突然的抽离使得农村权力日益分化,失去了国家强制力的后盾一下变得无所适从,较为茫然,正式组织渐趋衰落,农民处于原子式的高度分散状态中。③但是受惯性思维的影响,尤其是在人民

---

① 张汉:《政党调适理论视野中的城市商圈党建》,《中共浙江省委党校学报》2016年第3期。
② 潜龙:《政府与市场:干预更多还是更少》,载刘军宁等编《自由与社群》,生活·读书·新知三联书店1998年版,第178页。
③ 金太军:《村庄治理与权力结构》,广东人民出版社2008年版,第160页。

公社时期的强化，未能从根本上改变政府和农村心中"强国家"的意识，存在认知上的模糊。并且村民自治作为一种制度设计嵌入乡村社会后，必然会受到固有的一些政治、经济和文化等因素的影响与制约。总体而言，村民仍然习惯一些强制性命令式的指挥管理方式，参与性也不足。

与县乡一级政权机构相比，村庄自身拥有的资源本来就较为欠缺。长期传统农业生产的特点决定了农村很难形成有组织的力量。从行政区划上讲，农村格局在总体上来说具有相对封闭性和自发性，而且这种相对封闭性又是在更高层级的一个个封闭区域（省、市、县等）内被管理，一些要素与资源难以在同级不同地的社区间进行流动；从政治上看，农村拥有薄弱的政治资源，组织不完备，村党组织系统等受制于乡镇，动员能力较弱，在很大程度上要被动接受乡镇这一拥有相对刚性行政管理体制的主体；从经济上看，乡镇政府通过"村财乡管"、截留干部工资等在一定程度上控制了村庄的经济自主权，村庄的经济能力不足以支撑其开展强有力的政治活动；等等。这些造成村庄整体拥有资源存量的不足，难以与上级相博弈。[①] 虽然《中华人民共和国宪法》《中华人民共和国村民委员会组织法》等规定了基层政府与村委会之间的关系，对乡政与村治的权力运作范围做了划定，但是由于国家的农村发展战略，乡镇政权的特殊功能以及乡、村利益的分殊，又在一定程度上造成乡镇权力与村治权力的冲突，两种权力之间的实际运作界限不明，易出现相互侵权的现象。在相互博弈中，当然以国家权力对村治权力的侵蚀为主导。[②] 这些法律在一定程度上助长了国家权力的强势地位。《中华人民共和国村民委员会组织法》规定了乡镇政府要给予村级组织"指导、支持和帮助"的职责，但却没有列出如果乡镇越权、非法干涉村级组织正常开展工作会承担什么样的严重后果，更没有明确列出需要承担的法律责任，这导致部分乡镇政府会利用这个制度空隙在干涉村务工作的时候"为

---

① 金太军：《村庄治理与结构》，广东人民出版社 2008 年版，第 172—173 页。
② 金太军：《"乡政村治"格局下的村民自治》，《社会主义研究》2000 年第 4 期。

所欲为"。同时，改革开放后，人们的趋利意识明显增强，并且压力型体制下的绩效导向使得乡镇政府不愿松开对村级组织的行政干涉，企图借此来完成层层累积的目标责任。这种情况下，乡镇政府的行政权力在乡村社会中泛化，导致农村的内生性力量进一步被削弱，[①] 村民自治难以实现真正意义上的自我治理。

在乡村内生性力量孱弱的状况下，如果乡镇行政权扩张，就会出现乡村关系失衡，从而导致乡镇政府边界化结构异化，这主要表现为两个方面：一是乡政对村治的侵蚀。为了贯彻国家"刚性"的意识形态，通过采用村民自治这一治理模式使得国家权力在农村这一边缘地带得以平稳运作。但是由于法律规定上"指导、支持、帮助"等过于模糊，以及长期以来乡镇对村级组织领导指挥的习惯，在具体实施中，乡镇基层政权仍然按照行政手段来指导村委会工作，进行大量的行政干预。[②] 通过人民公社时期广泛运用的管片和包村制度，通过这些"驻村干部"等对村庄实行变相控制，主要表现在以下几点：乡政对村委会选举进行干预、通过村党支部对村委会进行领导、对村委会财政进行监控、通过一些诱致性控制实现自己的权益等。[③] 在对村委会进行领导时，对村干部工作人员的考核方式采取了政府内部的管理方法，将村干部等作为政府官员来进行管理。[④] 二是压力型体制延伸到村庄一级。首先由乡政府与县政府签订"目标责任书"，"目标责任书"由县人民政府统一印刷，详细地规定当年乡镇需要完成的指标内容。然后乡镇政府再将"目标责任书"进行细化、分解到各职能部门与各村，再与各村签订"目标责任书"。[⑤] 在这种情况下，

[①] 张云婷：《乡镇失衡式组织结构探析》，《改革与开放》2018年第10期。

[②] 郝耀武：《中国农村村民自治权研究》，博士学位论文，吉林大学，2009年，第122页。

[③] 彭智勇、王文龙：《新农村建设中的乡村治理机制探析》，《理论探讨》2006年第4期。

[④] 赵树凯：《乡村关系：在控制中脱节——10省区20乡镇调查》，《华中师范大学学报》（人文社会科学版）2005年第5期。

[⑤] 项继权：《乡村关系行政化的根源与调解对策》，《北京行政学院学报》2002年第4期。

村庄不得不完成乡镇下派的任务。总之，乡村关系失衡的症结在于乡政通过在人、财、事方面对村治进行行政控制，力求将村庄变为自己的派出机构。由此，乡政的过度行政化使得村庄的自治权陷入扭曲状态。

2. 乡镇政府调适型组织结构的实践模式

"乡政村治"体制建立，增强了乡村内生性力量，从根本上改变了乡镇政府边界化结构异化的状况。"乡政村治"下的乡村社会治理存在两个处于不同层面且相对独立的权力载体，分别为代表国家自上而下行使管理权的乡镇政府与代表村民行使基层社区自治权的村民委员会。这为乡镇行政权与村民治理权协调奠定了制度性保障。农村税费改革之后，乡镇政府的职能从"汲取型"变成"服务型"，乡村关系进一步趋向合理化，这为乡镇政府调适型组织结构建立打下了良好的基础。

《中华人民共和国村民委员会组织法》中规定了村民委员会的性质，对于乡镇人民政府与村两委的关系做出了明确的规范，但是实践中的乡村关系与这种法律上的原则性规定并不是简单的对应。党委系统的隶属关系与政府系统的行政指导关系在乡村关系中并存，治理主体间的交叉错杂关系以及所处理事物的不同性质也决定了乡村实际关系的复杂错综性，并不是简单的领导或指导关系，而是存在多重互动关系。并且从"乡政"对"村治"的调适来看，其途径和方式是多种多样的，其中党建是一种最为重要的调适方式，它既是政治权力对行政权力进行调适的一种方向指引，也是党务工作对村民自治进行调适的一种动力引擎。以党建扩展的方向作为划分标准，可以分为纵向的"党建+村民自治"模式和横向的联村党建两种模式。

（1）"党建+村民自治"调适型组织结构。这是乡镇政府纵向边界化延伸的调适型组织结构创新，其关键是通过乡镇（街道）党委对村委会（居委会）的调适推动村民自治。这是党组织对村民自治组织的指导与被指导中形成的一种调适型组织结构模式。南京市六合区雄州街道瓜埠中心社区的村民自治中较好地探索了这种组织结构模式创新（见案例5-1）。

第五章 乡镇政府边界化组织结构变革

案例 5-1：瓜埠中心社区"党建+村民自治"调适型组织结构①

南京市六合区雄州街道瓜埠中心社区"党建+村民自治"进行了调适型组织结构创新，其核心做法是成立村民自治理事会，党建引领村民自治。瓜埠中心社区于 2017 年 6 月正式启动村民自治理事会工作，先后召开多场次社区两委会，党员群众代表参加的动员大会及全体村民代表会议选举产生了 9 个村民理事会，成员总数达 49 名。并在 9 个村民理事会成立了 14 个党小组，党员总数达 196 名。党组织对理事会的工作开展发挥着引领作用，充当着党内民主与党外民主互补密切联系群众的桥梁和纽带。首先，必须坚持党的领导。村民自治组织是基层党组织的补充和延伸，任何时候都不能片面地强调放大村民自治的作用，而不尊重党组织的核心领导地位。其次，必须发挥自治主体作用。充分尊重村民是自治的主体作用，党员干部和群众代表，作为自然人在村民自治中应该发挥重要的作用。最后，必须开展自治活动。社区党组织指导各小组不仅要搭好台子、选好班子（民主理事会），还要唱好戏，加强协调沟通，把工作做实。社区在瓜埠老街改造、美丽乡村建设，道路、绿化、路、农田水利等重大项目建设前，必须召开群众会议，广泛宣传，建设项目亮化、建设内容亮化、建设费用亮化，接受群众监督，多次征求群众意见，集思广益，形成共识，取得群众理解支持，使得所有项目建设都能够顺利进行。此外，理事会也有效地保障经济发展，保障民生实事，夯实农村党组织的堡垒基础和提升村民素质与社会文明程度，实现村风民风好转；提升社区干部服务群众的本领。在党建引领下，9 个村组都制定了村民理事会的具体选举办法，对选举原则、候选人的提出、选举实施进行了明确的规定，尊重和保障村民的民主权利，充分发扬民主，体现选举人的意志。在选举办法的基础上，也制定了较为完善的村组理事会成立的工作流程。

2018 年 4 月，全区网格化社会治理工作全面推开，社区根据街道

---

① 本部分内容根据实证调研获取的资料"瓜埠中心社区村民小组自治工作总结"、"瓜埠中心社区 2018 年工作总结及 2019 年工作计划"等汇报材料修改整理而成。

党工委的工作按照因地制宜、便于工作，方便群众和人口规模适度、服务管理方便、资源配置有效、功能相对齐全、区划统一完整的原则科学合理地划分了5个网格工作站，配备专职网格员5名，兼职网格员10名，志愿者15名。结合以"两民主两保证一提升"为主要内容的村民理事会建设，充分发挥9个村民理事会、14个党小组、49名理事会成员的作用，把党支部建在网格上，把党小组建在组上。时刻强调把党的领导放在首位，始终突出党建引领，把网格化社会治理和村民理事会深度融合，始终突出"法治、德治、自治"深度融合。

瓜埠中心社区"党建+村民自治"组织结构通过党建引领，实现了乡镇政府纵向边界延伸下调适型组织结构创新。这一组织结构模式的要义在于有效地实现纵向上对党组织的两重调适：一是雄州街道党工委通过对瓜埠中心社区党支部的调适实现村民自治的创新。如社区网格化管理是在街道党工委的安排下统一进行的，其方案设定和人员分派都体现了街道党工委的工作要求。二是社区党总支对社区委员会的调适，通过党员下沉到村民自治网格化管理中的各个关键网格节点中，发挥模范带头作用，推动了村民自我治理。通过这两重调适实现在服务群众中践行党的宗旨，瓜埠中心社区全力推进"两民主两保障一提升"工作，根据街道试点工作要求，制订工作计划，落实工作内容，在每个村民小组成立民主理事会，并发挥理事会的作用，密切联系群众，不断夯实农村党组织堡垒基础，促进经济发展，保证社会稳定。

（2）联村党建调适型组织结构。联村党建是区域化党建模式的创新，是党建引领下的优势互补、资源共享、管理高效农村党建新格局的探索。联村党建实现了乡镇政府横向边界化扩展下的调适型组织结构创新，乡镇党委通过对联村党委调适，实现多个乡村协同发展。这种组织结构创新的要义在于乡镇党委调适的幅度增加了，以前是一对一的单个村支部调适，现在是对联村党委（两个或多个村支部）调适。在实践中，一般是强村带弱村，实行精准扶贫，推进乡村振兴。武家嘴联村党委实践了乡镇政府调适组织结构创新（见案例5-2）。

案例5-2：南京市高淳区武家嘴联村党委模式①

武家嘴村原是石臼湖畔的一个"渔花子村"。改革开放以来，村党组织坚持以特色发展为路径，以特色名村为目标，致力打造产业特色鲜明、农民生活富裕、居住环境优美、社会文明进步的新型农村。如今的武家嘴村，连续23年荣登"南京市综合实力百强村"榜首，成为名副其实的"金陵首富村"。

武家嘴人始终坚持经济增长与富民惠民同步推进、产业发展与生态建设同步提升、美丽乡村与乡风文明同步建设，发挥典型示范、帮促带动作用，把周边农村引入和谐发展新轨道。2007年3月，依据《中国共产党农村基层组织工作条例》，经南京市委组织部同意，高淳县委批准，武家嘴村党总支、双红村党支部和黄家村党支部联合成立了南京市第一家联村党委，开创了南京市农村基层组织建设的先河，进一步放大了武家嘴村的示范带动效应。联村党委不设党总支，直接下设农村第一、第二、第三、水运、工业、实验学校、船舶制造7个党支部。2015年12月17日，武家嘴村党委会议研究决定：撤销船舶制造党支部；成立老年公寓党支部和旅游发展公司党支部。截至目前，共有党员216名。

联村党委隶属古柏街道党工委，坚持"五个不变"和"四个统一"的基本原则，即坚持行政区划不变、村民自治主体不变、集体资产产权不变、村级目标考核奖惩不变、村干部职数配备不变，坚持党建统一谋划、发展统一规划、资源统一利用、项目统一实施；立足联村产业特色优势、资源优势和党建平台优势，对各村产业发展布局、基础设施和社会事业建设进行统一规划和统筹协调，谋求共同富裕。具体来说表现在三个方面。一是在农村党建和统筹发展方面：联村，先联心。各村党员既为本村考虑，更为联村党委谋划，齐心协力参与家园建设。在不变更原有行政设置、债权债务以及土地财产所有权的前提下，村党委指导各村找准优势互补结合点，优化生产要素组合，

---

① 资料来源于笔者到武家嘴村的实证调研材料："联村共建谋发展，砥砺奋进谱华章——高淳区武家嘴村联村党建汇报"。

推动经济社会共同发展。二是在村务决策和层级管理方面：对联村共同事务，实行统一政策，规范管理，透明操作；对联村及各村重大事项，党委统一研究，提交各村村民会议或村民代表会议表决；对党委研究决定的事项，由各党支部和村委会负责落实，村党委对落实情况予以监督和必要协助。三是在引领示范和帮促带动方面：发挥强村示范作用，带动弱村资源向财源转化，并以经济互动为发端，促进科学文化知识、市场竞争意识、民主管理理念相互交融，达到以强带弱、优势互补、联村共富、共享繁荣的目的。

联村党委建立后在武家嘴产生了显著的带动辐射效应。联村党委对各行政村进行科学规划，保证资源配置的合理性和整体规划的长远性、全局性。通过把党组织建立在经济发展的产业链、实体企业和各种形式的经济合作组织上，加快各村发展对接和产业共振，将各种资源有效整合，实现产业资源共享，使资源向财源转化，增加村集体和村民收入，并形成强村带弱村、富村带贫村的发展局面。2006年，联村的双红村集体收入仅26万元，村民人均收入不足5000元。截至2016年，双红村集体经营性收入达236万元，比2006年增长了6.87倍，村民人均可支配收入达23000元，比2006年增长了10.5倍。2017年9月，武家嘴集团公司建造四艘12500吨的江海直达船，双红村持其中一艘船股份额达25%，年收益能增加150万元左右。双红村据此增强自身造血功能，提速发展，做大做强村集体经济。

武家嘴联村党委的成功关键是乡镇政府边界化调适型组织结构的创新，充分地体现了党组织的核心引领作用：首先，联村党建是一种党建工作制度的创新。联村党委坚持"五个不变"和"四个统一"的基本原则，即坚持行政区划不变、村民自治主体不变、集体资产产权不变、村级目标考核奖惩不变、村干部职数配备不变，坚持党建统一谋划、发展统一规划、资源统一利用、项目统一实施。其次，联村党建是一种产业组织模式的变革。联村党委对各行政村进行科学规划，保证资源配置的合理性和整体规划的长远性、全局性。把党组织建立在经济发展的产业链、实体企业和各种形式的经济合作组织上，加快各村发展对接和产业共振。立足联村产业特色优势、资源优势和党建平台优势，对各村产业发展布局、基础设施和社会事业建设进行统一规划和统筹协调，谋求共同富裕。最后，联村党委是一种典型示范带动的裂变。将各种资源有效地整合到一起，实现产业资源共享，使资源向财源转化，增加村集体和村民收入，形成强村带弱村、富村带贫村的发展局面。联村党建推动了武家嘴村产业共同体的圈层扩大，带动辐射效应。双红村的快速振兴正是这种带动辐射作用的表现。

3. 对乡镇政府调适型组织结构变革的评价

乡镇政府调适型组织结构是乡村互动关系下的组织创新，是对乡镇政府体制化组织结构的一种突破，是党组织在社会治理主体间调适功能的发挥，主要表现为组织方向上调适功能的扩散。通过党建的引领作用，实现了乡镇政府权力空间的纵向延伸和横向扩展，形成了"党建＋村民自治"和联村党建两种边界化调适型组织结构创新，构建了乡镇政府与村委会的良性互动关系。党组织对村委会这种自治组织的调适是一种积极的"正"调适，提升了乡村治理能力，在一定程度上推动了乡村治理体系现代化。在具体实践上，"党建＋"的调适作用表现在乡村治理的方方面面，如"党建＋自治"、"党建＋社会组织"、"党建＋非公"、"党建＋企业"、"党建＋村民"等多种工作机制，最终形成了党建引领下的多元主体参与的乡村治理格局。

调适型组织结构变革模式在形式上表现为乡村行政关系的重组，但其实质上是乡村权力关系的重组，是党建嵌入村民自治的边界化组织结构创新。乡镇党委在调适型组织结构运行中起着"掌舵者"的作用，"以体制性吸纳、党建功能的生活化运作和组织行动的双向嵌入为策略将村庄群众组织纳入基层党建体系，继而构建村庄党建嵌入村民自治的功能实现机制"[①]。这种调适型组织结构要求在权力、资源的优化过程中协调好权、责、事之间的关系，即要求乡村关系纵向维度的权力配置与横向维度的多中心网络相互促进，否则将难以避免

---

① 徐建宇：《村庄党建嵌入村民自治的功能实现机制：一种实践的主张》，《南京农业大学学报》（社会科学版）2018年第5期。

权力膨胀或匮乏所带来的相关负面问题。党组织的政治权力对村委会自治权力的调适需要遵循适度原则,以促进村民自治能力的提升与公共服务改善为基本限定条件。

三 乡镇政府协商型组织结构变革

乡镇政府协商型组织结构是基层协商民主发展的产物,它是协商主体按照一定的协商程序对组织结构要素进行优化组合的形式。由协商程序构成的乡村互动关系成为乡镇政府协商型组织结构生成的基础。在不同的乡村治理场域中,因乡村治理主体的互动关系不同而生成多种协商型组织结构模式。

1. 协商型组织结构理论分析

乡村社会的民主意识勃兴推动了乡村协商民主的发展,进而推动了乡镇政府协商型组织结构的创新。乡村协商民主的协商程序成为乡镇政府协商型组织结构创新的基础性互动规则。协商程序是协商民主有效性的一个基础性环节,是保证协商主体理性的条件,"民主就像一个旋转的陀螺,重要的是旋转的过程。离开了这个旋转的过程,民主政治这个陀螺就会倒下。在这个旋转的过程中程序的作用是至关重要的"①。协商程序理论流派对程序的界定达成了两点一致性共识:一是程序的设置是否可以产生有代表性的代表;二是有代表性的代表是否能够支持哈贝马斯意义上的协商主体间的充分交流和理性运用。因此,要判断协商的有效性,应将程序论和结果论结合起来,具体考察协商的程序和结果两个维度。② 协商民主的协商民主程序是一种正当的、正义的程序,这种程序"是一种整合多元利益并使之合法化的活动过程"③。可见,协商民主是一种更为注重民主的理论与实践,

---

① [德]哈贝马斯:《在事实与规范之间:关于法律和民主法治国的商谈理论》,童世骏译,生活·读书·新知三联书店2003年版,第569页。
② 彭勃、李姚姚:《协商民主有效性的认识路径:基于程序—结果的分析框架》,《社会科学》2014年第10期。
③ 王建华、林丽慧:《协商民主视角下的议事程序》,《社会科学研究》2007年第6期。

体现了罗尔斯"机会的公平平等和纯粹的程序正义"①。而在哈贝马斯看来,程序正义核心在于"民主程序通过运用各种交往形式而在商谈和谈判过程中被建制化"②。可见,协商民主的协商程序是一种正义的和互惠的规范,这对乡镇社会治理中的民主议事程序而言就更是如此,"公民与政府之间就对全社会最为有利的问题进行公开的讨论和协商,并以此作为决策的基础"③。

随着乡村治理的深入推进,协商议题的确立和协商程序有序进行,关键在于有效处理好协商主体之间的互动关系。换言之,形成乡村社区协商的建设模式,关键在于建设主体间的协商和合作行动。乡村社区协商的主体间呈现出的制度化权力安排与互动模式,影响着乡村治理的绩效,成为观测乡镇政府边界化组织结构创新的一个新视角。

2. 乡镇政府协商型组织结构实践模式

乡镇政府协商型组织结构是乡村协商民主发展的一个重要载体,它以乡村公共事务为协商内容,以乡镇各行为主体的良性互动为重要的结构形式,从而与传统的体制化组织结构显著区别开来。在协商型组织结构实践模式中,参与主体主要是村民,协商的内容是基层公共事务。村民可以将自己的利益诉求输入公共议题制定中,权力配置渐趋多元,利益主体的增多拓展了乡镇公共空间,实现了各行为主体间的协调互动。

在乡镇政府协商型组织结构的形成过程中,参与式预算改革起到了重要的驱动作用,它为乡镇政府协商型组织结构创新提供了良好的条件,它是协商民主在预算领域的集中体现,推动协商型组织结构要素的变动。例如:上海惠南镇实施了"代表点菜"参与式预算改革,

---

① [美]约翰·罗尔斯:《正义论》,何怀宏等译,中国社会科学出版社1988年版,第84页。
② [德]哈贝马斯:《在事实与规范之间:关于法律和民主法治国的商谈理论》,童世骏译,生活·读书·新知三联书店2003年版,第377页。
③ 於兴中、葛洪义:《寻求法律与政治的平衡——国际法哲学与社会哲学协会(IVR)第21届世界大会评述》,《中外法学》2003年第6期。

由人大代表根据在预算编制环节等形成的预算项目"菜单",结合民意需求进行"点菜",最终确定入选项目的是人大代表票决出来的实事工程。这种实践模式的最终决议权归由权力机关——人大来决议,是自上而下的征集议题的协商民主程序,因此称为上议式协商组织结构。四川白庙乡推行了"议事会"的参与式预算改革,它改变了以往金字塔式的决策通道,有效缓和了传统预算中政府拍案式决策,以及决策意旨与公民回应相脱节的种种矛盾,由人大代表最终敲定议题,民意十足。这种实践模式的协商程序以共同讨论为特征,因此称为共生式协商组织结构。浙江温岭泽国镇推行了"群众点菜"的参与式预算实验,它通过公众进行点菜,使得公众真实的诉求得以充分地表达,成为积极的公共产品消费者。公众点菜,由群众担当构建议题的主体,实现自下而上的下治式协商结构参与预算,因此将这种组织结构变革称为下治式协商型组织结构。以协商议题提出主体作为划分标准,乡镇政府协商型组织结构模式可以划分为上议式、共生式和下治式三种实践模式(见表5-3)。

表5-3 不同类型的协商型组织结构模式比较

协商议题的提出主体	改革乡镇	组织结构要素变革			组织结构模式创新
		权力	责任	职能	
代表点菜(代表)	上海惠南镇	改变地方权力机关职权的虚置问题	增强了政府工作的透明度,提高了政府工作责任心	促进责任型政府和服务型政府的建设,更好发挥其职能	上议式协商结构
议事会(多主体)	四川白庙乡	让权力在阳光下运行,激活了基层人大的监督职能	将财政工作的责任合理分解到每个具体工作岗位,责任到人,责任到岗	优化公共支出结构,促进基本公共服务均等化;由"政府主导"变为"以民为主",每个过程和环节充分体现群众参与性	共生式协商结构
群众点菜(群众)	浙江温岭泽国镇	重构了乡镇的权力结构,权力主体多元,有效扩大政治参与	建立起一种问责机制,使政府变得更加负责	人大与政府的职权日益明晰,推进乡村政治现代化与提升乡村治理绩效	下治式协商结构

（1）上议式协商结构。上海惠南的民主"点菜"，顾名思义，就是人大代表根据在预算编制环节等形成的预算项目"菜单"，结合民意需求进行"点菜"，最终确定入选项目的是人大代表票决出来的实施工程。之所以称之为上议式协商结构，是由于议题的提出主体最终还是归由权力机关——人大来决议。这种自上而下推进的变革，形式上呈现"有序"状态，借助"偏行政化"力量却又不具备行政力量的强制手段，将基层人大这一体制内公民得以有效参与的权力机关中所蕴含的民主价值有效发挥了出来。上海惠南上议式协商结构见案例5-3。

案例5-3：上海惠南"代表点菜"的上议式协商组织结构

惠南是上海市南汇区的中心镇。自2003年开始，惠南镇每年的实事工程项目摆脱了之前由政府私自决断的情况，转而将权力移交给镇人大，由镇人大代表来选举产生，开启了其公共预算制度的改革。[①] 这项改革成功入围第四届中国地方政府创新奖。具体来说，其大体流程如下：先由人大代表搜集群众信息，然后由政府根据实际情况整理形成项目的明细情况，被称之为"菜单"，再由代表决定实施项目，即"代表点菜"，代表在实施过程中也要把好监督关。这一项目工程被人们形象地称为"实事工程，代表点菜"。上述参与式预算改革推动了惠南镇的权力关系、机构职能和问责机制等方面联动变革。相较于之前惠南镇的预算来说，改变了地方权力机关职权虚置的问题，乡镇权力进行重组，人大的地位和作用逐渐凸显，这是基层公共决策模式的创新，有效地提高了人大依法履职的地位，同时也回应了公众的多方需求，是实现公共服务均等化的有效切入。惠南模式决策过程遵循自下而上的逻辑，预算的各个过程都参考汇聚了多方意见，在众多利益难以协调时，将选择权交给民众，让人大代表"点菜"，使得公共服务最大限度地覆盖民众，公共财政得以合理配置，避免了公共财政的不均衡倾斜。[②]

[①] 周梅燕、何俊志：《乡镇公共预算改革的起步与思考——上海市惠南镇"公共预算制度改革"案例研究》，《人大制度研究》2008年第11期。

[②] 上海市南汇区惠南镇人大：《公共预算制度改革》，中国地方政府创新网，http://www.chinainnovations.org/index.php? m=content&c=index&a=show&catid=187&id=1159。

目前，由于行政体制的惯性，乡镇政权中乡镇政府相较于镇人大的权力虹吸现象在短期内无法发生实质性的改变，只能在现有的框架内，在政府决策方式上做些调适性修改，以改变长期以来乡镇人大在整个人大体制中边缘地位的状态。惠南镇的这一做法是一项实质性的突破，镇人大得到了镇党委、镇政府和广大代表的支持。这项改革是在现有体制框架内进行的调适型改革，增强了政府工作的透明度，提高了政府工作的责任心，促进责任型政府和服务型政府的建设，更好地发挥其职能。

（2）共生式协商结构。四川白庙乡的参与式预算改革，通过议事会来代表民意，监督政府，掌握预算的决议权（见案例5-4）。在这样一种制度创新下，白庙乡参与式预算组织结构过程实质是两个过程的结合：第一个过程发生在民众与议事会之间关系的构建，"民意台"通过民意代表，搜集民众在公共物品提供方面的偏好，将公共公益事业梳理成条，时刻保持与民众的联系，使得自己的提案可以反映民意，将提案交由议事会审查；第二个过程发生在议事会与政府之间，议事会将通过充分论证、审查好的最终提案交付给人大，由人大审议通过。在议事会的参与下，民众意见以一种间接的方式反映到预算的制定安排中。这一议题的提出者是议事会，非权力机关。这一模式找到了体制内较好的接口，即代议机关人大，巧妙地将体制外融合民意的民主议事会与人大制度相联系。其特色就在于上下边界关系的共生，议事会与政府、民众在长期的实践互动中形成相互依存的共生形态，而且这种共生结构是连续永恒的，缺少任意一个过程，这一共生结构都是空谈。

案例5-4：四川白庙的"议事会"共生式协商结构

四川省巴中市巴州区白庙乡位于巴中市巴州区东北边缘，较为闭塞。2010年白庙乡召开了年度财政预算公开及民主议事会，开中西部省区财政预算公开的先河，也为自己赢得了"中国第一个全裸的乡政府"的名号。白庙乡在参与式预算实践中有多个创新，预算的各个步骤环节也都适时地引入了公民参与。其中，最具特色的是在预算编制阶段，白庙乡实际采取"民意台"和"议事会"的方式，引入公民参与。"民意台"，即为收集反映公民诉求和愿望并整理出的一个机构，相应地，"议事会"，就是将"民意台"所收集的信息向上进行汇报交由领导小组办公室讨论。从组织结构看，白庙乡的权力关系、机构职能和问责机制等方面联动变革的变化如下：白庙乡的参与式预算改革对权力进行重新规整，硬化预算约束，选用民主议事会这一居间机构，将体制外的力量逐渐吸纳引入人大制度这一框架内，并相应地进行运行规则的系列整合，使得权力的分配渐趋理性化。这样一来，在各方责任明晰的同时不断加强公众参与力度。民主议事会与乡镇人大相互协调，民主议事会初步确定的项目再经由乡镇人大以及一些专家等的审议，最终确定通过，再由民主议事会与乡镇人大监督。同时，优化公共支出结构，促进公共服务均等化。白庙乡的参与式预算改革通过充分体现民意，将财政资金向民生领域倾斜，关注弱势群体等一些低层级公众的利益诉求，不断满足民众的基本公共服务需求。自始至终实现了"群众的事情群众定"，社会问责机制彰显得淋漓尽致。

这一上下结合的协商型组织结构模式提供了有效的民意表达机制，强调公民参与，注重公民之间的平等协商，政府与公民之间形成间接的对话机制。以议事会来上下传达决定议题的协商型组织结构，虽不能对基层政治结构产生颠覆性变革，但是它以民主的决策机制间接改变了政治意蕴，促进了乡村治理中的政府与村民良性互动。

（3）下治式协商结构。泽国镇实验通过公众进行"点菜"，使得公众真实的诉求得以充分地表达，成为积极的公共产品消费者。"公众点菜"，由群众担当构建议题的主体，实现自下而上的下治式协商结构参与预算。在大会召开前，向随机抽选的民意代表送达项目说明材料，使代表们可以较好地理解和把握项目材料介绍。在大会召开时，由民意代表以小组讨论的形式抉择最关注的问题，专家和政府等只能进行答疑和适当引导，项目的选择全程由民众自己做主，选出来的议案充分反映民意。用细节来打造"真民主"，做到了审慎思考、理性选择。可以说是真正意义上的自下而上的参与式预算改革（见案例5-5）。

案例5-5：泽国镇实验改革的"群众点菜"下治式协商结构

泽国镇位于甬台温经济区"台州金三角"腹地，近几年来随着高速的经济发展，人们的参政议政热情越来越高涨，不断要求扩大参与知情权。温岭市首创的民主恳谈在泽国镇的一级预算改革自2000年开展以来有声有色。其基本流程为预算编制时通过民主恳谈的项目介绍，大会中的人大代表与专家审议，会后的监督。在技能方法上进行创新，即代表选择的随机抽样性，而这一特色随着时间也在不断进步与发展，同时，中立主持人制度以及在项目确定中的二次调查问卷的设计，使得协商的韵味越来越浓厚。其最大的特色之处就在于政府确定入选可参考项目后，由公众最终抉择要实施的项目，群众称为议题确定的决议者。就泽国镇的权力、职能、责任等组织结构要素而言，在民意代表选取上可谓不断进行尝试，力求体现各个阶层利益。代表结构也在不断完善，从随机抽样到分层抽样，从按照户籍抽样到建立智库进行抽样，形成一个选民、专家、精英与人大代表等多方结合的代表群体，① 力求实现决策的民主化与科学化的均衡。同时设计精良的调查问卷也使得政府能够对某一项目的合理选择进行定量分析，为公众对于预算的监督变得可操作提供了监督权的保障。这些创举在发挥政府更好提供公共服务职能的基础上都使得政治参与有序化和大众化，权力场域中的主体多元化，权力结构也更加扁平化。同时，不断进行利益的整合，真正有效发挥政府的职能。公众与政府之间的沟通更加顺畅，就公共服务相关决策的协调力度加大，政府实现"为民做主"到"由民做主"的本质性角色回归，落实了政府的问责机制，更好地为公众提供服务。

---

① 徐枫：《公民参与公共预算的新技能与新策略——来自浙江省温岭市泽国镇参与式预算民主恳谈的案例研究》，《财政监督》2014年第31期。

在泽国实验改革中,人大作为权力机构真正落实其责任和职权,将其角色和功能演绎到位,为民主政治的发展提供了一个坚定有力的制度平台。民意代表与人大代表对于项目的选择及评议,促进了乡村权力结构的优化,重构了乡镇的权力结构。权力主体多元,有效扩大政治参与,建立起一种问责机制,使政府变得更加负责。同时,人大与政府的职权日益明晰,推进了乡村政治现代化与提升乡村治理绩效。

3. 对乡镇政府协商型组织结构模式的评价

从理论发展和实践改革看,组织边界是组织"潜结构"要素流动最为活跃的一个地带,是激发组织创新的前沿领域。乡镇边界化组织结构创新主要从边界共生处突显边界创新的潜力,因此,乡镇政府三种协商型组织结构共同的发展趋势都是迈向共生式协商结构。参与式预算改革为乡镇政府协商型组织结构提供了一个富有活力的创新场域,它不仅有效地吸纳了村民参与预算,而且以一种协商式、互惠共生式的模式,促进了县乡、乡村组织结构要素合理流动和相互结合。从组织程度来看,县、乡、村三者的共生模式是一种一体化的共生形式,上至县级政府,下至村级民众,长期在预算互动实践中相互协商、联系、相互依存,预算链中缺少任意一方,都无法有效推进,共生度和关联度较强。乡镇协商式组织结构变革促进了乡镇权力、机构、职能、责任等多方结构性要素的整合,实现了协商式治理与乡村公共秩序的重构。这种协商型结构蕴含着分权、协商等民主要素,并将这些要素融入财政资源的分配过程中。突破了之前在行政主导下自上而下的资源分配方式,并且以组织运行系统的血液——预算为切入口,实现了乡镇政府层面与村民自治层面在权力边界上合理界定与重新配置,[①] 从而将乡镇治理的体制化组织结构拓展到边界化组织结构的创新,实现乡村权力关系的重组,推进了基层民主的发展。

---

① 陈治:《论我国乡村治理中的参与式预算》,《东北师大学报》(哲学社会科学版)2014年第4期。

首先,协商型组织结构创新实质是乡村治理中权力关系重组。乡镇参与式预算改革的过程也是预算权力的重新分配过程。有了民众的参与,预算领域的力量格局发生了变化,民众间接成为政府预算控制的主体。改革中政府与民众角色得以微妙转变:一是民众角色的转换。参与式预算改革通过其独有的制度设计,不管是"代表点菜"、"群众点菜"还是"多主体点菜",都是在汇集民意的基础上充分整合民意,将民众参与引入到预算决议中来,通过民众监督,实现了预算信息全程公开透明。二是政府角色的转换。参与式预算改革建立了政府与民众协商沟通的有效渠道,建立了一种由群众参与决策的规范程序,协商机制引入,政府的"权力"角色弱化。政府与民众关系的变化,促进了乡镇一级权力结构的变化,人大对预算的审议权、监督权等重大事项决定权得以回归。协商民主理论奠基人哈贝马斯认为,"社会公众的语言交往构成了一个遍布四方的、由灵敏的传感器或监视器构成网络,他们能够及时对社会的各种问题和困难形成的态势和压力作出反映,并且能激发具有影响力的意见"[1],因此,话语协商的模式会自然而然地强化监督作用,人大在乡镇政治中的地位会越来越突显。乡镇政府协商型组织结构有效地将基层人大与村民自治进行衔接,政府也参与其中,拓宽了民众参与预算的渠道。权力内容和运作机制的变化形成层级间活跃的新的组织活力。在对权力进行重组的主导下,政府职能也在渐渐发生实质性的变化,优化公共支出结构,实现了对乡镇现有人力、物力、财力等社会资源结构与流向的合理配置,关注公共服务需求,供给机构渐趋合理,促进基本公共服务均等化;由"政府主导"变为"以民为主",每个过程和环节充分体现群众参与性。在权力关系的重组和机构职能配置的更新下,群众参与预算在基层治理中建立起一种社会问责机制,公共责任得以确认,实现了对政府行为更好的监督,这使得政府更加负责。在问责的制度设计下,公共利益得以有效落实,公民的公共精神也得以养成,一系列机构与规则程序的设置外显形式是结构的调整,实现了权力流动和

---

[1] [德]哈贝马斯:《包容他者》,曹卫东译,上海人民出版社2002年版,第79页。

权力关系的重组。

其次,乡镇政府协商型组织结构是基层民主增量改革的一种组织设计,它在官民之间形成了一种便捷、有效的协商对话机制。这个对话机制使得广大村民有机会参与到乡村治理的决策议题,成为公民实现自我治理的一条有效途径。在操作层面,公民通过自身的参与,使政府财政预算不会过分地向部分利益群体倾斜,而是更多地投入到与公民切身相关的公共服务建设中来。对话机制的构建使得政府通过人大代表和民意代表了解民意动向,公众对政府的满意度与信任度渐渐提高,形成良性互动。议事会中民意代表的选择是随机的、有代表性的、公平的,参与主体较为广泛,而参与机制的严密性又确保了公民可以有序地参与,有效避免了选举民主带来的一些弊端,如精英政治等,同时也实现了选举民主与协商民众的共生发展,开拓了乡村民主发展新空间,推动乡村政治现代化。① 总之,通过参与式预算改革,实现了乡镇政府协商型组织结构创新,控制好了政府的"钱袋子",为多元社会的冲突提供了良好的解决途径,从而促进了乡村社会协商民主的发展。

第三节　合作与共生:网络关系优化下乡镇政府组织结构变革

乡镇政府边界化组织结构变革的网络关系主要有合作网络与共生网络两种,以此为基础,形成了合作型和共生型两种基本的边界化组织结构类型。

一　乡村治理的网络关系理论分析

网络关系(network relationship)是社会网络理论的一个重要内容,它是关系网络的一个重要测度工具。关系网络是社会资本的一个

---

① 潘荣江、陈朋:《选举民主与协商民主共生发展:乡村的实践与价值——浙江泽国镇的案例启示》,《中国特色社会主义研究》2009年第4期。

重要构成要素,正如布迪厄认为:社会资本"是指某个个人或者群体,凭借拥有一个比较稳定,又在一定程度上制度化的相互交往,彼此熟悉的关系网络"①。林南指出,关系网络是"互动和同质交往中的一种社会资本"②。科尔曼进一步指出,社会关系网络是一种极其有效的社会资本。③ 作为一种社会资本,关系网络可以作为一种组织开发和创新的工具,"社会资本的观点不但承认了关系网络的'先赋性'的存在价值,而且指出了其'可开发性'和'可利用性'"④。可见,关系网络在社会治理中发挥着重要作用。关系网络的测度主要是通过网络关系强度这一个工具。网络关系可以区分为弱连接和强连接两种基本类型。⑤ 这种强弱关系一般称为网络关系强度。网络关系强度对组织创新具有重要的作用。有研究发现,网络关系强度与企业组织中的技术创新模式之间具有耦合性:弱关系可以通过低成本和低信息冗余度等要素提供丰富的异质性信息而产生探索式创新;强关系则可以通过企业组织间的信任传递复杂知识而产生利用式创新。⑥ 也有研究发现,网络关系强度可以通过全面质量管理的中介作用触发组织学习而推动组织创新。⑦

近年来,一些学者开始运用网络关系及其强度来探讨乡镇治理与组织结构创新的问题。例如,有学者指出,以与关系网络有关的契约、产权等"普遍信任"作为支柱,可以促进中国乡村社会的合作

---

① [法]皮埃尔·布迪厄:《实践与反思:反思社会学引论》,李猛译,中央编译出版社1998年版,第162页。
② [美]林南:《社会资本——关于社会结构与行动的理论》,张磊译,上海人民出版社2005年版,第37页。
③ [美]詹姆斯·S.科尔曼:《社会理论的基础》,邓方译,社会科学文献出版社1999年版,第355页。
④ 张继焦:《关系网络:少数民族迁移者城市就职中的社会资本》,《云南社会科学》2006年第1期。
⑤ Granovetter M. S. , "The Strength of Weak Tie", *American Journal of Sociology*, 1973 (78):1360–1380.
⑥ 蔡宁等:《网络关系强度与企业技术创新模式的耦合性及其协同演化》,《中国工业经济》2008年第4期。
⑦ 史丽萍等:《网络关系强度、全面质量管理实践与组织学习关系研究》,《管理评论》2014年第5期。

经济组织向着更大规模和更大地域空间的方向扩展。①也有学者从乡村政治生态系统中的内部政治生态群体和外部多元治理主体之间的关系网络出发，通过合理配置和调节内部主体和外部主体之间的信息、资源和利益，构建一个乡镇基层政权政治生态关系网络重塑与优化路径，即"理顺以乡镇基层政权为核心的乡镇党委、乡镇人大、乡镇人民政府之间的关系，合理控制数量，增强民意基础，正确处理党政关系，构建党委领导、人大监督、政府执行的分工负责、运转协调、廉洁高效的新型乡村政治生态关系网络"②。在吸纳已有研究成果的基础上，充分考虑我国乡镇治理的政策驱动和社会选择因素，本书重点分析乡镇社会治理复杂性条件下网络关系优化形成的合作型组织结构和共生型组织结构两种乡镇政府边界化组织结构模式。其中，合作型组织结构以较低层次的网络关系强度为基础，共生型组织结构则以较高层次的网络关系强度为基础。

二 乡镇政府合作型组织结构变革

合作网络具有多个理论基础，当代前沿的整体政府理论、网络化治理理论、协作性公共管理理论、多中心治理理论、公私合作伙伴关系理论等都把它作为公共治理与组织创新的一种重要工具。孙迎春把整体政府理论的合作网络总结为一个"集成统一的服务网络"，它是实践者之间协作的主要手段，是"在一个高度协调、网络化或整合系统中，所有的实际工作者都会在考虑用户需求的同时，按照团队成员行事，而不是捋着跨组织咨询链按时间顺序行事"③。美国学者戈德史密斯等将合作网络界定为一种全新的通过公私部门合作，非营利组织、营利公司等广泛参与提供公共服务的治

---

① 赵泉民、李怡：《关系网络与中国乡村社会的合作经济》，《农业经济问题》2007年第8期。
② 王中华：《论乡镇基层政权政治生态关系网络的重塑与优化》，《佳木斯大学社会科学学报》2014年第1期。
③ 孙迎春：《发达国家整体政府跨部门协同机制研究》，国家行政学院出版社2014年版，第222页。

理模式。① 协作性公共管理理论认为，合作网络是政府与非政府部门之间为了追求有益的工作而反对有害目标的共同行为，是"通过伙伴关系、网络、契约关系、结盟、委员会、联盟、公会、理事会、公共机构和私人机构的管理者代表其组织共同制定战略、提供物品和服务"②。多中心理论、公私合作伙伴关系理论都强调合作网络是政府部门、非营利部门、私人部门，以及民众多个主体之间共同提供公共服务或进行公共事务治理的工具。

在西方语境的合作网络中，政府与其他主体之间的关系是独立和平等的，是一种"多中心结构"，但在中国的实践中，政府在合作网络中发挥着核心作用。有学者通过对长三角区域技术转移合作网络治理机制的实证研究发现，"在治理网络中，政府可以作为网络的核心，并引导着合作网络的顺利运行并最终实现合作目标"③。可见，在中国的实践案例，合作网络可以成为政府组织进行边界化结构创新的工具。在乡镇社会治理的实践中，合作型组织结构创新主要见于政府购买服务、多主体合作提供公共服务的实践中。

咸安乡镇"以钱养事"公共服务改革就较好地体现了乡镇政府合作型组织结构创新，它通过乡镇政府与乡村社会组织、经济组织构成的合作伙伴结构提供服务（见案例 5-6）。

案例 5-6：咸安乡镇"以钱养事"公共服务改革合作型组织结构创新

咸安政改的又一重头戏是"以钱养事"，这是承接"站所转制"后的另一项改革。撤销一些乡镇后，一些为农村公益事业服务的乡镇一起也被重组了，导致短时期内农村公益事业处于空白。同时，在建

---

① [美] 斯蒂芬·戈德史密斯、威廉·D. 埃格斯：《网络化治理：公共部门的新形态》，孙迎春译，北京大学出版社 2008 年版，第 6 页。
② [美] 罗伯特·阿格拉诺夫、迈克尔·麦圭尔：《协作性公共管理：地方政府新战略》，李玲玲等译，北京大学出版社 2007 年版，第 2—3 页。
③ 冯锋等：《长三角区域技术转移合作网络治理机制研究》，《科学学与科学技术管理》2011 年第 2 期。

立"以钱养事"机制之前，咸安区的各站所主要是"以钱养人"，即按照站所人头发放工资，干多干少一个样，也没有相应的绩效评估来对这些站所的工作实绩进行考核。产生的问题就是财政负担大，农村公共事业发展不起来，同时，政府形象在人们心中不断在打折扣，处于一潭死水的境地。在站所改制后，为应对这一现状，咸安区探索出一条新思路，即"政府承担、公开招标、合同管理、以钱养事"的新型农村公共服务机制。① 在具体操作中，"以钱养事"这一公共服务运作体系可以概括为"项目量化、公开招标、合同管理、农民签单、政府买单"。具体如下："项目量化"指的是以"事"来划分，以服务的种类、性质、开支数额、目标以及责任等，将不同的公益服务事业采取不同的量化方法；然后就是"公开招标"，公益事业进行定位以后，政府面向社会进行公开招标；接下来的一步就是"合同管理"，乡政府同中标的经济实体签订合同确保后续工作的顺利展开；"农民签单"实际上类似一种绩效考核与民主测评，就是通过让农民签字来保证服务到位；"政府买单"是最后程序，政府经考核通过经农民签字的单后根据合同来支付相应报酬。②

在这一机制中，"项目量化"等真正根据农村发展需要立项，"合同管理"则确保项目在实施过程中能够精细化管理，同时，"农民签单"则通过建立严格的考评体系，使得招标单位与人员获得符合其工作绩效的报酬。整个流程贯彻的思想都是"为民服务"。在一定程度上实现了乡镇政府的职能转变，通过建立"花钱买服务，养事不养人"的服务机制，使得政府将行政职能、公益性事业和经营性服务分开，分类管理确保其科学性。同时，也提高了公共服务的质量，保证了农民真正的需求。③

---

① 吴理财：《改革与重建——中国乡镇制度研究》，高等教育出版社2009年版，第92页。

② 袁方成、汪志强：《"以钱养事"：农村公共服务的创新机制——湖北咸安乡镇站所改革经验探索》，《长江论坛》2006年第6期。

③ 吴理财、张良：《"以钱养事"何去何从？——基于湖北省咸安区乡镇事业单位改革的调查与思考》，《决策咨询通讯》2009年第1期。

乡镇政府与乡村社会组织、经济组织构成合作伙伴提供公共服务是咸安"以钱养事"公共服务的一个特色,具体表现为:乡镇政府通过公开招标、购买、委托、合作等市场化运作方式将公共服务发包给社会组织或市场组织,乡镇政府为公共服务的财政资金"买单",社会组织或经济组织进行服务供给,并通过签订明晰的合同构建一种乡镇政府与乡村社会组织或市场组织合作性供给公共服务的合作型组织结构。

以购买服务为内容形成的合作型组织结构建立的基础是购买契约关系,它以政府购买公共服务为生成土壤。政府购买服务形式上是签订购买合同,实施的是一种合同制项目,实质上签订的是一份购买服务契约,是一种契约制管理。在经济理论中有两种基本的契约关系:现货市场契约(spot market contract)和关系契约,前者是一种硬性契约(inflexible contract),它将订约者履行过程中的行为的不确定性降至最低限度,后者则只是确定订约各方当事人之间关系框架的协议。政府购买的合同制是一种关系契约,通过清晰界定购买服务合同双方当事人各自的预期目标,以及双方的任务,通过建立恰当的激励机制,并把合同双方的履约义务有机地结合起来,从而消除公共部门中许多无效率的因素。在购买服务的签约过程中,充分考虑有关的成本和收益,并详细地反映在合同之中。这样,合同制作为主要的协调机制能够有效地提高效率,克服机会主义行为等问题。合同制已成为新公共管理理论的一个治理工具,表现为委托人与代理人之间的契约,是一种建立在互惠规范基础上的契约关系,即"作为委托人的政府和作为代理人的部门领导或者公共公司的经理之间的关系合同与经理人之间的现货市场合同的结合体。正是这两种契约的结合会产生良好的效果,能够达成提高配置效率,减少技术无效率,消除浪费或X-无效率的合同"[①]。此外,购买契约对于政府(购买方)、社会组织(承

---

① [美]简·莱恩:《新公共管理》,赵根成译,中国青年出版社2004年版,第220—223页。

接者）和作为服务对象的村民来说都具有互惠关系，但对于未能承接的社会组织和未被服务的广大村民来说也具有间接互惠的关系，它可以增强多主体的共同合作可能性，政府购买服务的成功和示范效应，可以导致"行为人可以用声誉来确定与谁合作，甚至是和谁进行社会困境的博弈"①。

建立在合同制基础上的政府购买公共服务的购买契约已成为乡镇政府合作型组织结构创新的治理工具。我国乡镇政府在购买服务的实践中逐渐克服了组织结构的"行政化"依附关系、政府购买运作资源中的"不确定性"供给、购买和承接服务主体关系的"契约性"流失问题，开始"迈向'契约化'的政社合作"。②购买契约是以契约的方式促进公私合作，体现了主体的独立性和程序的公平性，形成了一种政府与社会组织在购买服务中通过契约关系实现合作的组织结构，③购买契约通过互惠关系再造催生了乡镇政府合作型组织结构的创新。

与购买服务形成的合作型组织结构有所不同，江苏吴江震泽镇综合执法合作型组织结构模式则是以乡镇政府的执法机构牵头，协同相关执法主体，提供网格化管理的合作性服务（见案例5-7）。

案例5-7：江苏吴江震泽镇综合执法合作型组织结构模式

震泽镇是位于吴江区西部的一个特色古镇，该镇2015年4月被列入国家建制镇示范试点地区，2016年10月被住房城乡建设部列入第一批中国特色小镇名单。震泽镇在综合执法服务中因地制宜，成立了镇委政法委员会和综治办，并联合多方治理主体合作执法，创新执法服务。

---

① ［美］艾米·R. 波蒂特等：《共同合作：集体行为、公共资源与实践中的多元方法》，路蒙佳译，中国人民大学出版社2011年版，第169页。
② 彭少峰、张昱：《迈向"契约化"的政社合作》，《内蒙古社会科学》（汉文版）2014年第1期。
③ 乐园：《公共服务购买：政府与民间组织的契约合作模式》，《中国非营利组织评论》2008年第1期。

震泽镇综合执法服务的合作型组织结构主要表现为三大执法主体合作①：一是公众与政府合作。早在2012年8月，该镇就成立了吴江市首个特约调节联合会，由公众组成4支特约调解员组成的专业队伍："说法队伍"（法律工作者组成）、"说情队伍"（新市民代表组成）、"说理队伍"（退休老干部组成）和"说德队伍"行业协会会员组成。通过这4支队伍，形成乡镇政府与民众的良性互动合作关系。二是多方主体合作。震泽镇委政法委员会由15家单位组成，包括公检法司、社联、法庭、交警支队、查处中队等8家成员单位和环保、民政、劳动保障、城管、城建等7家联动单位。通过该委员会统一全镇政法和综治各部门的思想和行动，支持、督促政法各部门依法行使职能，指导、协调政法各部门在依法相互制约的同时密切配合，督促、推动大要案件的查处工作，研究、协调有争议的重大、疑难案件。三是法治合作机制。该镇创建了庭所共建机制，由法庭、派出所和司法所共同出面解决各种纠纷。震泽依托"两所一庭"联调中心建立了社会矛盾化解新机制，充分发挥派出所、司法所、法庭在乡村社会综合治理中的作用，为群众提供高效、优质、快捷的法律服务。②

通过综合执法合作，震泽镇形成了一种社会综治网格化管理模式。通过狠抓人民调解委员会规范化建设，整合了社会资源和完善了大调解机制，形成了多个治理主体合作的执法服务组织结构③：一是成立"庭所共建"，深化"诉调"对接；二是成立"两所一庭"联调中心，深化"公调"对接；三是成立"特约调解员协会"，深化人民调解机制；四是党委政府支持，"两代表一委员"参与调解。三年来，全镇共调处各类矛盾纠纷3591起，成功率99%，无群体性上访、

---

① 吴茜、梁君丽：《论合作型乡镇政府农村公共服务供给模式——基于江苏S镇社会管理创新考察》，《宁夏党校学报》2016年第4期。
② 震泽综治办：《震泽依托"两所一庭"联调中心建立社会矛盾化解新机制》，震泽镇执法网，http://www.wjzfw.gov.cn/ldwz/zzzzfw/jcjy/201203/t20120327_832057.shtml。
③ 震泽综治办：《震泽镇人民调委会荣获"江苏省人民调解委员会规范化建设示范点"称号》，震泽镇执法网，http://www.wjzfw.gov.cn/ldwz/zzzzfw/tszs/201612/t20161206_1907472.shtml。

民转刑案件的发生。

由乡镇政府的服务机构牵头，协同多方治理主体形成的合作型组织结构可以有效地破解传统组织结构由政府单一主体提供服务而出现"政府失灵"的困境。这既可以增强乡镇政府在社会治理中的权威作用，实现政府治理和居民自治良性互动，也可以调动多元主体参与服务提供的积极性和自主性，从而打造一种共建共治共享的乡村社会治理格局。

三 乡镇政府共生型组织结构变革

共生（symbiosis）是一个生物学概念，是多种生物在共生的环境中进行物质交换、能量传递和共同生存。共生概念在生物学和生态学流行后，被移植到社会科学研究中来，形成了共生理论，被广泛地用于解释产业合作、产业集群、区域协调发展、城市群构建等问题。例如，有学者基于共生理论对一种"企业抱团迁移"的现象进行分析，研究了产业集群式转移一般演进过程的 DISN 模型及其演进机理，即产业转移经过"点共生"、"线共生"、"面共生"、"网络共生"四个阶段。[1] 也有学者基于长三角的案例分析，认为共生是一种新型区域关系模式，成为影响多中心区域协同发展能力、潜力、能力、软实力和综合竞争力的重要因素，从而构建了一个包括体制一体化、研发一体化、产业组合式集群化和社会共生多元化的区域多中心共生结构模式。[2] 共生成为观测组织间网络关系紧密度的一个基本维度，成为企业组织结构创新的一种组织生态研究视角。

近年来，一些学者开始把共生理念引入公共治理研究，探讨乡村治理的具体问题。例如，有学者基于浙江泽国镇的实证案例，分析了选举民主和协商民主共生式发展的实践和价值，认为这种共生式发展

---

[1] 刘友金、袁祖凤、周静、姜江：《共生理论视角下产业集群式转移演进过程机理研究》，《中国软科学》2012 年第 8 期。
[2] 朱俊成、宋成舜、张敏、黄莉敏、汤进华：《长三角地区多中心共生机理、结构与模式研究》，《经济体制改革》2011 年第 3 期。

不仅可以开拓乡村民主发展的新空间、促进乡村权力结构的优化，还可以提升乡村治理的绩效、推动乡村政治现代化。① 也有学者从中国乡村治理模式嬗变的视角探讨了农村社区建设与村民自治共生，并提出乡村治理要走内源式发展道路。② 还有学者从现存内生资本积累形态的视角探讨了乡村治理中的"内生式积累"的关系结构、策略机制和社会功能。③ 不过，乡村治理共生模式的研究才刚刚起步，还缺乏系统的实践梳理和理论总结，乡镇政府共生型组织结构创新主要生成于农村社区化管理和基层民主发展下的村民自治实践活动中。浙江镇海农村社区化管理中的共生型组织结构实践见案例5-8。

案例5-8：浙江镇海农村社区化管理中的共生型组织结构实践

早在2006年，浙江镇海就开始探索农村社区化管理，2007年被列入了民政部全国社区建设实验区的名单。在10多年的农村社区管理实践中，形成了三种社区建设模式：1000人以上的村人口实行"一村一社区"模式；规模较小且人口居住密度较大的村实行"多村一社区模式"；地域范围较大且自然村较多的村实行"一村多点"模式。这些农村社区化管理模式共同地探索了一种乡镇政府共生型组织结构，较好地实现了乡镇政府与传统的乡村集体组织和新型的基层组织之间关系的再造。

镇海农村社区化管理把构建共生型组织结构作为工作的重点。首先，区、镇、村三级联动，共同投入资金，建立了包括"三站六室两厅两栏两中心"的村便民服务中心，集便民服务、干部办公、党员活动多种功能于一体。其次，新成立了4个村社区化管理新型组织，形成组织间合作共生网络。镇海以村党组为核心，新成立了和谐共建理

---

① 潘荣江、陈朋：《选举民主与协商民主共生发展：乡村的实践与价值——浙江泽国镇的案例启示》，《中国特色社会主义研究》2009年第4期。
② 何平：《中国乡村治理模式的嬗变：农村社区建设与村民自治的共生共建》，《宁波经济》2011年第10期。
③ 张明皓、万文凯：《"共生式积累"：乡村内生资本积累形态研究——以豫南李村"小大户"土地经营实践为例》，《现代经济探讨》2017年第3期。

事会、社区工作站、"新＊＊人"党支部和"外来务工人员"服务站等4个补充性组织。① 这样,既增强了传统的基层组织(如村党支部、村委会、村经济合作组织)的吸引力和凝聚力,也能够实现4个组织间的资源的合理流动和配置。再次,建立了区、镇(街道)两级联动下圈层共生农村社区组织体系。镇海将区、镇(街道)的政府职能实行下移,建立村级社区工作站,实行镇(街道)负责的工作考核机制。形成了以党组织(党委、党总支部、党支部)为核心、各类融合性组织(社区工作站、和谐共建理事会等)为补充的圈层共生组织体系。② 最后,形成了多部门协调机制的组织保障。区、镇(街道)两级联动,将农村社区建设列入党委、政府的年度工作计划之中,统一部署,精心安排,明确当年农村社区建设工作方向目标、重点任务、具体措施,形成了"党委领导、政府负责、民政牵头、部门配合、村民主体、社会参与"的农村社区建设工作体制。③

国家制度供给是农村社区管理中共生型组织结构形成的前提条件,乡镇政府只有为农村社区建设提供政策指导和方向支持,逐步完善和健全制度体系,扫除制度和体制障碍,推动各方力量参与社区建设,充分发挥农民群众的主体作用,才能使政府与社会组织、农民等治理主体良性互动,共生共治。④ 镇海农村社区化管理的基本经验有如下几点:一是在纵向上建立了治理层级的联动共生关系。通过"三站六室两厅两栏两中心"的村便民服务中心等结构的建立,形成了一种区、镇、村三级联动关系。二是在横向上构建了一个圈层化的社区治理共性型组织体系。这个圈层的核心村党组,其外圈

---

① 陈世伟:《地权变动与村治转型——浙江省宁波市镇海区农村社区化管理的调查与思考》,《湖北行政学院学报》2011年第4期。
② 陈世伟、尤琳:《封闭抑或开放:农村社区化管理中新旧组织的冲突与共生——基于浙江镇海乡村社区的实证考察》,《湖北行政学院学报》2012年第3期。
③ 穆晓利:《宁波·镇海:"全域城市化"的农村社区发展实践》,《社区》2011年第21期。
④ 祁勇、赵德兴:《中国乡村治理模式研究》,山东人民出版社2014年版,第141—142页。

是村民委员会和经济合作社,然后再成立和谐共建理事会、社区工作站等4个村社区化管理新型组织,形成社区治理组织的外圈层。这样"三圈联动",新旧组织和谐共生,多部门协调,推动政府的行政管理与社区的自我管理有机衔接,良性发展。三是社区治理事项共同协商与监督。在重大事项上,和谐共建理事会中的村班子主要领导,驻地部、省属大工程单位,以及有威信的村民代表、外来务工人员代表等社区管理主体相互监督、协商共治。共生型组织结构的建构推动了农村社区治理迈向管理有序、服务完善、和谐共处的居民美好生活共同体。

除了农村社区化管理实践,基层民主发展下的村民自治也是孕育共生型组织结构的土壤。在政府的"培育引导"和村民的"自我管理"过程中,乡村自治往往会出现政府指导的农村微观基层治理组织再造,形成多主体共治的格局。河南省中牟县白沙镇村治中就形成了一种典型的共生型组织结构(见案例5-9)。

案例5-9:河南省中牟县白沙镇村治中的共生型组织结构实践[①]

白沙镇位于中牟县西部,辖23个行政村,159个村民组,人口4.6万,先后获得河南省社会治安综合治理先进单位、河南省农村基层党风廉政建设示范乡镇等荣誉称号,成为内地乡镇改革开放的典范。该镇通过实施以家庭联户代表制度为内容的村民自治,形成了乡镇治理主体间良性互动、互惠共生的组织结构。

白沙镇从2004年开始家庭联户代表制度试点,成立了联户代表制度办公室,具体指导联户代表制度的推行,并由党委副书记主抓此项工作。2006年之后在全镇铺开,23个行政村共选出家庭代表10866人,联户代表1062人,村务监督员107人。2007年6月6日,在镇政府所在地白沙村进行了第一次联户代表全体会议试点。随后,于6月下旬相继在后潘庄、大雍、杜桥、大有庄、冉庄5个村开展了

---

① 数据资料来源于中共白沙镇党委和白沙镇人民政府的"白沙镇推行家庭联户代表制度的情况汇报"。

第二批试点，均取得了圆满成功。其间，白沙镇党委、政府派出班子成员和包村干部亲临各村会场进行指导，及时总结了两批试点的经验，查找工作中存在的问题，提出完善措施，7月中旬开始，联户代表全体会议在全镇其余各村全面推开。全镇所有行政村都严格按照规定，坚持每月召开一次联户代表会议，并将其作为年度目标考核的主要内容，工作区长及挂村镇领导必须参加分包村的联户代表会议。

家庭联户代表制度是一种新型的致力于实现农村民主管理、村民自治的组织体系。这一组织体系可以概括为"明确三个身份、组建三项制度，强化一个农民培训"。从最基本的家庭开始，通过选举家庭代表、联户代表，组成组委会、监委会、村民代表大会，建立了"家庭联户代表三会制"这一制度架构，形成了村支部领导决策、村委会执行落实、监委会负责监督，相互制衡、相互监督、相互支持的工作体制。同时形成了镇—村—组—联户代表—家庭代表的联动和"无断层"管理体制，创新了基层社会管理的形式。白沙镇还依托家庭联户代表制度，创新农村社会管理的多种有效形式，例如：建立了组委会集体把关印章制度；建立了化解社会矛盾的社会法庭；建立了"村治在线——村庄治理网络服务与管理系统"网络平台；成立联村党委，建立基层党组织"合纵连横"的新机制。

白沙镇以家庭联户代表制为内容的村治实践是从解决农民组织化程度低等问题出发，进行政府培育社会和农村微观组织再造，形成了乡村治理多元主体生态"互构"结构的过程，这一过程体现组织结构创新的三个特色[①]：一是从个人到家庭的行动单元转换。实践经验表明，只有家庭及家庭以上的小群体才能构成乡村治理的社会行动主体。联户代表和组织农民进行培训赋予家庭基本行动单元和治理主体的地位，使家庭成为乡村治理内生秩序与外生秩序互动融合的一个重要节点。二是实现了农民的联合和分层行动。联户代表制通过家庭联

[①] 宁华宗：《共生的秩序：当代中国乡村治理的生态与路径》，博士学位论文，华中师范大学，2014年，第101—106页。

合的方式对原子化的农民进行重新组织，形成了"家庭代表—联户代表—监委会成员"和"村民—村民小组—联户代表会—村干部"的治理主体分层，联合农民进行分层行动，整合利益需求，使农村资源得到优化配置，最大限度地激发了农民参与乡村治理的内在动力。三是推动了治理主体从一元到多元的良性互构。首先，乡镇政府做到了"构人自构"，明确自己在乡村治理中的领导和监管职能定位，推动乡村民主制度的制度建设。其次，政府通过"构他"，培育乡村治理的多元化主体，如社会主体、市场主体，以及农民个体参与治理的能力。在"自构"与"沟通"相互结构中推进了乡村治理多元主体的"互构"和共生。

　　家庭联户代表制下乡村治理从政府主体一元主导到多元主体共生的发展路径，较好地体现了从"寄生条件下的点共生模式"演变成为"对称互惠共生条件下的一体共生模式"，其共生主体之间产生新能量并相互进行合理流动和分配，形成了互惠共生的双向利益交流机制。① 在白沙镇共生型组织结构形成过程中，乡镇党委政府一直起着核心的领导和指导作用，根据不同阶段的实际情况，先后制定了《中共白沙镇委员会关于试行农户法人代表制度一些规定和意见》《中共白沙镇委员会、白沙镇人民政府关于印发〈白沙镇推荐家庭法人联户代表的实施方案〉的通知》《中共白沙镇委员会、白沙镇人民政府关于规范联户代表会议的通知》《中共白沙镇委员会、白沙镇人民政府关于印发〈关于完善家庭联户代表制度的补充规定〉的通知》《中共白沙镇委员会、白沙镇人民政府关于印发〈家庭代表、联户代表、村民监督员管理办法〉的通知》等指导性文件，此后，白沙镇成立了联户代表制度办公室，具体指导联户代表制度的推行，并由党委副书记主抓此项工作。在联户代表会议年度目标考核阶段，工作区长及挂村镇领导也必须参加分包村的联户代表会议。总之，白沙镇共生型组织结构的形成离不开镇政府制定的民主治理运行的规则体系和对农民

---

① 李刚、周加来：《共生理论视角下的区域合作研究——以成渝综合试验区为例》，《兰州商学院学报》2008年第3期。

素养持续的培训，多元治理主体共生背后"看得见的手"是乡镇的管理和督导。①"强政府"对"强公民"治理主体的自治能力和公共精神的培养，开启了多元主体共生生态的乡村治理模式。

第四节 乡镇政府边界化组织结构变革的生成机理

乡镇政府边界化组织结构变革的生成机理就是在"互动关系"和"网络关系"两个组织结构要素轴中诸多结构性要素互动与共生的框架下，通过政策驱动和社会选择促使社会资本要素生长，并使这些要素转化为组织结构创新要素，形成新的组织结构模式，从而提升公共服务品质。这一变革过程在本质上就是通过乡镇政府边界化组织结构变革复杂适应乡镇社会治理复杂性需求。

一 政策驱动与社会选择：社会资本要素生长

社会资本要素的生长是乡镇政府边界化组织结构变革的起点。如上文所述，主要有互动互惠规范、社会网络关系两类社会资本要素。

一方面，政策驱动了这些社会资本要素的生长。农村税费改革后国家层面颁布了多个政策，进行了持续的支持和驱动。其中，有一些是对两类资本要素全面驱动的政策，如《国务院关于做好2004年深化农村税费改革试点工作的通知》(2004)、《国务院关于2005年深化农村税费改革试点工作的通知》(2005)、《中共中央、国务院关于积极发展现代农业扎实推进社会主义新农村建设的若干意见》(2006)、《中共中央关于推进农村改革发展若干重大问题的决定》(2008)。也有是对两类资本要素进行专项驱动的政策，如关于"协商程序"进行驱动的政策《关于加强城乡社区协商的意见》(2015)、对"购买契约"进行驱动的政策《政府购买服务管理办法（暂行）》(2015)等。政策驱动之所以能够快速地催生组织结构创新的社会资本要素生长，

---

① 樊红敏：《村民自治的发展路径与走向——河南省中牟县白沙镇村治经验及其启示》，《河南大学学报》（社会科学版）2012年第1期。

在于这些政策具有三个重要的特点：一是政策的高层次性。很多政策都是中共中央办公厅和国务院办公厅联合发文制定，有些还是两个或多个国家部门联合制定。二是政策的连续性。不少政策，先以《指导意见》形式下发，后来颁布行政法律层面的《办法》或党的施政方针的《决定》，例如：2013年国务院办公厅颁布《关于政府向社会力量购买服务的指导意见》，紧接着2014年就颁布《政府购买服务管理办法（暂行）》；2005年颁布《中共中央、国务院关于推进社会主义新农村建设的若干意见》，2008年中共中央颁布《关于推进农村改革发展若干重大问题的决定》。三是政策的配套性，中央层面制定政策后，地方层面相继都制定了系列配套政策，例如，《中共湖北省委、湖北省人民政府关于深化农村综合改革的意见》（2007）、《中共安徽省委、安徽省人民政府关于全面推进农村综合改革试点的意见》（2007）、《江苏省人民政府关于深化农村综合改革的意见》（2007）。可见，政策驱动体现了连续性、系统性和合力性的特点。

另一方面，社会资本要素的生长也是社会选择的产物：第一，协商程序规范的生长与近年来乡村民主意识的增长密切相关，如乡村各种选举形式的建立和完善，都促进了协商民主的发展。第二，购买契约的生长与乡村社会组织的承接能力增长密切相关。乡村社会组织不仅形式多样化，而且服务能力也显著增强。已经形成了与政府、企业"三足鼎立"之势。第三，网络关系的生长与乡村多主体合作参与网络的发展密切相关。当今的中国农村社会组织迅速培育和发展起来，既有借助血缘为纽带进行公益活动的传统民间组织，如宗族理事会、老龄会、龙灯会、青苗会、路会等主要从事社区社会福利、社区教育、养老、基础公共设施维护等公益活动，也有采用合作化形式开展社会工作的社区发展组织和经济性组织，如养猪协会、种子协会等主要从事争取政策支持，进行信息共享和联合生产等活动。[①] 形式多样的农村社会组织为乡镇政府合作型边界化组织结构生成创造了组织基

---

① 李熠煜：《社会资本视阈下两种农村民间组织比较研究——以湖南四县民间组织为例》，《公共管理学报》2009年第3期。

础。第四，网络关系的生长与基层党组织的强化扩展服务职能密切相关。党的十八大报告首次提出建设马克思主义服务型政党的论断，主要是要增强党的服务职能，整合各种社会服务力量，从领导核心出发，发挥"总揽全局、协调各方"的作用。构建马克思主义服务型政党，关键是要科学设计以服务为功能的政党组织结构，并以该结构为基础扩展以服务为内容的基层党组织活动形式。① 基层党组织已经成为乡村社会治理的一个核心力量，较好地实现了"当代中国社会治理的政党在场"和"基层社会管理中的政党在场"②。基层党组织成为乡村治理网络形成的核心力量。

在乡镇政府边界化组织结构变革和创新的过程中，不管是互动关系还是网络关系，它们的生成都以一定的互惠规范为基础。互惠规范（norms of reciprocity）是社会资本的一个主要的关系维度。它是指在社会行动者之间建构的能够提供帮助与付出回报的道德规范，当一个社会行动者向另一个社会行动者提供某种资源时，后者有义务付出回报，这种道德规范就是一种互惠规范行为，它是一个在交易中被公认的社会准则。③ 帕特南认为互惠规范有两种基本类型："均衡的"（或"特殊的"）规范和"普遍的"（或"扩散的"）规范。均衡的互惠规范是指人们交换价值相等的东西，如办公室同事互换礼物，或者议员们互相捧场；普遍的规范是指交换关系在持续中进行，并且这种互惠在特定的实践里是无报酬和不均衡的，但它使人们产生"现在己给予人，将来人给予己"的共同的愿望。其中，普遍的互惠是一种具有高度生产性的社会资本，遵循这一规范的共同体，可以有效地约束投机，解决集体行动问题。④ 这种普遍的规范

---

① 张明军：《新时期建构服务型的马克思主义执政党的价值及实现路径》，《马克思主义研究》2013 年第 7 期。

② 参见谢忠文《当代中国社会治理的政党在场与嵌入路径》，《西南大学学报》（社会科学版）2015 年第 4 期；吴新叶《基层社会管理中的政党在场：执政的逻辑与实现》，《理论与改革》2010 年第 4 期。

③ Gouldner, A. W., "The Norm of Reciprocity: A Preliminary Statement", *American Sociological Review*, 1960, 25 (2): 161 – 178.

④ ［美］罗伯特·D. 帕特南：《使民主运转起来》，王列等译，江西人民出版社 2001 年版，第 201—202 页。

在科尔曼那里称为"有效的规范",是一种作用很大的社会资本,这类规范可以克服坐享其成的问题,不仅为某些行动提供便利,同时也限制其他行动。科尔曼进一步提出了"有效规范的实现"有两个措施:规范的内化和包括赏罚措施的外部支持。① 可见,互惠规范是集体行动组织生成的基础。

在社会治理复杂性的条件下,我国乡镇政府组织结构在变革中,由政策驱动、社会选择等方式逐渐形成了协商程序、购买合同、合伙伙伴、共生共存等互惠关系,并在此基础上生成了调适型、协商型、合作型和共生型四种边界化乡镇政府组织结构。

二 开放系统的要素吸纳与扩展:组织结构机制创新

在乡镇边界化组织结构变革中,社会资本要素成为组织结构创新的一些新要素。那么,是一种什么样的机制及方法推动着乡镇政府边界化组织结构变革与创新呢?开放系统理论的"吸纳机制"及其系统方法提出了一种有力的解释。国外组织理论家对此进行了较为深入的研究。如塞尔兹尼克(Selznick)引入了一个核心机制——吸纳机制(cooptation),即"一个将一些新的因素转换维持其存在或稳定的因素之后吸纳到领导或决策结构中去的过程"②。吸收外部因素,扩充组织结构边界,形成边界化组织结构是开放系统中组织结构创新的一个基本方式,正如汤普森(Thompson)所言:"复杂组织是相互依赖的诸多部分组成的一个统一整体,每个部分都对组织这个整体的形成创造条件,同时也从组织整体中获取自身的发展因素,从而使组织整体与更大的环境系统相互依存。"③ 罗森布鲁姆(Rosenbloom)也指出,"组织与环境之间存在合作,并且适应环境……公共组织吸收和整合新要素的能力可能对其长期生存的前景产生影响","组织必须摄取环境中有用的部分,使其能够持

---

① [美]詹姆斯·S. 科尔曼:《社会理论的基础》,邓方译,社会科学文献出版社1999年版,第364页。
② Selznick, Philip, *TVA and the Grass Roots*, New York: Harper & Row, 1949: 13.
③ Thompson, James, *Organizations in Action*, New York: McGraw-hill, 1967: 6.

续生存"。① 国内学者对组织吸纳社会资本要素进行组织变革与组织结构创新也进行了初步的探索。有学者从网络位置和嵌入性网络资源两个社会资本要素出发，指出网络组织演化机制的实质就是不断复制和重构网络关系，追求网络利益最大化，巩固网络核心位置的过程。② 也有学者认为组织的外部资本是一种桥梁式（"bridging"）的社会资本，能够增强一个企业组织与相关的组织及客户之间的横向联系，形成关系网络，不断地吸纳周围环境中的市场情报，从而增强组织影响力和控制力。③ 还有学者通过对珠三角地区企业组织的实证研究得出结论：有效地吸纳外部社会资本，利用"社会资本—组织创新—组织绩效"关系链的作用，进行组织创新，将对国有企业在全球化条件下的生存和发展具有重要的影响。④ 这些研究都认为，边界化组织结构创新是一种"组织分析的开放系统方法"⑤，公共组织对组织外部社会资本要素的吸纳对于组织结构创新具有重要的作用。

开放系统的复杂适应主要表现为吸纳机制和扩展机制两个方面：（1）根据任务环境的性质不同进行相应的边界扩展，形成"边界扩展的结构"；（2）根据外部的行动主体的性质不同进行相应的边界吸纳，形成"边界吸纳的结构"。不管是边界扩展，还是边界吸纳，都是为了复杂适应治理需求，较好地适应社会治理复杂性。开放系统的要素吸纳机制和扩展机制成为边界化组织结构创新的基本途径。在乡镇社会治理复杂性的外部环境条件下，外部社会资本已经成为乡镇政府组织创新的一个重要的结构性要素。乡镇政府组织正是通过吸纳机制和扩展机制把乡村多种形式的社会资本要素吸纳到组织结构创新中

---

① [美] 戴维·H. 罗森布鲁姆、罗伯特·S. 克拉夫丘克：《公共行政学：管理、政治和法律的途径》，张成福等校译，中国人民大学出版社2002年版，第170—180页。
② 杨桂菊：《基于社会资本理论的网络组织演化机制新阐释》，《软科学》2007年第4期。
③ 谢洪明、葛志、王成：《社会资本、组织学习与组织创新的关系研究》，《管理工程学报》2008年第1期。
④ 谢洪明：《社会资本对组织创新的影响：中国珠三角地区企业的实证研究及其启示》，《科学学研究》2006年第1期。
⑤ [美] 罗伯特·登哈特：《公共组织理论》，扶松茂、丁力译，中国人民大学出版社2003年版，第93页。

来，推动边界扩展和融合，从而生成了多种乡镇政府边界化组织结构模式。

三 新型组织结构的功能目标：优质公共服务职能执行

乡镇政府边界化组织结构虽然是在乡镇体制化组织结构的基础上形成和派生的，但它与体制化组织结构具有显著的区别。乡镇政府体制化组织结构变革完成了乡镇政府服务职能的转变，在执行一部分服务职能外，主要功能在于履行组织中的内部事务和应对上级的考核任务。乡镇政府边界化组织结构则不同，它的主要功能就是执行乡镇政府的服务职能，例如，调适型和协商型组织结构主要是处理乡村公共事务和公共秩序的服务项目，合作型和共生型组织结构参与的公共服务项目以政府购买的形式委托给社会组织执行，引导多元社会主体参与乡村公共服务的供给。这些边界化组织结构都是通过边界的扩展和融合，利用控制收益和信息收益的优势，更好地完善服务职能。从这个意义上说，乡镇社会治理的成败，取决于边界化组织结构，而不是体制化组织结构。不管是国内学术研究，还是政府实践者都忽略了这种边界化组织结构，这正是过去多次单一化乡镇体制化组织结构变革未能取得成功的关键原因。

边界组织结构之所以能够成为乡村善治下的公共服务职能执行的主要承担者，是因为边界组织结构具有得天独厚的优势：一是乡政府边界化组织结构处在乡村治理中的最前线，直接与乡村社会治理环境接触，了解社会环境的需求和特性，能够较好地提供个性化服务；二是乡镇政府边界化组织的四种基本类型都具有显著的服务功能，如合作型组织结构，可以通过政府购买服务流程高效地购买服务，并监督服务质量。三是乡镇边界化组织结构可以通过与体制化结构互动、互补等方式联合提供公共服务。相对于体制化的"体制惰性"来说，边界化结构敏感性更强，通常乡镇政府组织边界化组织结构微小的变化将会引起乡镇治理系统发生显著变化，即产生便捷、优质的公共服务供给"边界化效应"。

第六章　乡镇政府组织结构变革复杂适应治理模型

在考察乡镇政府两层级组织结构变革的实践模式之后，对这两层级组织结构变革的内容和过程有了一个详细的了解。那么，这两层组织结构内在关联是什么，它们是如何互动和持续地推进组织结构变革，又是如何通过持续的变革和创新，复杂适应乡镇社会治理的呢？这两层级组织结构变革是否形成了中国特色基层组织结构变革路径？要回答这些问题，很有必要对乡镇政府两层级组织结构变革的实践经验进行理论提升，总结出一般化组织结构变革理论模式。这既是理论提升的需要，也是今后运用理论指导实践的需要。

第一节　复杂适应治理模型的提出

乡镇政府组织结构复杂适应治理模型的提出是在把握两层级组织结构变革实践模式的根本动力和变革内容的基础上，进行经验总结和理论提升的过程。

一　治理需求复杂性：乡镇政府组织结构变革根本动力

我国乡镇政府组织结构变革经历了一个从应对财政压力到适应治理需求复杂性的转变过程。新中国成立后较长的一段时间内，乡镇政府组织结构变革的主要动力是应对财政压力和上级政府的考核。这在税费改革之前是如此，税费改革之后一段时间内也是如此，甚至财政压力更大。以湖北咸安区的乡镇财政为例，农村税费改革后就出现了乡镇财政的极度紧张，尽管有上级政策支持，但财政运转困难，乡镇政府干部工资发放极为困难，迫切要求进行"减人和减支"以减轻财政压力负担。"税费改革前，咸安区乡镇一年各种税费总额达4900多万元，改革后核定税费为1237万元，上级财政转移支付补贴只有1300万元，缺口高达2400多万元。'食之者众，生之者寡'的局面已经危及到乡镇政权的运转。"① 在沉重的财政压力下，咸安开始了机构精简式改革和人员分流，当时称为"乡镇综合配套改革"。这种回应财政压力的改革的力矩较短，只能传递到乡镇机构这一级，很难促使整个乡镇体制的改革和结构创新。② 税费改革几年后，咸安区很快走出了第一波改革的困境，通过乡镇站所"转制"改革来减轻财政压力，最初在横沟桥、贺胜桥两个乡镇进行试点，2003年初开始在全区推广。"转制"改革的基本做法是"拆庙赶和尚"，将撤销的乡镇站所整合后改组为"服务中心"或"服务公司"，实行乡镇站所与政府脱钩，买断机关事业单位的干部职工身份。但这种改革是很有难度的，不仅有来自上级政府的强大压力，还有来自社会舆论的压力。③ 面对部门的强大压力和民众的压力，咸安区乡镇通过"以钱养事"新机制较好地回应了这些压力，并且取得了改革的成功。所谓"以钱养事"新机制就是站所转制之后，采用公开招标或定向委托给社会中介组织或有资质的法人实体，购买农村公益服务的市场化机制。这一措施改革效果极佳，一方面，得到湖北省政府认可，得以在全省范围内推广，2007年湖北省委办公厅、省人民政府办公厅颁布了《关于巩固完善农村公益性服务"以钱养事"新机制的若干意见》。这一机制在当前乡镇改革中得以不断强化和完善。以咸安区财政局《关于咸安区2015年农村公益心服务经费分配和管理意见的通知》为例，2015年区给乡镇"以钱养事"拨付经费411万元，比上

---

① 吴理财：《从"咸安政改"看压力回应型制度创新》，《中国乡村发现》2010年第2期。
② 石磊：《中国新一轮乡镇改革：一个简略的评论》，《青年研究》2005年第7期。
③ 吴理财：《从"管治"到"服务"：乡镇政府职能转变研究》，中国社会科学出版社2009年版，第111—113页。

一年增加 110 万元，省"以钱养事"补助资金 585 万元，农业生产全程社会服务资金 60 万元，三项合计 1056 万元。这些资金主要用于乡镇农业技术服务、畜牧技术服务、文化体育服务、水利技术服务、农村财务服务等项目的"以钱养事"。① 咸安乡镇"以钱养事"新机制之所以取得成功，就在于它把压力的回应从内部财政压力和部门压力转变到外部的社会治理需求压力，使民众参与到"以钱养事"的改革中来，有效地回应了民主压力。通过这种市场化农村公共服务新机制，有效地克服了传统的部门化服务供给模式的缺点，公共服务从政府的内部供给转向了契约外包竞标，"不但改善了农村公共服务的绩效，而且更好地满足了农民日益增长的公共需求"②。

回应乡村社会治理复杂性不只是咸安乡镇组织结构改革的特例，全国各省乡镇在服务型政府建设的过程中，都开始把改革的压力从内部转向外部，探索通过组织结构变革满足外部的公共服务需求。例如，中共安徽省委办公厅和省人民政府办公厅颁布《关于开展农村综合改革试点，建立农村基层工作新机制的意见》（2005）提出"围绕强化乡镇组织服务能力这个关键，建立服务优先、依法行政、上下协调、廉洁高效的农村基层工作新机制，进一步密切党和政府与农民群众的关系，使农村基层组织更加充满活力，为'三农'服务更加落实，农民群众更加满意，农村基层政权更加巩固"的指导思想和总体要求；江苏省人民政府颁布的《关于深化农村综合改革的意见》（2007）提出"要以转变政府职能为重点，推进乡镇机构改革"的改革措施；江苏省委办公厅和省政府办公厅《关于印发〈江苏省经济发达镇行政管理体制改革试点工作意见〉的通知》（2010）提出经济发达镇要"着力提高社会管理和公共服务能力"的改革任务。山西省人民政府颁布的《陕西省关于乡镇和行政村综合改革的指导意见》（2014）提出"顺应人民群众享受公共服务均等化的迫切要求，对推

---

① 咸安区财政局：《关于咸安区 2015 年农村公益心服务经费分配和管理意见的通知》，咸安财农管字〔2015〕3 号。

② 吴理财：《县乡关系：问题与调适——咸安的表述（1949—2009）》，中国社会科学出版社 2011 年版，第 107 页。

动基层民主管理，激发农村发展活力，促进城乡共同繁荣"的乡镇和行政村综合改革的任务要求。浙江、广东、湖南、广西等也在2000年之后都提出了适应乡镇社会治理和公共需求的政策改革措施。

总之，随着全国其他省份的地方服务型政府的建立，乡镇政府职能从资源汲取转变成服务公众之后，乡镇政府组织结构变革的动力也从内部转向了外部需求。社会治理复杂性成为乡镇政府组织结构变革的根本动力。这使得乡镇政府组织结构变革破解了机构改革和体制改革反复循环的"怪圈"困境，走向了可持续的发展道路。

二 两层级结构性要素：乡镇政府组织结构变革理论维度

在社会治理需求作为改革的根本动力的条件下，乡镇政府组织结构变革取得了突破性发展，尤其在农村税费改革之后进入了质变阶段，两层级组织结构变革都取得了丰硕的成果，形成了许多富有创新性的改革实践模式。

其一，在乡镇政府体制化组织结构变革方面，以"机构改革—权力重组"作为结构性要素的变革轴，开启了以机构改革和权力重组为内容的组织结构变革。

在机构改革的维度上，主要有精简型组织结构和整合型组织结构两种类型。机构精简式改革使乡镇政府组织结构趋向小型化，这种组织结构形式的基本特征是通过"减人、减事、减支"等方式推进机构精简。精简型组织结构是相对于科层制组织结构膨胀形式的一种改革方案，它与当代西方国家20世纪70年代末实行的以新公共管理改革为内容的行政机构小型化（downsizing）改革模式存在着路径一致的地方，可称为行政机构"小型化"组织结构类型。在20世纪70年代以前，西方发达国家的组织结构以大型化、合理化、科层化（垂直整合分权）作为基本特征，可称为"福特主义"（Fordist）组织结构模式，70年代末，随着新公共管理改革的开启，进入到了"后福特主义"结构模式，政府开始购买服务，合同承包越来越多，垂直整合的大型组织开始解体，开始缩小规模，走向小型化和精简化，以组织结构的灵活性作为显著特征。① 这种小型化组织结构模式解决了大型组织结构僵化、运转低效的弊端，极大地提高了服务效率。机构整合式改革是机构精简式改革的深化，创新了一种整合型组织结构。这种创新与西方发达国家20世纪90年代中后期以整体政府改革为内容的组织结构创新的逻辑大体一致，走的是一条摈弃新公共管理、实施职能归并和机构整合的整合型组织结构转变的道路。因为企业家政府组织结构的分散化、独立化、分权化和灵活性等结构性特征虽然具有灵活性和高效率的优势，但也存在着"机构裂化"、"职能悬浮"与"权力碎片化"的困境，这难以有效解决综合性、交叉性的社会治理问题，因此，随着20世纪90年代中后期整体政府改革运动的兴起，一种归并职能相近和交叉的机构，构建目标、价值、文化、机制整合型组织结构的模式应运而生。② 由此可见，乡镇政府机构整合式变革生成了一种新型的整合型组织结构模式。

在权力重组的变革维度上，主要形成了授权型组织结构和共享型组织结构两种基本类型。权力是体制化组织结构变革的核心要素。授权型组织结构是民众通过选举创新，直接授权给乡镇领导人，这是一种权力来源性质的组织结构创新，可以用代议制政府理论来进行解释，正如密尔所言："理想上最好的政府行使就是主权或作为最后手段的最高支配权力属于社会整个集团的那种政府；每个公民不仅对该最终的主权的行使有发言权，而且，至少是有时，被要求实际上参加政府，亲自担任某种地方的或一般的公共职务。"③ 授权型组织结构是基于代议制政府理论的组织结构创新，它较好地体现了主权在民的思想，也使公民能够较好地进行政治参与和社会参与。共享型组织结构实质上是集权型组织结构的一种创新类型，但这与传统科层制的等级制组织结构具有本质的区别。乡镇政府的共享型组织结构"并权"

---

① 陈振明：《政府再造——西方"新公共管理运动"述评》，中国人民大学出版社2003年版，第36页。
② 曾维和：《从"企业家政府"到"整体政府"：当代西方政府改革组织创新的逻辑及方法》，《华中科技大学学报》（社会科学版）2008年第5期。
③ ［英］J. S. 密尔：《代议制政府》，汪瑄译，商务印书馆2011年版，第43—44页。

是为了发挥乡镇党委的核心作用,减少乡镇政府领导职数,使领导分工更加合理,增强班子成员的协作和责任意识,解决好过去党政分工重叠、决策迟缓、推诿扯皮、执行不畅的问题,从而降低行政成本,提高组织效率。

其二,在乡镇政府边界化组织结构变革方面,以"互动关系—网络关系"作为结构性要素的变革轴,进行了以互动关系建立和网络关系优化为内容的组织结构变革。

边界化组织结构变革是一种组织结构模式创新意义上的创新,系统方法与组织创新的观点可以为其提供理论解释。在封闭的系统中,组织被看成是一个孤立的个体,较少受外界环境的影响。泰罗的科学管理、法约尔的一般管理、古利克行政管理和韦伯的官僚制组织模式等古典组织理论都持这种封闭系统的观点。封闭系统的组织结构观由于忽视外部环境的影响作用和交换关系,它的组织结构是一元化的,即只有单一层级的体制化组织结构。古典组织理论关于封闭系统的组织结构设计恪守组织编制管理的三原理:"命令系统的一元化"(unity of command)原理、控制下属的适当规模的"控制幅度"(span of control)原理和业务上的"同质性分工"原理。[①] 通俗地说就是组织结构包括纵向的管理层级和横向的管理幅度两个方面。这种组织结构观对管理学的影响根深蒂固,以至于我们公共管理和组织管理的教科书对组织结构定义都采用一元化的思维,如认为"行政组织结构是机关各部门和各层级之间依据法定规则所建立的一种正式的各种相互关系的体制"[②]。封闭系统的一元化组织结构论的一个最大的缺陷就是对外部环境反应迟钝,难以有效地回应组织外部的服务需求。组织分析的开放系统方法注意到了这个问题,把组织结构的分析从内部转向外部,关注组织结构性要素"吸纳机制"(cooptation),关注组织结构的边界与环境的互动及其对外部需求的回应,即关注到了本书提出

[①] [日]西尾胜:《行政学》,毛桂荣等译,中国人民大学出版社2006年版,第32页。

[②] 张国庆:《公共行政学》,北京大学出版社2013年版,第32页。

的"边界化组织结构"问题。但遗憾的是，长期以来，不管是实务界还是理论界都缺乏对边界组织结构的系统分析和理论总结，大量的研究分散于组织间关系的讨论之中，如府际关系、跨部门协同、公私合作伙伴关系、网络化治理结构、多中心治理结构等，这些研究只是观测到了两个或多个组织之间互动而形成组织间关系结构，确切地说观测到的是一种协作性结构，而不是一个组织的结构性要素通过"吸纳机制"而形成的边界化结构。因此，本书的边界化结构是对组织分析的开放系统方法的运用，通过理论提升而提出政府组织的一个新的层级组织结构。这样就形成了政府组织结构分析的体制化与边界化组织结构两层级分析框架。

在两层级组织结构分析框架下，乡镇政府组织结构以互动关系和网络关系这两个社会资本的构成要素作为组织结构创新的维度，在体制化组织结构变革基础上，进行边界创新，形成了多种边界化组织结构的实践创新模式。基于互动关系建立的乡镇政府边界化组织结构模式主要有调适型组织结构和协商型组织结构两种类型，基于网络关系优化的乡镇政府边界化组织结构模式主要有合作型组织结构和共生型组织结构两种类型。这四种组织结构模式相对于体制化组织结构的四种模式而言的一个显著特征就是对乡镇政府组织的外部行政环境反应灵敏，具有较好的公共需求回应性。

第二节 复杂适应治理模型的框架构建

基于社会治理复杂性的根本动力，并以乡镇政府组织两层级结构要素为基础，进一步分析乡镇政府两层级组织结构变革的复杂适应机理及其变革路径，从而构建一个乡镇组织结构变革复杂适应性治理模型的解释理论框架（见图6-1）。[①]

[①] 此处复杂适应治理模型中的"治理"主要是指本书视角定位的"社会治理"，指乡村治理中的公共服务提供和社会秩序的供给，这个界定实际上已经接近通常意义上的"治理"内涵，因此，本书仅用"治理"，也期望能够提出一般意义上的组织结构变革理论模型。

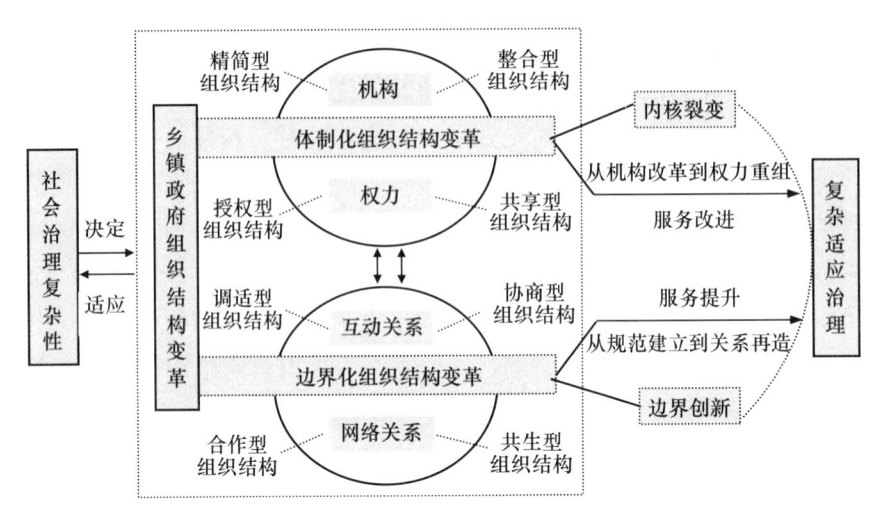

图 6-1　乡镇组织结构变革的复杂适应治理模型

如图 6-1 所示，乡镇政府组织结构变革分析框架共包括驱动要素、实践内容和内在机理三部分内容。乡镇政府组织结构变革的根本动力是社会治理复杂性需求，它决定着乡镇政府组织结构变革的内容与方向，而乡镇政府组织结构变革的实践模式则表现为渐进适应乡村社会治理复杂性的过程。在这个框架下，乡镇政府组织结构变革的内容包括体制化组织结构和边界化组织结构两个层级，其中体制化组织结构变革包括以机构改革为基础的精简型组织结构和整合型组织结构，以权力重组为基础的授权型组织结构和共享型组织结构；边界化组织结构变革包括以互动关系建立为基础的调适型组织结构和共享型组织结构，以网络关系优化为基础的合作型组织结构和共生型组织型结构。这八种组织结构变革与创新构成了乡镇政府组织结构变革的生动实践图式。它们较好地适应了乡镇政府社会治理复杂性需求。

第三节　复杂适应治理模型的内在机理

在乡镇政府组织结构变革的复杂适应治理模型的驱动要素和实践内容基础上，引入复杂适应系统的理论工具，进一步分析乡镇政府两层级组织结构的内在机理。"复杂适应"（complex adaptive）是复杂适应系统（Complex Adaptive System，CAS）的一个重要的概念工具。约翰·霍兰（John Holland）教授在《隐秩序：适应性造就复杂性》一书中将CAS系统定义为："由规则描述的、相互作用的主体构成的系统。"霍兰教授总结了CAS具有的七个特点：聚集（aggregation）、非线性、流（flows）、多样性、标识（tagging，机制）、内部模型（internal model）和积木（building blocks）。这七个特点中前四个是CAS通用的特性，后三个是CAS的机制，在七个特点的基础上，CAS可以形成一种通过适应性造就复杂性的"隐秩序"。[1] 约翰·H. 米勒（John H. Miller）教授也认为，CAS是由"那些富有思想（尽管不一定出色）的主体之间的交互作用而形成"[2]。CAS是一个开放系统，它在复杂性环境下具有较强的适应、发展与创新的能力，CAS的适应性主体与环境的交互作用就形成了复杂适应行为。CAS对组织结构变革的启示在于："组织结构的网络化和内部市场化反映了组织变革的一种趋势，是复杂环境下组织生存和发展的较好形式和运作机制。"[3] 乡镇政府组织在社会治理复杂性的条件下是一个典型的复杂适应系统，它通过体制化组织结构和边界化组织结构这两层级结构与外部环境发生交互作用，形成了复杂适应治理的内在机理。

一　机构改革到权力重组：内核裂变下的服务改进

裂变在物理学上是指一些质量非常大的原子核分裂成几个原子的过程，这个过程孕育和释放着巨大的能量和创新。此处以"内核裂变"形象地表述了我国乡镇体制化组织结构变革的启动过程和权力、职能、机构等多个要素的剧烈分化组合。乡镇政府体制化组织结构变

---

[1]　[美] 约翰·H. 霍兰：《隐秩序：适应性造就复杂性》，周晓牧等译，上海科技教育出版社2000年版，第10—41页。
[2]　[美] 约翰·H. 米勒：《复杂适应系统：社会生活计算模型导论》，隆云滔译，上海人民出版社2012年版，第109页。
[3]　刘洪：《组织结构变革的复杂适应系统观》，《南开管理评论》2004年第3期。

革经历了一个从机构改革到权力重组，最终发生内核裂变，提升公共服务品质的过程。

其一，在机构改革阶段，精简型组织结构变革以回应乡镇财政压力为主要动因，遵循的是一种行政自改革的路线，它既难以有效地解决人员分流的问题，也难以跳离财政状况"减负—改革—再减负—再改革"的怪圈。这种改革成果难以维持，且未能较好地回应外部压力，改进乡村治理状况和提供较好的公共服务。由此，为了破解这种机构改革下组织结构变革的困局，乡镇政府组织结构改革开始回应乡村治理外部环境的压力，并以职能科学划分为改革内容，开启了机构整合、职能整合和机制整合三种形式整合型组织结构创新。

乡镇政府整合型组织结构有效地破解了精简型组织结构所带来的机构碎片化问题，它以职能整合为核心内容，通过整合性公共服务职能的提供在一定程度上了回应了乡村治理的需求。从精简型组织结构变革到整合型组织结构变革，乡镇政府组织结构变革的动因经历了从回应内部财政压力到回应外部治理压力的转变，其职能也从行政事务执行转变到公共服务改进。整合型组织结构采取"请进来"的服务策略，把服务对象请到一个服务大厅，进行一站式服务，提高服务的综合性和便捷性。这使得改革从机构的"边层"开始向职能等要素的"内核"推进。但是职能尚不是组织结构要素的真正"内核"，它还未触及权力要素的变动，这种组织结构服务效果虽有些不足，但它为体制化组织结构"内核"变革创造了有利的条件。

其二，在权力重组阶段，乡镇政府组织结构变革开始全面启动内核裂变，它以权力的授予和共享为主要内容。授权型组织结构创新从打破乡镇领导原有的权力来源切入进行组织结构设计，使乡镇领导的权力直接来源于党员和群众，"还权于民"，较好地回应了乡村民众的治理需求，能够很好地改进公共服务。但在实际运行中，由于未能很好地解决党政领导权力来源问题，加上乡镇权责关系的复杂化和乡村治理中利益主体之间的利益关系难以协调等矛盾，使得这种权力来源上颠覆性改革的内核裂变并未能够较好地改善公共服务品质和较好地回应乡村社会治理复杂性的压力,这个新型的组织结构创新风靡一时之后慢慢地萎缩了。

乡镇政府共享型组织结构以"交叉任职"的改革破解乡镇党政领导权力来源的问题,严格控制领导职数,实行乡镇政府领导的权力共享,形成领导班子合力。权力共享实现了乡镇核心领导层权力组合的裂变,交叉任职改革由最初安徽乡镇"党政合一"的权力共享,慢慢地发展到湖北等省乡镇的"内核—边层"权力共享。这种权力共享型组织结构创新以适度集权的方式优化了乡镇政府权力结构,以党委统领优化了一体化乡镇机构,并且较好地契合了乡村基层民主的发展要求,推动了乡镇服务型政府的建立,确立了乡镇服务性职能,较好地提升了乡村治理能力,实现了乡村公共服务改进。

归纳起来,乡镇政府组织结构变革发轫于机构精简的体制化组织变革,经过多次机构改革,尚未跳出"精简—膨胀—再精简—再膨胀"的怪圈,便开启了以权力要素为核心的内核裂变式变革。这种变革沿着权力的消减和扩展两个方向裂变,但内核裂变的权力变革不是无序的激变,而是一种可控的渐进式组织结构要素变革,"权力内核可以控制改革的速率和领域"[①],从而为边界化组织结构创新提供了有利的条件。

二 规范建立到关系再造:边界创新下的服务提升

乡镇政府体制化组织结构变革由于只是乡镇"内部系统"的变革,在回应乡村社会治理复杂性问题上具有较大的限度,其公共服务的改进也只能停留在一定的范围内。乡镇政府边界化组织结构变革采取"开放系统"的思路,采取"走出去"的服务策略,与民众零距离接触,消除了政府与民众的距离,为民众提供无缝隙服务,其改革经历了一个从规范建立到关系再造,最终发生边界创新,提升公共服务品质的过程。

---

① 徐勇:《内核—边层:可控的放权式改革——对中国改革的政治学解读》,《开放时代》2003年第2期。

其一，在规范建立阶段，乡镇政府边界化组织结构创新主要以互动关系建立为基础，形成了调适型组织结构和协商型组织结构两种基本类型。互动关系建立的基础是各治理主体之间协商权威的建立。在调适型组织结构创新中，"党建+村民自治"模式和联村党建模式主要是通过党章确立的规范进行调适，而在运行过程中以《中华人民共和国村民委员会组织法》确立的规范机制进行调适。这两种组织结构模式得以调适运行的背后是党的领导、村民组织和依法行政的规则。通过有效规则约定的"正"调试促进乡村社会治理能力的提升。

在协商型组织结构创新中，上议式协商结构、共生式协商结构和下议式协商结构都以一定的协商程序建立为基础。乡村社区协商主体之间形成的制度化权力安排，推动了乡村社区协商民主的发展，从而提升了乡村社会治理能力。

其二，在关系再造阶段，以网络关系优化的强度为标准可以划分为低层次的合作网络关系和高层次的共生网络关系，从而形成了乡镇政府合作型组织结构和共生型组织结构两种模式。合作型组织结构通过政府购买服务的购买合同建立了一种合同制契约关系，实现了提供服务的各方合作伙伴的互惠关系再造，从而提升了公共服务品质。这在一定程度上是对互动关系规范建立的进一步发展，因为它首先是通过互惠性的购买合同形成购买契约，然后实现促进合作的互惠关系的再造。在共生型组织结构创新中，网络关系把各治理主体之间的互惠推向一个更高层次，通过开放系统的吸纳机制吸纳外部环境中的社会资本要素，推动乡镇政府治理的边界扩展和融合，迈向一种共生共存的互惠关系，催生了在社会治理中的一致性行动，形成优质的公共服务职能执行。

关系再造下的乡镇政府边界化组织结构创新再造了乡镇政府社会治理中的边界合作关系和边界共生关系，这两种新型关系再造都是通过组织边界互动有效促进多个组织结构要素优化组合，尤其是"潜结构"要素的有机整合，形成了一种新的边界化组织结构，从而增强乡镇政府的社会治理能力和公共服务能力。

第四节　复杂适应治理模型的变革路径及应用

组织边界是组织"潜结构"要素流动最为活跃的一个地带，是激发组织创新的前沿领域，乡镇政府边界化组织结构创新正是通过互动关系建立和网络关系优化两个维度较为突出地展现了边界化结构创新的潜力。在乡镇政府组织结构变革的具体实践中，体制化组织结构和边界化组织结构变革往往是相互促进、交互进行的。一方面，体制化组织结构是边界化组织结构创新的基础，边界化组织结构是体制化组织结构发展而来的一个新的结构层级，是汤普森意义上的"边界扩展的结构"。具体而言，就是通过设置边界扩展部门来适应复杂的任务环境，这种边界扩展部门所形成的边界结构根据组织所处的任务环境变化而变革，其基本规律是："任务环境越是异质，则对组织会造成越多的约束；任务环境越是动态，则对组织造成越多的偶然事件。在一般情况下，理性组织都必须根据适应活动的必要的量和范围来设置边界，并且通过建立专业化的结构部门，在一个有限的约束集内应对有限的偶然事件。组织面临的约束和偶然事件越多，则它的边界扩展成分被分割的程度也就越深。"[①] 体制化组织结构的权力重组为边界化组织结构的关系再造创造了条件，合适的乡镇权力配置，使乡镇达到权责对等，能够更好地处理乡村关系，从而有效地推动了边界组织结构创新。另一方面，边界化组织结构则决定着体制化组织结构的性质，决定着乡镇政府组织结构的功能作用，边界组织结构的功能发挥是高质量回应治理和服务需求的基本条件。

复杂适应是协同产生效益的过程。协同是具有差异性结构或是子系统之间相互协调、补充，配合产生出系统的有序结构状态，或是使系统从之前的有序结构状态走向一种更为优化的结构状态，通过整体

---

① ［美］詹姆斯·汤普森：《行动中的组织——行政理论的社会科学基础》，敬乂嘉译，上海人民出版社2007年版，第85页。

性协调，组织结构的功能产生耦合，使得系统整体功效成倍增加。[①] 就乡镇政府而言，实现其功能的优化和治理效益的倍增，需要两层级组织结构在复杂的系统活动中高度协同，两层级组织结构之间既竞争又协作，将乡镇政府组织结构中的各要素整合起来，产生单一层面的组织结构无法实现的整体效应。乡镇政府体制化和边界化组织结构模式不再是传统的层次式、线性式的组织结构样板，而是一种非线性、协同式的组织结构模式，表现为两层级组织结构纵横交错，具有组织结构创新的水平复杂性、垂直复杂性和空间复杂性。这样，乡镇两层级组织结构变革，通过权力重组、叠加关系再造，使乡镇政府组织结构要素更加优化，各种结构性要素之间能够实现信息和资源共享、能力与优势互补，更加合理，成为一个最佳状态的复杂适应系统，从而以最佳状态来适应乡村社会治理。总之，我国乡镇政府组织结构变革是从体制化结构内核启动，发展到边界化结构的边界创新，形成了一条从权力重组到关系再造的发展路径。

乡镇政府组织结构变革的复杂适应模型虽然是以我国乡镇政府组织结构作为个案的研究对象提出来的，但对于公共组织变革具有较好的解释力，在理论上具有一定的"普适意义"。乡镇政府组织结构复杂适应治理的运作机理，主要表现在如下三重关系上：体制化组织结构与边界化组织结构互动关系、组织结构内核裂变与边界创新关系、服务职能定位和服务职能执行的关系。诚然，想构建一个具有"普适意义"的组织结构变革分析框架，是一项十分浩大而艰巨的工程，本书难免存在不少实践经验总结得不深刻和研究资料把握得不全面之处，还难免会存在理论建构上的漏洞。本书仅仅把两层级组织结构变革的分析框架作为研究起点，在以后的研究中将扩展范围和挖掘深度。

[①] 范如国：《复杂网络结构范型下的社会治理协同创新》，《中国社会科学》2014年第4期。

附录一 案例分析乡镇的基本概况

附表 1-1　　29 个调研乡镇的基本概况

省（省内个案数）	乡镇概况				改革试点、政府创新等情况
	乡镇名称	所属县（市）	总人数	行政村、居委会数	
湖北省（3 个）	横沟桥镇	咸宁市咸安区（2016 年 1 月 1 日，横沟桥镇正式由咸宁高新区托管）	7.1 万	辖 13 个村、2 个居民委员会	咸安区改革试点乡镇，第四届"中国地方政府创新奖"优胜奖
	贺胜桥镇	咸宁市咸安区	2.1 万	辖 7 个行政村、1 个居委会	
	高桥镇	咸宁市咸安区	2.8 万	辖 10 个行政村、1 个居委会	
江苏省（5 个）	盛泽镇	苏州市吴江区	50 万	辖 35 个行政村、8 个居委会	国家经济发达镇行政体制改革的试点乡镇
	吕四港镇	南通市启东市	17.6 万	辖 35 个行政村、5 个居委会	省级强镇扩权改革的试点乡镇
	长江镇	南通市如皋县	20 万	辖 5 个行政村、28 个社区	省级强镇扩权改革的试点乡镇
	张浦镇	苏州市昆山市	6.6 万	辖 25 个行政村（社区）	国家经济发达镇行政体制改革的试点乡镇，国家智慧城市试点乡镇，荣获第七届"中国地方政府创新奖"
	震泽镇	江苏省吴江市	67	辖 23 个行政村、5 个社区	国家建制镇示范试点地区

续表

省（省内个案数）	乡镇概况				改革试点、政府创新等情况
	乡镇名称	所属县（市）	总人数	行政村、居委会数	
四川省（4个）	步云乡	遂宁市安居区	1.6万	辖10个行政村、1个居委会	公推直选乡镇长改革试点发源地
	永兴镇	遂宁市船山区	6.3万	辖38个行政村、1个居委会	公推直选党委领导班子的第一乡镇，荣获"第三届中国地方政府创新奖"
	灵山乡	巴中市平昌县	2.6万	辖6个行政村、1个居委会	公推直选党委领导班子的试点乡镇
	白庙乡	巴中市巴州区	1.1万	辖10个行政村、1个居委会	四川省参与式预算改革试点乡镇
安徽省（3个）	乌江镇	巢湖市和县	6.8万	辖11个行政村、4个居委会	全国小城镇建设试点镇，省首批"扩权强镇"试点镇
	城北镇	亳州市利辛县	5.5万	辖12个村委会、1个居委会	安徽省首批"乡财县管"试点乡镇
	浍南镇	蚌埠市五河县	5.6万	辖20个行政村（居委会）	安徽省首批"乡财县管"试点乡镇
浙江省（3个）	新河镇	台州市温岭市	12万	辖89个行政村、6个居委会	参与式预算改革的发源地，入围第五届"中国政府创新奖"
	泽国镇	台州市温岭市	12万	辖74个行政村、23个居委会	参与式预算改革的发源地，浙江小城镇综合改革试点镇
	钱清镇	绍兴市柯桥区	5.8万	辖21个行政村、4个居委会	浙江省首批强镇扩权试点乡镇，全国强镇扩权的源起地
上海市（1个）	惠南镇	浦东区	26.5万	辖29个行政村、21个居委会	上海市参与式预算改革试点乡镇，入围第四届"中国地方政府创新奖"
广东省（2个）	乐从镇	佛山市顺德区	23万	辖19个村委会、4个居委会	国家首批智慧城市试点乡镇
	白土镇	韶关市曲江区	2.3万	辖16个村委会、2个居委会	广东省首批强镇扩权试点乡镇

续表

省（省内个案数）	乡镇概况				改革试点、政府创新等情况
	乡镇名称	所属县（市）	总人数	行政村、居委会数	
陕西省（1个）	龙池镇	渭南市蒲城县	3.5万	辖16个行政村（居委会）	全国一村一品示范村镇陕西省乡镇
湖南省（1个）	谭家寨乡	怀化市麻阳苗族自治区	1.3万	辖14个行政村（居委会）	首批新农村建设试点
河南省（2个）	薛店镇	郑州市新郑市	10万	辖20个行政村（居委会）	全国新型城镇化综合试点乡镇
	白沙镇	中牟县	4.6万	辖23个行政村	省社会治安综合治理先进单位
广西省（2个）	大岭乡	贵港市覃塘区	5.2万	辖10个行政村（居委会）	"一组两会"源起乡镇
	新圩镇	钦州市灵山县	10.5万	辖31个行政村、1个居委会	全国首创乡镇"四所合一"改革试点工作
云南省（1个）	豆沙镇	昭通市盐津县	2.2万	辖6个行政村、1个居委会	云南省参与式预算改革发源地，试点乡镇
山东省（1个）	姜山镇	青岛市莱西市	8.3万	辖94个行政村（居委会）	全国重点镇、山东省镇级小城市培育试点

附录二　调研乡镇的领导构成与组织结构基本概况

附表2-1　21个调研乡镇的领导构成与组织结构基本概况

乡镇名称	领导构成		机构（部门）设置		走向
	数量	交叉任职	数量	名称	
横沟桥镇	10	是（党委书记兼任人大主席，党委副书记兼任乡镇长、政协委员）	3	1. 党政综合办公室（内设党政综合工作专班，3人）； 2. 社会事务发展办公室（内设城建控违工作专班、综治工作专班和计划生育工作专班，11人）； 3. 经济发展办公室（内设工业工作专班和农业工作专班，9人）	乡派
贺胜桥镇	10		7	1. 党政办（6人）；2. 农业办（5人）；3. 工业办（5人）；4. 综治办（3人）；5. 计生办（5人）；6. 贺胜协调专班（4人）；7. 滨湖协调专班（4人）	由乡派走向强镇
高桥镇	8		4	1. 党政综合办（6人）；2. 经济发展办（内设农业和工业办，10人）；3. 社会事务办（内设计生办、城建办，12人）；4. 社会管理综合治理办（6人）	乡派
盛泽镇	16	否	11	三室八局：党政办公室、政法和社会管理办公室、市场管理办公室；组织人事和社会保障局、建设和环境保护局、经济发展和改革局、社会事业局、农业工作局、财政和资产管理局、综合执法局、行政服务局	强镇
吕四港镇	29	否	10	两室七局一中心：党政办公室、政法和社会管理办公室；组织人事和社会保障局、经济发展和改革局、社会事业局、农业工作局、财政和资产管理局、综合执法局、建设局；便民服务中心	强镇

续表

乡镇名称	领导构成		机构（部门）设置		走向
	数量	交叉任职	数量	名称	
长江镇	11	否	11	两室七局两中心：党政办公室、镇集体资产管理办公室；农村工作局、投资促进局、经济发展和改革局、建设局、财政和资产管理局、综合执法局、人事和社会保障局；便民服务中心，社会管理服务中心	强镇
张浦镇	19	否	9	党政办公室（下设综合科、宣传科、文秘信息科、机要科、接待科、法制科）；便民服务中心（下设综合服务科、投资服务科、生产服务科、民生服务科）；综合执法局（办公室、法制科、执法一队、执法二队、执法三队）；组织人事和社会保障局（综合科、组织人事科、劳动管理科、就业培训科、社会保障科）；财政和资产管理局（综合科、经建科、预算科、农经科、资产管理科、审计科）；经济促进局（办公室、企业服务科、统计科、科技科、环保科、安监办）；建设管理局（办公室、工程科、房产科、规划科、水利科（站）、市政绿化科）；社会事业发展和管理局（办公室、民政科、教育医疗卫生科、人口和计划生育科、社区管理科、文化体育科）；农村工作局（办公室、生产科、环境整治综合科、建设管理科）	强镇
白庙乡	7	是	20	党政办、信访办、综治办、维稳办、防邪办、便民服务中心、民政办、建管站、水管站、财政所、畜牧站、国土站、劳保所、林业站、农技站、计生办、计生服务站、安办、食安办、文化站	乡派
乌江镇	17	否	18	党政办公室（6人）、经济发展办公室（7人）、社会事务管理办公室（7人）、民政办、综治办、安监办、计生办，司法所（2人）、国土所、劳保所，财政分局、综合执法分局、规划建设分局，气象信息服务站、统计站、农水站，政务服务中心、综治维稳信访工作中心	强镇
浍南镇	11	否	14	党政办、财政所、纪委办、计生办、民政办、综治办、国土所、计生服务所、文化广播站、劳动和社会保障所、派出所、工商所、供电所、司法所	乡派

续表

乡镇名称	领导构成		机构（部门）设置		走向
	数量	交叉任职	数量	名称	
新河镇	19	否	10	政府内设机构：党政办公室（增挂政府法制办公室牌子）、农业（渔业）发展办公室、工业发展办公室（增挂安全生产办公室牌子）、社会事务管理办公室（增挂计划生育办公室牌子）、村镇建设办公室（增挂新农村建设办公室牌子）、综合治理办公室（增挂司法所牌子）、财政所； 事业单位：经济建设服务中心（保留企业服务站、劳动保障所、安全生产监察中队、环境保护所、统计中心牌子）、农业综合服务中心、社会事业服务中心（保留文体站、计划生育服务站、社会救助管理事务所牌子）	强镇
泽国镇	22	否	10	党政办公室、村镇建设办公室、农业发展办、计生办、城市管理办公室、社会事业发展办公室、安监办、财政所、三产发展办公室、工业发展办公室	强镇
钱清镇	19	否	11	机关内设机构设置：镇机关内设机构基本设置为"四办两中心"，即党委政府办公室、经济发展办公室、社会事业和保障办公室、村镇建设办公室、调处服务中心、驻村指导中心； 事业单位的设置：农业服务站、农经管理站、城镇建设管理服务站、计划生育服务站、文化站	强镇
惠南镇	15	否	17	党政机关内设机构：党政办、党群工作办公室、经济发展办公室、社会事业发展办公室、社会稳定办公室（信访办）、社区建设和管理办公室、规划建设和环境保护办公室、城镇综合管理办公室； 事业单位：财经事务中心、文化服务中心、社区事务受理服务中心、经济管理事务中心（农村经营管理站）、安全生产事务所、市容环境卫生事务所、合作医疗事务所、市场所、社区办事处	强镇
乐从镇	16	否	13	党委办公室（政府办公室、人大办公室，挂公共决策咨询办公室牌子、法制办公室、宣传办公室、应急办公室牌子）、检查审计办公室、组织工作办公室、综治信访维稳办公室、发展和经济促进办、农业和社会工作局、财政局、人力资源和社会保障局、国土规划局、城市建设和水利局、城市重建局、教育和文体局、卫生和计划生育局	强镇

续表

乡镇名称	领导构成		机构（部门）设置		走向
	数量	交叉任职	数量	名称	
白土镇	15	是	19	党政办、机关后勤办、组织人事办、文化站、社会事务办、综治信访维稳中心、行政服务中心、农业办公室、农经审计站、武装部、计生办、集体资产管理办、纪检监察办、规划建设办、环卫所、城监中队、派出所、人力资源和社会保障服务所、经济建设办	强镇
龙池镇	11	否	9	六办三站：党政办公室、人大主席团办公室、维护稳定办公室、社会事务办公室、经济发展办公室、宣传科技文卫办公室；社会保障服务站、经济综合服务站、公用事业服务站	乡派
谭家寨乡	8	否	17	党政办公室、妇联、综治办、团委、计生办、财政所、农机站、文化站、广播站、民政办、供电所、畜医站、国土所、林管站、企业工作站、安监站、司法所	乡派
薛店镇	22	否	21	党政办、农办、新型城镇化办公室、信访办、经发办、计生办、民政所、土地所、劳保所、安全办、文化站、基层办、网络办公、公路所、统计所、妇联、规划与建设管理办公室、公会、环卫所、巡防队、武装部	强镇
新圩镇	2	否	8	服务中心、工商所、国土规建环保安监所、农业机械化推广站、财政所、人口和计划生育工作办公室、新型农村合作医疗管理中心新圩镇管理所、社会保障服务所	强镇
姜山镇	13	否	9	内设行政科室：党政办公室（挂社会治安综合治理办公室牌子）、农业办公室、经济贸易办公室（挂安全生产监督管理办公室牌子）、社会事务办公室（挂计划生育办公室牌子）、财政所；内设事业机构：投资服务中心、镇村建设与文化服务中心、经管与农业服务中心、社会稳定工作中心、便民服务中心（挂社会保障服务中心牌子）	强镇

注：（1）交叉任职指乡（镇）党委书记兼任乡（镇）长或人大主席，且其他副职也兼任两个以上职务，若乡（镇）党委书记不兼任乡（镇）长或人大主席，而是兼任其他职务的情况不在统计之列。（2）机构（部门）设置是指乡镇内机构（部门），不包括县级部门下驻的机构（部门）。

附录三　分析的乡镇相关政策文本情况

附表 3-1　国家层面乡镇改革相关的政策文本一览表

序号	年份	政策名称
1	1982	1982 年宪法
2	1983	中共中央、国务院关于实行政社分开建立乡政府的通知
3	1983	财政部关于农业税征收管理若干问题的通知
4	1983	中共中央文件中发〔1983〕1 号印发《当前农村经济政策的若干问题》的通知
5	1985	乡（镇）财政管理实行办法
6	1986	关于全国区、乡、镇党政机关人员编制的有关规定
7	1986	中共中央、国务院关于加强农村基层政权建设工作的通知
8	1987	中华人民共和国村民委员会组织法（试行）
9	1991	中共中央关于进一步加强农业和农村工作的决定
10	1992	积极推进县级机构改革
11	1993	财政部关于进一步加强农业税收征收管理工作的通知
12	1996	财政部关于加强乡镇预算外资金管理的通知
13	1997	中共中央组织部、人事部关于印发《关于做好乡镇机关实施国家公务员制度和参照管理工作的意见》的通知
14	1997	高举邓小平理论伟大旗帜，把建设有中国特色社会主义事业全面推向二十一世纪（党的十五大报告）
15	1998	中共中央关于农业和农村若干重大问题的决定
16	1999	中国共产党农村基层组织工作条例
17	1999	国家税务总局关于印发《关于加强农业税收工作的意见》的通知
18	2000	关于促进小城镇健康发展的若干意见
19	2000	关于在全国乡镇政权机关全面推行政务公开制度的通知

续表

序号	年份	政策名称
20	2000	关于市、县、乡人员编制精简的意见
21	2000	中共中央、国务院关于转发《国家发展计划委员会关于当前农村经济发展中的几个主要问题和对策措施的意见》的通知
22	2000	财政部关于下发《改革和完善农村税费改革试点县、乡财政管理体制的指导性意见》的通知
23	2000	中共中央、国务院关于进行农村税费改革试点工作的通知
24	2001	中共中央、国务院关于做好2001年农业和农村工作的意见
25	2001	国务院关于进一步做好农村税费改革试点工作的通知
26	2001	关于乡镇行政区划调整工作的指导意见
27	2001	2001年召开的全国市、县、乡机构改革工作会议
28	2001	关于农村卫生改革与发展的指导意见
29	2002	全面建设小康社会，开创中国特色社会主义事业新局面（十六大报告）
30	2004	国务院关于做好2004年深化农村税费改革试点工作的通知
31	2004	中共中央、国务院关于促进农民增加收入若干政策的意见
32	2004	关于乡镇党委书记、乡镇长任期经济责任审计若干问题的指导意见
33	2005	国务院关于2005年深化农村税费改革试点工作的通知
34	2005	中共中央、国务院关于推进社会主义新农村建设的若干意见
35	2005	中共中央办公厅、国务院办公厅关于进一步加强农村文化建设的意见
36	2006	财政部关于进一步推进乡财县管工作的通知
37	2006	中共中央、国务院关于积极发展现代农业扎实推进社会主义新农村建设的若干意见
38	2006	国务院办公厅关于深化国有农场税费改革的意见
39	2006	国务院关于深化改革加强基层农业技术推广体系建设的意见
40	2006	国务院办公厅关于做好清理化解乡村债务工作的意见
41	2007	高举中国特色社会主义伟大旗帜，为夺取全面建设小康社会新胜利而奋斗（党的十七大报告）
42	2008	中共中央关于深化行政管理体制改革的意见
43	2008	中共中央关于推进农村改革发展若干重大问题的决定
44	2009	中央机构编制委员会办公室关于深化乡镇机构改革的指导意见
45	2009	乡镇综合文化站管理办法
46	2010	关于开展经济发达镇行政管理体制改革试点工作的通知

续表

序号	年份	政策名称
47	2010	中华人民共和国村民委员会组织法
48	2012	关于加快推进农业科技创新持续增强农产品供给保障能力的若干意见
49	2012	全国乡镇农机管理服务站管理办法（试行）
50	2012	坚定不移沿着中国特色社会主义道路前进，为全面建成小康社会而奋斗（党的十八大报告）
51	2015	中共中央、国务院关于加大改革创新力度加快农业现代化建设的若干意见
52	2015	农业部关于进一步调整优化农业结构的指导意见
53	2015	中华人民共和国地方各级人民代表大会和地方各级人民政府组织法
54	2015	中共中央办公厅、国务院办公厅印发《深化农村改革综合性实施方案》
55	2015	中共中央办公厅、国务院办公厅印发《关于加强城乡社区协商的意见》
56	2017	中共中央办公厅、国务院办公厅印发《关于加强乡镇政府服务能力建设的意见》
57	2017	决胜全面建成小康社会，夺取新时代中国特色社会主义伟大胜利（党的十九大报告）
58	2018	中共中央办公厅、国务院办公厅印发《关于加强乡镇政府服务能力建设的意见》

附表3-2 改革先驱省及地方层面乡镇改革相关的政策文本一览表

序号	年份	政策名称
1	1989	浙江省乡镇人民代表大会主席团组织条例
2	1991	江苏省乡镇人民代表大会主席团工作暂行条例
3	1995	湖北省乡镇人民代表大会主席团工作若干规定（修正）
4	1995	湖北省政府关于加快乡镇财政建设的通知
5	1995	安徽省乡镇人民代表大会工作条例
6	1995	江苏省乡镇人民代表大会工作暂行条例
7	1995	广东省乡镇人民代表大会主席和主席团工作条例
8	1999	江苏省政府办公厅转发江苏省财政厅、江苏省监察厅关于全省乡镇实施会计委派制的意见的通知
9	1999	浙江省人民政府关于加强乡镇财政建设工作的通知
10	1999	安徽省人民政府关于加强乡镇财政建设的通知

续表

序号	年份	政策名称
11	2000	中共安徽省委办公厅、安徽省人民政府办公厅关于加强农业税收征收管理机构和队伍建设的意见
12	2000	中共安徽省委、安徽省政府关于乡镇事业单位机构改革的意见
13	2000	中共安徽省委、安徽省人民政府关于乡镇党政机构改革的实施意见
14	2000	安徽省人民政府办公厅关于清理整顿乡镇各类行政事业性收费（基金）事业单位和自收自支事业单位的通知
15	2000	江苏省市、县、乡机构改革指导意见
16	2000	中共广东省委、广东省人民政府关于印发《广东省人民政府机构改革方案》的通知
17	2001	安徽六安市财政局关于进一步加强乡镇财政科学化精细化管理的通知
18	2001	江苏省委办公厅、省政府办公厅关于乡镇事业单位机构改革及人员分流的意见
19	2001	江苏省政府办公厅转发省财政厅关于改革和完善县（市）对乡镇财政管理体制的意见的通知
20	2001	杭州市乡镇机构改革实施意见
21	2001	中共杭州市委、杭州市人民政府关于扩大撤村（乡镇）建居（街）改革试点推行农转居多层公寓建设的意见
22	2002	安徽省人民政府办公厅转发省机构编制委员会办公室关于乡镇事业单位机构改革中几个政策问题的意见
23	2002	合肥市关于进一步完善乡镇财政体制的意见
24	2002	中共浙江省委办公厅、浙江省人民政府办公厅关于印发我省农村税费改革10个配套文件的通知
25	2002	宜春市关于实施县市区、乡镇党政机构改革和乡镇事业单位机构改革的通知
26	2003	中共湖北省委、湖北省人民政府关于推进乡镇综合配套改革的意见（试行）
27	2003	安徽省人民政府办公厅转发省财政厅关于开展乡镇财政管理方式改革试点意见的通知
28	2003	中共安徽省委、安徽省人民政府关于进一步加强农村党风廉政建设的意见
29	2003	中共安徽省委办公厅、安徽省人民政府办公厅关于做好全省乡镇区划调整工作的通知
30	2003	广东省人民政府关于加快中心镇发展的意见

续表

序号	年份	政策名称
31	2004	安徽省人民政府关于全面推行乡镇财政管理体制改革的通知
32	2005	中共湖北省委、湖北省人民政府关于推进乡镇事业单位改革加快农村公益性事业发展的意见
33	2005	湖北省武汉市委办公厅、市政府办公厅关于转发市编办等部门《乡镇（街）财政所经管站改革实施意见》的通知
34	2005	中共安徽省委办公厅、省人民政府办公厅关于开展农村综合改革试点，建立农村基层工作新机制的意见
35	2006	湖北省委办公厅、省人民政府办公厅关于建立"以钱养事"新机制加强农村公益性服务的试行意见
36	2006	湖北省农业厅关于加强乡镇农业公益性服务工作的意见
37	2006	中共合肥市委转发市人大党组《关于做好全市县区、乡镇人民代表大会换届选举工作意见》的通知
38	2006	江苏省委、省政府关于积极推进城乡统筹发展加快建设社会主义新农村的若干意见
39	2006	常熟市梅李镇机构改革实施意见
40	2006	浙江省财政厅关于开展化解乡镇政府性债务工作的通知
41	2006	浙江省财政厅关于对部分乡镇实行"乡财乡用县管"财政管理方式的指导性意见
42	2007	湖北省鄂州市人民政府办公室转发市财政局关于全面推行乡镇财政区管工作意见的通知
43	2007	湖北省委办公厅、省人民政府办公厅关于巩固完善农村公益性服务"以钱养事"新机制的若干意见
44	2007	湖北省委、省人民政府关于深化农村综合改革的意见
45	2007	安徽省人民政府关于进一步加快农村卫生事业发展的意见
46	2007	中共安徽省委、安徽省人民政府关于全面推进农村综合改革试点的意见
47	2007	江苏省人民政府关于深化农村综合改革的意见
48	2008	浙江省人民政府办公厅关于进一步加强乡镇综合文化站建设的意见
49	2008	浙江省台州市人民政府关于加强乡镇政府性债务管理的意见
50	2009	湖北省乡镇财政资金监管办法
51	2009	中共安徽省委办公厅、安徽省人民政府办公厅关于转发《省编办关于深化乡镇机构改革的意见》的通知
52	2009	宣城市人民政府关于进一步加强乡镇财政规范化建设的意见

续表

序号	年份	政策名称
53	2009	中共江苏省委办公厅关于深化全省乡镇机构改革的意见
54	2009	宿迁市人民政府关于进一步加强乡镇财源建设的意见
55	2010	台州市人民政府关于加强乡镇政府依法行政的意见
56	2010	温州市人民政府办公室关于进一步加强乡镇综合文化站建设的实施意见
57	2010	广东省人民政府办公厅关于加强乡镇街道统计基础建设的意见
58	2010	中共佛山市顺德区委、佛山市顺德区人民政府关于简政强镇事权改革的实施意见
59	2011	中共湖北省委办公厅、湖北省人民政府办公厅关于认真做好2011年全省村"两委"换届选举工作的通知
60	2011	中共安徽省委办公厅、安徽省人民政府办公厅关于乡镇事业单位机构改革中未聘人员安置问题的意见
61	2011	江苏省财政厅印发关于进一步加强乡镇财政工作的指导意见的通知
62	2011	关于开展乡镇财政管理规范化建设的通知
63	2011	浙江省人民政府关于进一步加强乡镇财政建设的意见
64	2011	嘉兴市人民政府关于全面推行村账乡（镇）代管制度的意见
65	2012	苏州市经济发达镇行政管理体制改革试点工作指导意见
66	2012	无锡市政府关于丁蜀镇行政管理体制改革试点行政授权的意见
67	2013	武功县关于推进医疗服务县镇一体化改革的实施意见
68	2013	南京市镇街机构改革指导意见
69	2013	兰溪市关于加快推进省级中心镇发展改革的若干意见
70	2014	祁门县进一步规范和提升乡镇为民服务中心和村（社区）为民服务全程代理工作站建设指导意见
71	2014	苏编办关于规范行政管理体制改革试点镇便民服务工作的意见
72	2014	浙江省人民政府办公厅关于印发浙江省强镇扩权改革指导意见的通知
73	2014	浙江省财政厅、浙江省农村信用社联合社关于加强合作共同推进乡镇公共财政建设和农村金融服务工作的指导意见
74	2014	中共湖南省委办公厅、湖南省人民政府办公厅关于开展经济发达镇行政管理体制改革试点工作的指导意见
75	2014	广西壮族自治区供销合作社《关于加快推进乡镇供销社改革发展的实施意见》
76	2015	关于印发《颍上县乡镇（村）为民服务中心（代办点）标准化建设的指导方案》的通知

续表

序号	年份	政策名称
77	2015	淮北市人民政府办公室关于建立乡镇政府权力清单和责任清单制度的通知
78	2015	苏州市政府关于进一步加强乡镇政府、街道办事处依法行政工作的意见
79	2015	浙江省国土资源厅关于印发《乡镇国土资源所主要工作职责》的通知
80	2015	浙江省人民政府办公厅关于加快推进浙江政务服务网乡镇（街道）村（社区）延伸实施工作的通知
81	2015	余姚市人民政府办公室关于进一步加强基层国土资源管理所建设的实施意见
82	2015	泰州市关于规范行政管理体制改革试点镇综合执法工作的意见
83	2016	浙江省文化厅关于开展第六次全省乡镇综合文化站定级工作的通知
84	2016	江苏省南通市如东县推行市级中心镇全员全科网格化社会管理和公共服务
85	2016	高邮市乡镇（园区）财政国库集中收付制度改革实施意见

附表 3-3 其他省及地方层面乡镇改革相关的政策文本一览表

序号	年份	政策名称
1	2000	中共山西省委办公厅、政府办公厅印发《关于乡镇党政机构改革的实施意见》通知
2	2000	中共四川省委办公厅、四川省人民政府办公厅关于进一步转变乡镇干部作风密切党群干群关系的通知
3	2001	青海省人民政府办公厅印发关于促进乡镇农口各事业站机构和人事制度改革指导意见的通知
4	2001	北京市关于乡镇党员领导干部廉洁从政的若干规定
5	2002	中共四川省委办公厅、四川省人民政府办公厅关于印发《四川省乡镇事业单位人员分流指导意见》的通知
6	2002	吉林省人民政府办公厅关于转发省农村税费改革工作小组办公室关于改革和完善乡镇财政管理体制的指导意见
7	2002	关于实施县市区、乡镇党政机构改革和乡镇事业单位机构改革的通知
8	2003	广西壮族自治区党委办公厅、自治区人民政府办公厅关于进一步深化乡镇机构改革的意见
9	2005	株洲市乡镇财政专项资金管理暂行办法
10	2005	永州市乡镇企业局职能配置内设机构和人员编制规定的通知

续表

序号	年份	政策名称
11	2005	吉林省人民政府办公厅关于转发省农村税费改革试点工作领导小组制定的全省免征农业税综合配套改革试点相关指导文件的通知
12	2005	沈阳市乡镇事业单位机构改革和人员定岗分流实施意见
13	2005	广西壮族自治区党委办公厅、自治区人民政府办公厅关于进一步加强乡镇机构编制管理严格控制乡镇机构编制规模的通知
14	2006	青海省人民政府关于开展全省乡镇行政区划调整工作的指导意见
15	2006	遂宁市人民政府关于印发《遂宁市乡镇政务公开暂行办法》和《遂宁市村务公开和民主管理暂行办法》的通知
16	2006	天津市卫生局、天津市农村工作委员会、天津市财政局关于加强我市乡镇村卫生服务管理一体化工作的指导意见
17	2006	河南省人民政府办公厅关于加强全省村镇规划和村庄治理工作的意见
18	2007	四川省人民政府印发《关于进一步推进乡镇机构改革的意见》《关于进一步深化农村义务教育管理体制改革的意见》《关于进一步推进县乡财政管理体制改革的意见》《关于做好控制和化解乡村债务工作的意见》的通知
19	2007	辽宁省大连市人民政府关于印发《关于建立健全街道、社区和乡镇、村屯便民服务体系的工作方案》的通知
20	2008	内蒙古自治区财政厅关于全面实现到乡镇财政管理机构计算机纵向联网的通知
21	2008	中共湖北省委办公厅、湖北省人民政府办公厅关于进一步贯彻落实农村有关政策的通知
22	2009	定西市人民政府办公室批转市财政局关于调整完善全市乡镇财政职能强化乡镇财政管理意见的通知
23	2009	渭南市人民政府办公室关于设置市政府办公室乡镇基层政务信息直报点的通知
24	2010	中共陕西省委办公厅、省人民政府办公厅关于全面开展乡镇机构改革的指导意见
25	2010	中共济南市委办公厅、济南市人民政府办公厅关于在全市乡镇机构改革中稳定基层人口和计划生育机构队伍的通知
26	2012	新乡市人民政府关于加快推进乡镇农产品质量安全监管公共服务体系建设的意见
27	2012	东营市人民政府办公室关于加快推进乡镇农业公共服务机构建设的意见
28	2012	山东省人民政府办公厅关于加快推进乡镇农业公共服务机构建设的意见
29	2012	永兴县乡镇机构改革实施意见

续表

序号	年份	政策名称
30	2012	永兴县乡镇机构改革竞争上岗及人员分流安置工作指导意见
31	2012	中共成都市委、市政府关于开展经济发达镇行政管理体制改革试点工作的意见
32	2012	北京市延庆县人民政府办公室转发县财政局关于加大对基层倾斜力度完善乡镇财政管理体制意见的通知
33	2013	酒泉市关于深化乡镇机构改革的意见
34	2013	中共北京市海淀区委、北京市海淀区人民政府印发《关于深化社会管理体制改革，加强街、镇统筹协调能力，深入推进网格化工作的实施意见》的通知
35	2013	锦州市人民政府办公厅关于进一步规范乡镇公共行政服务中心建设的意见
36	2014	镇村综合改革的后续问题与对策建议（陕西咸阳）
37	2014	中共陕西省委办公厅、陕西省人民政府办公厅关于镇村综合改革的指导意见
38	2014	陕西省关于乡镇和行政村综合改革的指导意见
39	2014	中共海南省委关于贯彻落实党的十八届三中全会精神推动海南全面深化改革的实施意见
40	2014	河南省财政厅关于转发《财政部关于乡镇国库集中支付制度改革的指导意见》的通知
41	2014	广西壮族自治区供销合作社《关于加快推进乡镇供销社改革发展的实施意见》
42	2015	中共杨陵区委、杨陵区人民政府关于镇村综合改革的实施意见
43	2015	洛南县镇办机构改革实施方案
44	2015	中共湖南省委、湖南省人民政府关于开展乡镇区划调整改革工作的意见
45	2015	新疆维吾尔自治区党委、自治区人民政府关于推进乡镇站所管理体制改革工作意见
46	2015	中共铜仁市委、铜仁市人民政府关于加快推进乡镇工作改革创新的意见
47	2016	湖南省乡镇区划调整改革领导小组关于切实做好建制村合并工作的通知
48	2016	中共黔南州委、黔南州人民政府关于深化乡镇行政区划配套改革的意见

附录四 创新乡镇社会治理：一个复杂系统的分析框架*

曾维和

（南京信息工程大学，江苏南京，210044）

[摘要] 乡镇社会治理需求日趋复杂，而我国乡镇社会治理系统却出现了"内卷化"困境。为解决这一乡镇社会治理过程中的供需矛盾，构建一个基于复杂系统的创新乡镇社会治理分析框架实属必要。这一分析框架主要包括乡镇社会治理的三大复杂子系统及相对应的三大创新机制。在这个分析框架下开启乡镇社会治理复杂性研究的新领域，还需要在乡镇社会治理的思维方法、体制改革、制度创新和微观机理等方面进行研究和探索。

[关键词] 创新乡镇社会治理；复杂系统；分析框架；社会治理复杂性

创新社会治理是社会建设的一个重要途径，胡锦涛在十八大报告中明确地提出了"在改善民生和创新社会治理中加强社会建设"的科学命题。① 乡镇社会治理既是社会建设的重难点，也是创新社会治理的逻辑起点。目前，国内学者虽对社会治理进行了大量的研究，但研究内容主要集中在宏观上的理论分析与微观上的个案探讨，缺乏对

---

* 本部分内容是由笔者发表在《社会科学》2013年第4期的论文《创新乡镇社会管理：一个复杂系统的分析框架》修改而成。

① 胡锦涛：《坚定不移沿着中国特色社会主义道路前进　为全面建成小康社会而奋斗》，人民出版社2012年版，第34页。

乡镇社会治理深入、系统的研究。与乡镇社会治理相关的研究主要集中在两个方面：一是分析乡镇社会治理的基本特点、存在问题与创新路径；① 二是探讨乡镇社会治理的职能定位与社会治理能力评估等。②③ 这些初步的研究成果激发了理论界对乡镇社会治理的研究兴趣，为进一步深入研究乡镇社会治理奠定了基础。但这些研究的一个重要不足就是对于乡镇社会治理复杂性缺乏深入的分析，尤其是对于乡镇社会治理系统本身的复杂性明显关注不够。为此，本文从乡镇社会治理的复杂性需求出发，借鉴复杂系统理论，构建一个创新乡镇社会治理的分析框架，以解决乡镇社会治理的实践需求与理论期待。

一 乡镇社会治理需求日增复杂性与"内卷化"困境

随着经济转轨与社会转型，我国乡镇社会治理需求呈现日趋复杂性的特征，主要表现在以下几个方面：（1）乡镇社会治理事项的多样性。初步统计，乡镇社会治理全年的各项工作加起来，大大小小超过100项，包括对外来暂住人口、上访人口、刑释解教人员、邪教群体等"重点人员"的治理，既包括对特种行业、宗教组织、中介组织、虚拟组织等重点组织的管理，也包括针对普通百姓的社会保障、劳动就业、医疗卫生、计划生育等"一般人员"的服务。多样化的管理事项使得乡镇社会治理的任务繁重和复杂，处理起来难以抓住关键。（2）乡镇社会治理事务的渐增性。乡镇社会治理事项不仅繁多，而且还随着社会的发展不断地增加。一些新的社会治理事务不时地涌现出来，如乡村网吧问题、乡镇企业违规问题、土地征用问题、闲散青少年问题、留守儿童问题、宅基地问题、融资问题、农村老人养老问题等，这些新事务在传统社会中是不存在的。这使得乡镇社会治理

---

① 吴学军：《乡镇（街道）社会管理的特点、问题及其创新路径》，《中共济南市委党校学报》2011年第3期。
② 赵园园、戚小倩：《强化乡镇公共服务和社会管理职能的探讨》，《行政论坛》2011年第2期。
③ 刘东杰：《乡镇公共服务与社会管理能力评估及强化路径探索》，《湖北省社会主义学院学报》2011年第4期。

不断出现新的需求和新的特征。并且,每项事务都与农民的切身利益密切相关,处理起来都相当地棘手,这无形中增加了乡镇社会治理工作的难度,使乡镇社会治理变得复杂化。(3)乡镇社会治理内容的交叉性。这是乡镇社会治理职能综合性的一个表现。乡镇社会治理涉及政治、经济、文化、科技、教育、民政、治安、卫生、计划生育、财税、工商等多个方面。与过去相比,现在的一项社会治理事务往往是多个方面因素综合作用的结果,依靠传统上"单打独斗"的社会工作方法很难奏效,必须采取综合性的社会治理措施与方法才行。"乡镇虽小,肝胆俱全"、"上边千条线,下边一针穿"等说法就真实地反映了乡镇社会治理工作交叉性的特点。总之,纷繁复杂的社会事务、层出不穷的社会问题、关系错综的利益矛盾等促使乡镇社会治理的复杂性不断地增加,一个复杂性的乡镇社会治理需求悄然地生长起来。

与乡镇社会治理需求日增复杂性相比,乡镇社会治理职能却显得被动与滞后。面对日增复杂性的需求,乡镇社会治理系统变得应接不暇和疲于奔命。多次乡镇机构改革与创新乡镇社会治理并没有从根本上改变这种困局。我们把当前乡镇社会治理的这种尴尬状况称为"内卷化"困境。内卷化(involution)是英国人类学家戈登威泽于1936年首次提出来的,它是用来形容一种内部不断精细化的文化现象,即达到了某种最终状态之后,既没有办法稳定下来,又没有办法使自己转变到新状态,取而代之的是不断在内部变得复杂化。[1] 不少学者已开始关注乡镇社会治理的"内卷化"问题。例如,有学者从乡镇政府层面分析这种表现,即认为农村社会治理越是加强,社会问题越是增多,社会治理陷入一种停滞不前的局面,形成一种吊诡的局面:随着乡镇政府组织人员压力化、维稳政绩指标化的不断加剧,社会矛盾越来越难以化解。[2] 也有学者从基层政府的具体运行机制上分析了乡镇社会治理的"内卷化"困境,即我国基层政府在社会治理的机制

---

[1] 张红、李航:《"新失业群体"的社会地位及其社会流动——以"内卷化"为分析视角》,《青年探索》2006年第4期。

[2] 方军:《乡镇政府社会管理路径创新:群众路线和农民参与相结合》,《甘肃社会科学》2012年第2期。

上陷入了一种路径锁定的"内卷化"状态,具体表现为乡镇运行公司化的功能定位、运动化的运转机制和碎片化的权威机构等。① 无疑,当前乡镇社会治理存在的"内卷化"困境形成了特定的恶性路径依赖,并导致了或多或少的乡镇政府机构功能性障碍,单纯地通过乡镇系统的内部变革难以取得突破。只有把乡镇社会治理作为一个复杂系统,进行综合改革与系统创新才能从根本上改变这种困境。

由此,复杂系统和复杂性管理进入了学者们的视野。一些研究者最近开始关注和探索乡镇社会的复杂性问题。例如,有学者注意到全球化和信息化推动了社会治理的复杂性,且社会治理复杂性增加了政府的管理成本,② 也有不少学者开始从个案的角度研究杭州的复合主体社会治理机制(郑杭生、杨敏,2011;龚俊、杨廷文,2011)。③ 清华大学的孙立平教授则大声呼吁,应该通过积极的社会治理,来应对复杂性的挑战。④ 对社会治理复杂性的关注已逐渐成为创新基层社会治理研究的一个新动向。本文从复杂系统(complex systems)的视角,为我国创新乡镇社会治理构建了一个新的分析框架(见附图 4-1)。

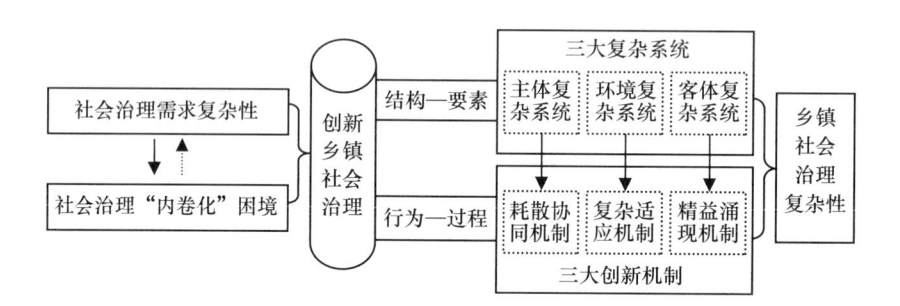

附图 4-1 基于复杂系统的创新乡镇社会治理分析框架

---

① 赵树凯:《乡镇治理与政府制度化》,商务印书馆 2010 年版,第 263—264 页。
② 张康之:《在完善社会管理体制中降低行政成本》,《行政论坛》2007 年第 1 期。
③ 郑杭生、杨敏:《从社会复合主体到城市品牌网群——以组织创新推进社会管理创新的"杭州经验"》,《中共杭州市委党校学报》2011 年第 4 期。
④ 孙立平:《积极社会管理:应对复杂挑战良方》,《廉政瞭望》2012 年第 6 期。

如附图 4-1 所示，在我国乡镇社会治理需求日增复杂性的同时，乡镇社会治理却出现了与之不相称的"内卷化"困境，这从乡镇社会治理的供需层面提出了进行创新乡镇社会治理的客观要求。基于复杂系统的创新乡镇社会治理可以从两个层面入手：一是"结构—要素"分析视角的乡镇社会治理主体、环境和客体三大复杂系统；二是"行为—过程"的视角构建乡镇社会治理的耗散协同机制、复杂适应机制和精益涌现机制。总之，乡镇社会治理供需矛盾、乡镇社会治理的三大复杂系统及三大创新机制构成了创新乡镇社会治理研究的一个新领域，即乡镇社会治理复杂性。

二 作为复杂系统的乡镇社会治理

复杂系统一般是指相对"牛顿范式"经典科学以来构成科学事业焦点的简单系统而言的，它是一个具有中等数目，基于局部信息做出行动的智能性、自适应性主体的系统，其内部具有多个相互依赖的子系统（subsystem）。我国乡镇社会治理的主体、客体和管理环境都具有复杂系统的基本特征，它们构成乡镇社会治理系统的三大复杂子系统。

1. 主体复杂系统

乡镇社会治理主体系统的复杂性不仅表现在数量与种类上的复杂，而且表现在组织构成与功能职责上的复杂，它是由"量的复杂性"和"质的复杂性"所构成的一个复杂系统。

"量的复杂性"是指乡镇社会治理主体的数量繁多和类型多元。从数量上看，作为乡镇社会治理主要负责组织的乡级行政区划单位就有 40466 个，其中区公所 2 个，镇 19683 个，乡 12395 个，苏木 106 个，民族乡 1085 个，民族苏木 1 个，街道 7194 个。而作为乡镇社会治理的基层群众自治组织共计 67.9 万个，其中村委会 59.0 万个，村民小组 476.4 万个，村委会成员 231.9 万人。[①] 从类型上看，我国乡

---

① 民政部：《2011 年社会服务发展统计公报》，中华人民共和国民政部官网，http://www.mca.gov.cn/article/zwgk/mzyw/201206/20120600324725.shtml。

镇社会治理主体已经从计划经济时代的一元化管理主体（政府是唯一的权威主体）发展成为市场经济时代的多元化管理主体，一种"党委领导、政府负责、公众参与、社会协同"的社会治理新格局已基本形成。在具体社会治理中，其实还不限于这四大主体，专家、新闻媒体等也参与社会治理，它们发挥着越来越重要的作用，与四大主体往往都是共同讨论、共同协商、共同决策来管理社会公共事务。

"质的复杂性"体现在乡镇社会治理主体本身的复杂性与其发挥功能职责的复杂性。以党政这两个主体来说，"党"的意见表达功能与"政"的决策执行功能在具体的乡镇社会治理中就很难明晰地分开，党政不分一直是困扰着我国乡镇社会治理的一个基本的体制性问题。又以社会协同主体的基层社会组织来说，其发展远远滞后于乡镇社会治理的需求，而且良莠不齐、缺乏自律和有效的监督。农村社会组织在社会治理中出现"动力不足"和"能力不足"的尴尬局面。把这些处于低水平组织与管理状态的基层社会组织协同起来参加社会治理是一件相当困难的事情。再看公众，它既是乡镇社会治理的参与者，也是乡镇社会治理的对象。农民群体的公民意识和社会意识淡薄，社会秩序感和认同感比较淡化，他们一方面对自身权利和义务的认识非常肤浅，另一方面对由血缘、地缘关系形成的社会群体和地域性社会民间组织情有独钟。[1] 这使得农民的这种参与意愿和参与能力很难在乡镇社会治理中起到真正的参与者作用。

2. 环境复杂系统

乡镇社会治理环境是一个多层级、多面向的复杂系统，它具有宏观上的社会、经济、政治环境，中观上的体制环境和微观上的管理技术、管理方法环境等。

在宏观层面，"两转五化"是乡镇社会、经济、政治环境的一个重要特征："两转"就是传统社会向现代社会转型和计划经济向市场经济转型；"五化"即市场化、信息化、工业化、国际化和现代化。这种宏观环境不仅导致了社会矛盾的高发，也导致了社会治理的任务

---

[1] 陆学艺：《中国社会建设与社会治理》，社会科学文献出版社2011年版，第312页。

向基层下移。"经济发展的黄金期"和"社会矛盾的凸显期"相互交织就成了乡镇社会治理宏观环境的真实写照。社会转型的一般规律表明,社会转型往往伴随着社会骚动不安、利益纠纷加剧、社会犯罪增加和腐败现象丛生等问题。这在我国乡镇社会治理的宏观环境上也有所体现。

在中观层面,压力型体制仍然是乡镇社会治理体制环境的主要特征。经过多年的行政管理体制改革,"压力型体制"在形式上有所变化,但其基本的运作逻辑并没有发生根本的变化,其作用机制还趋向了多面性,如加强了对指标完成手段的管理、加强了行政问责制、加强了量化指标结构的多元化倾向等。[①] 压力型体制使得乡镇社会治理的权责不对称,陷入了有责无权的窘境。"芝麻大的官、巴掌大的权力、天大的责任"就是乡镇干部对压力型体制下自己的权责不对称较为普遍的看法。随着政府问责、部门卸责等逐渐扩大化,负责乡镇社会治理的组织与人员几乎是疲于奔命。各种"一票否决"、"黄牌警告"、"就地免职"的考核与处罚,使得乡镇运转不堪重负,分身无术,无法根据复杂的社会治理需求来创新社会治理与公共服务。

在微观层面,一方面,乡镇社会治理的方式方法变得灵活多样。传统上的对群众进行管、控、压、罚等强制性行政化社会治理手段已经无法适应公民维权意识逐步增加的社会现实,取而代之的是要求更多地运用法律规范、经济调节、道德约束、心理疏导、舆论引导等非行政化社会治理手段。以情感管理为基础的平等对话、民主协商、心灵沟通等管理方式成为解决乡镇社会问题、化解社会矛盾的新型方法,"市民化待遇、亲情化服务、人性化管理"等方式已成为不少乡镇社会治理的新措施。另一方面,网络与通信技术的发展给农村带来了巨大的冲击,对乡镇社会治理的方法提出了新要求。科学技术的发展与运用改革着人类的生活轨迹,也不断地冲击现有的经济社会秩序。随着信息化的发展,农村手机、电脑用户迅速增加,网络虚拟社

---

① 荣敬本:《变"零和博弈"为"双赢机制"——如何改变压力型体制》,《人民论坛》2009年第2期。

会的社会治理环境正在逐渐地形成。这在客观上给乡镇社会治理的方式方法提出了新要求。

3. 客体复杂系统

乡镇社会治理客体是乡镇社会治理的对象，既包括乡镇所要管理的社会秩序和社会公共事务，也包括乡镇社会治理的直接管理对象，即广大村民。前者构成乡镇社会治理的"事"的对象，后者构成乡镇社会治理"人"的对象。"事"的对象在第一部分的"乡镇社会治理需求日增复杂性"中已详细地阐述了，这里主要从村民群众这个"人"的对象来进一步分析乡镇社会治理客体系统的复杂性。

广大农村村民不仅具有总体上的复杂性，而且具有群体与个体上的复杂性，具体表现在以下几个方面：

（1）农村的社会阶层丰富化。这是村民总体复杂性的一个突出表现。在农村家庭承包责任制改革之后，我国农村出现了社会阶层的分化，并走向丰富化。现今的农村阶层大致可以分为四大阶层：先富阶层、普通家庭阶层、贫困家庭阶层和特殊阶层。先富阶层主要包括农业专业户、养殖专业户、个体户、乡村企业主以及包工头等；普通家庭阶层主要是那些自主承包土地自主经营的农户；贫困层级主要是那些失地农民、伤残人员、孤寡老人、苦难群众、失业、低保的农户；特殊阶层主要有社会闲散青少年、流浪乞讨人员、刑满释放人员、农村留守儿童、具有严重不良行为的青少年及精神病患者等。

（2）社会心态脆弱化。这是村民群体上复杂性的突出表现。当前社会上的弱势心态已经在农村开始蔓延。由于缺乏利益表达的畅通渠道和权利维护的有力组织保障，不少乡镇在征地、拆迁的社会治理中更多地考虑既得利益团体和强势群体的利益，忽视弱势群体生存和发展的困难，致使这部分人处于劣势，这是造成弱势心态在农村蔓延开来的一个主要原因。不少乡镇村民的心理变得脆弱，并积累了怨恨。农村群体性事件不断增多就很好地说明了这一问题。

（3）人口流动频繁化。随着社会流动不断加快，村民的就业方式呈现多样化。"一村两制"、"一家两制"、"人户分离"的现象在农村迅速地增多起来。村民人口流动加快，不少村落中留守儿童和空巢老人成为农村社区的主要组成人群。在城乡交界处，也出现了一些无人管无人理的"社会人"，逐渐形成城乡社会治理网络没有覆盖的管理盲区；频繁化的人口流动既形成了新的群体，如外来务工人员群体、农民工群体，也形成了新的个体，如一些新的个体户和自由职业者等。

（4）利益诉求多元化。这是村民个体复杂性的主要表现。不同阶层的农民具有不同的利益诉求。由于面对的特定问题和困难不同，就是同一阶层的农民也具有不同的利益诉求。并且这种利益诉求更多地表现为原子化的个体诉求，而不是群体性的组织需求。随着农村阶层利益的分化，村民的个性化社会治理需求还会不断地增加。

（5）维权方式简单化。随着利益多元化，村民的维权意识也在不断地增加。"缠访"就很能说明问题，很多时候村民不是通过正常的法律渠道来解决利益纠纷和矛盾冲突，而是"信访不信法"和"信闹不信理"。又如，村民对抗拆迁，"自焚"几乎被认为是最有效的手段，因此，暴力拆迁和自焚对抗事件迅速增多。从维权的组成人员来说，既有群体维权，也有个体维权。前者容易发生群体性事件，后者则容易出现个体极端化行为。简单化的维权方式客观上增加了乡镇社会治理的难度，也增加了乡镇社会治理客体的复杂性。

总之，乡镇社会治理的三大复杂子系统不仅各自具有很强的复杂性，不断地矛盾运动着，而且它们之间还相互联系、相互依赖和相互作用，形成了两对基本的矛盾运动：一是乡镇社会治理主体复杂系统与乡镇社会治理客体复杂系统的矛盾运动；二是乡镇社会治理活动的主体（乡镇社会治理主体与客体的统一体）与乡镇社会治理活动的客体的矛盾运动。这两对矛盾持续地运动着，构成一个总体上的乡镇社会治理复杂系统。

三 创新乡镇社会治理的三大机制

乡镇社会治理的三大复杂系统是创新乡镇社会治理的基础性条件。在这三大复杂系统的基础上，从"结构—环境—效果"三个相互关联的社会治理的行为过程环节出发，构建三大对应的创新乡镇社会治理机制。

1. 结构变革的耗散协同机制

复杂系统的有效管理通常是以网络化协同结构为组织运转的基础。组成复杂系统的内部各要素通常会发生许多协同作用而共同进化。协同是复杂系统发挥作用的一个基本要求，耗散则是复杂系统突变后发生高层次协同的表现。由耗散所形成的"耗散结构"是当代前沿的混沌理论与复杂系统理论中的一个核心术语。耗散结构为现代科学的拓荒者普利高津（I. Prigogine）首倡。他认为，在非平衡系统中，组织在与外界有着物质与能量交换的情况下，系统内部各要素存在着复杂的与非线性相干扰因素时才可能产生自组织现象，把这种情况下生成的自组织有序态称为耗散结构。耗散结构的生成"来自系统发展中的突变、能量耗散及系统内的非线性机制共同作用的结果"①，它的出现和形成必须具备如下四个基本条件：（1）系统必须是开放系统；（2）系统必须处于远离平衡的非线性区；（3）系统中必须有某些非线性动力学过程；（4）涨落导致有序。

要构建乡镇社会治理的耗散协同机制，就必须对乡镇社会治理主体系统进行变革，使其基本具备耗散结构形成的基本条件。我国乡镇社会治理主体在多次变革后，早已是一个开放系统了，而多次乡镇改革、撤乡并镇改革、村民自治、发展民间社会组织的努力，以及不断加快的人口流动，使我国乡镇社会治理主体系统处于远离平衡的非线性区，产生了某些非线性动力学过程和涨落现象。这说明我国乡镇社会治理主体系统基本满足了耗散结构形成的基本条件，能够构建一个耗散协同机制，关键是要进一步做到"内联外协"：

一是要加大乡镇党政系统各要素整合，建立社会治理的内部协同机制。首先，进行机构重组，整合乡镇政府内部的诸多机构，建立乡镇社会治理的共享管理平台与服务机制。最近山东省泰安县成立的综治维稳中心其做法就很值得借鉴，该中心集合了综治、信访、司法、

---

① 陈春明、刘希宋：《基于混沌理论的耗散结构组织研究》，《学术交流》2004年第6期。

公安、法庭等部门资源，在综治办、信访办、司法所、特殊人群办、流动人口办、防范和处理邪教办、禁毒办、预青办、六联办、网络办"十位一体"的工作平台和统一设置机构、统一工作流程、统一基础台账、统一工作制度、统一管理目标、统一信息资源"六个统一"工作要求的基础上形成了"六联"运行机制，即矛盾联调、治安联防、工作联动、问题联治、平安联创和服务联办。① 这个平台与服务机制有效地应对了群众在矛盾纠纷、信访、法律咨询、法律援助等方面的诉求，对维护社会秩序，促进社会稳定起到了积极的作用。借鉴泰安的经验，进行社会治理机构整合，在管理机构功能整合的基础上推行"一站式"服务是建立乡镇社会治理内部协同机制的关键所在。

二是要培育和发展乡镇社会治理复合主体，形成社会治理的耗散结构。从乡镇党政系统外部输入能量，通过发展和培育乡镇社会治理复合主体，实现乡镇社会治理主体突变，有利于建立社会治理的耗散结构。最近杭州的社会治理经验就是一个范例。杭州的社会复合主体就是指以推进社会性项目建设、知识创业、事业发展为目的，促进社会效益与经营运作相统一，由党政界、知识界、行业界、媒体界等不同身份的人员共同参与、主动关联而形成的多层架构、网状联结、功能融合、优势互补的新型创业主体。该复核主体有五个方面的特征：架构多层复合、成分多元参与；功能特色互补、职能衔接融合；人员专兼结合、角色身份多样；事业项目带动、机制灵活规范；社会公益主导、持续经营运行。② 杭州的经验在于：通过引入乡镇党政系统之外的主体（即外部的"能量"）实现系统的突变，从而增进系统的结构凝聚和功能融合，促进了各主体彼此依赖、共存共生，从而形成社会治理的耗散结构。

一言蔽之，就是通过"内联外协"，建立起横向集中、纵向分散的乡镇社会治理的耗散协同机制。"横向集中"就是在发挥乡镇领导

---

① 马有仓：《健全机制 拓宽服务 积极探索乡镇社会管理的新路子》，《发展》2012年第8期。
② 郑杭生、杨敏：《从社会复合主体到城市品牌网群——以组织创新推进社会管理创新的"杭州经验"》，《中共杭州市委党校学报》2011年第4期。

中心协调作用的基础上，实现乡镇层级不同部门之间的协同管理；"纵向分散"就是要克服乡镇社会治理一直存在的条块管理、上下对口的弊端，改变部门执法下所形成的权力"垂直运作"状况，适当地增加乡镇的社会治理职权，科学地界定乡镇工作职能，解决当前乡镇权责不匹配、权力有限、责任无限等问题，切实减轻乡镇干部的压力，从而发挥乡镇社会治理各个治理主体的自主性和能动性，发挥乡镇社会治理复杂系统的"智能体"功能。

2. 环境变化的复杂适应机制

国外对复杂系统的复杂性管理的研究起始于 20 世纪 80 年代中期。1994 年，霍兰德（J. Holland）在复杂系统的基础上提出了比较完整的复杂适应系统（Complex Adaptive System，AS）理论。[①] 复杂适应系统理论的一个基本观点就是宏观系统的复杂性可以归结为微观个体对环境的适应行为，即微观主体的相互作用构成了宏观主体的复杂现象。对环境的复杂适应性是复杂系统的本质特征之一，"复杂适应系统建模方法的核心是通过在局部细节模型与全局模型间的循环反馈和校正，来研究局部细节变化如何突显出整体的全局行为，其模型组成一般是基于大量参数的适应性主体，其主要手段和思路是正反馈和适应，其认为环境是演化的，主体应主动从环境中学习"[②]。简言之，复杂适应就是指复杂系统的主体能够与环境及其他主体进行非线性关联作用，体现主体的适应性和学习能力，以更好地应对环境变化。

借鉴复杂适应系统的基本原理，构建我国乡镇社会治理应对环境变化的复杂适应机制，要做到"内外兼修"：

就内部环境而言，首先，要增强乡镇社会治理主体系统自身的复杂性，使其具有比环境更高的复杂性。一个复杂系统要很好地适应环境，"其关键特征是内部单位的'自治'、'关联'和'变革'，具有

[①] Holland, J. H., *Hidden Order: How Adaptation Builds Complexity*, Reading, MA: Addison-Wesley, 1995.

[②] 陈理飞、史安娜、夏建伟：《复杂适应系统理论在管理领域的应用》，《科技管理研究》2007 年第 8 期。

比环境更高的复杂性"①。这可以通过培育社会自治、推进协同服务，进行组织变革来增加乡镇社会治理主体的复杂性。例如，建立健全民间自治的培育引导机制，杜绝民间自发力量参与社会治理的"混乱"现象，使民间力量出现自组织现象，自主地进行社会治理。其次，要营造良好的施政环境，在乡镇社会治理与公共服务中实现三个转变：在农村分配关系上从"取"向"予"转变；在干群关系上从"混"向"和"转变；在城乡关系上从"补"向"哺"转变。在具体的工作方式上也要实行精细化转变，如建立"信访导访机制"，变堵为疏，变上访为下访，变日常管理为全程服务，定期地召开信访恳谈会，倾听民意，了解民情。

就外部环境而言，要把乡镇社会治理环境建设作为一个系统工程来抓。在宏观上，既要发展乡镇的经济，为乡镇赢得较好的发展环境，夯实乡镇社会治理的硬件基础，也要发展和谐的乡村文化，为乡镇培育良好的社会生态，提供乡镇社会治理的文化软支撑。在中观和微观上，要完善乡镇社会治理的法律环境和施政环境，增强乡镇社会治理的环境适应能力，具体可概括为建立十大复杂性适应机制：(1) 建立社会阶层的沟通机制。在利益均衡、互利互信的基础上拓宽信息沟通的渠道，实现农村各社会阶层的有效沟通，防止阶层固化；(2) 建立社情民意调查机制，对社会舆情进行汇集和分析，对民意进行深入了解和调查，定期地分析突出问题，抓住倾向性问题，做好预案及积极地进行干预；(3) 建立重大决策听证对话机制，在健全民主决策程序的基础上，完善重大决策的专家咨询、社会公示和公开征求意见等制度，切实保障广大村民的知情权、参与权和平等对话权；(4) 建立流动人口的动态管理机制，在统筹城乡发展的基础上，对乡村流动人口进行动态管理，使他们有序地进入乡村社会生活，成为乡村社会的管理者和建设者；(5) 建立社会稳定风险评估机制，对"特殊人群"进行适时有效的监测，定期评估社会稳定风险，并提供预防风险的对策；(6) 建立社会矛盾的联合调解机制，

---

① 刘洪：《组织复杂性管理》，商务印书馆2011年版，第60页。

完善社会矛盾化解的组织体系,采用多种矛盾调解的方法,综合运用法律、政策、经济、行政等手段和教育、协商、疏导等办法,把矛盾化解在基层,解决在萌芽状态;(7)建立突发事件的应急处置机制,构建资源集中、信息共享、统一指挥的应急处置体系,增强乡镇的公共危机处理能力,有效地处理农村的群体性事件,进行危机管理,树立良好的政府形象;(8)建立群众利益的诉求表达机制。通过各种途径、方法,将政策向社会公开,使村民对于同自身利益密切相关的社会政策有充分的了解,在此基础上拓宽群众利益的表达渠道,使民意得到有效的表达;(9)建立群众权益的保障机制,把群众利益纳入制度化、规范化、法制化轨道,通过法律、行政、经济等多种手段切实保障村民的权益;(10)建立农村福利的社会保障机制,把服务民生、改善民生放在突出的位置来抓,完善农村就业、培训、养老、医疗等保障制度,确保"老有所养、病有所医、学有所教、住有所居"。通过上述十大机制创新,可以从总体上构建一个复杂、适应社会环境的动态管理体系,实现动态社会治理。

3. 过程管理的精益涌现机制

涌现(emergence,或称为突变、突现)通常是界定一个系统是否是复杂系统的一个基本特征。所谓涌现,就是指"系统作为一个整体所突现出来的新的,且通常是难以被预测的整体属性"[①]。通俗地讲,涌现就是指复杂系统在功能上出现"1+1>2",形成一种整体现象的特征。精益涌现(simplified emergence)是对复杂系统涌现理念的一种改进,它是"通过精益运作与管理使系统(特别是生产与运作系统)产生涌现,精益涌现不同于传统涌现的'加合'思想,而是采用'精减'思想,即在精确地定义价值的基础上,关注环境要素的变化,不断地消除系统要素中的冗余,以求得持续卓越而稳健地运行,即通过'N−1>N,N−M>N'使系统不断向着正涌现的方向发展"[②]。可

---

① 许正权、宋学锋:《组织复杂性管理:通过结构敏感性管理复杂性组织》,经济管理出版社2009年版,第28页。
② 张英华、蒋丽华:《复杂系统"精益涌现"的形成机理研究——以供应链系统为例》,《天津师范大学学报》(社会科学版)2011年第3期。

见,"精益涌现"把耗散结构的"突变"上升到一个更高的理论层次,它更有利于节约复杂系统损耗,获得整体效应。

我国乡镇社会治理系统,不仅需要结构要素"加合"式"涌现",形成耗散协同结构,更需要"精减"式"涌现",防止复杂系统崩溃机理的形成,获得整体效应。构建乡镇社会治理的精益涌现机制,关键是要做到"整体突破":

(1)把村民的需求作为精益涌现的核心价值流。把为民服务,营造良好社会秩序与环境作为乡镇社会治理的基础,真正做到"权为民所用、情为民所系、利为民所谋"。把广大村民的价值作为精益涌现的核心关注,使这种精益运作的结果向着复杂系统演化的正方向发展,为乡镇社会治理的正向涌现提供基础性条件。

(2)把消除冗余作为精益涌现的基石。就是要变传统的"加合"思想为"精益"理念,通过精益运作与管理消除乡镇社会治理出现的"冗余"现象和因素,节约乡镇社会治理的成本,获取最大化的社会效益。当前要消除的"冗余"现象和因素很多,主要表现在以下三个方面:一是乡镇社会治理机构、人员上的"冗余"的消除。要清除超编人员和临时人员,建立一支精干的乡镇社会治理队伍。二是乡镇社会治理职能上的"冗余"的消除。要切实减少职能交叉、推诿扯皮的现象。三是乡镇社会治理方法上的"冗余"的消除。要简化行政审批手续,提供便捷化的公共服务与社会治理。消除这三个方面"冗余"现象和因素的措施在实践上可以综合起来运用,如不少地方进行的"乡镇撤并"、"交叉任职"、"站所转制"、"委托扩权"等都是消除"冗余"的一些好措施。

(3)把整体效应作为精益涌现的基本动力。"精益涌现"的理论表明,要素、结构、环境三个方面是复杂系统的整体涌现性的源泉。因此,必须发挥乡镇社会构成要素重组、组织结构变革和管理环境改善的综合作用,从而形成良好的规模效应、结构效应、环境效应,实现乡镇社会治理的整体效应。在今后较长的一段时间内,以推进乡镇社会治理系统功能整合为目的的乡镇大部制改革仍然是造就乡镇社会治理系统整体性涌现的一个有效的途径。

四　开启乡镇社会治理复杂性研究的新领域

随着乡镇社会治理日趋复杂性，"乡镇社会治理复杂性"已成为乡镇社会治理的一个新命题或一个新的研究领域。本文的分析框架涵盖了乡镇社会治理复杂性研究的一些基本内容：乡镇社会治理复杂性的供需矛盾、乡镇社会治理三大复杂子系统及动态运行，以及在三大复杂子系统基础上建立起来的三大创新乡镇社会治理机制。与这些内容相关的一些概念范畴、如"乡镇社会治理需求的日增复杂性"、"乡镇社会治理的'内卷化'困境"、"主体复杂系统"、"客体复杂系统"、"环境复杂性"，以及乡镇社会治理机制创新上的"耗散协同"、"复杂适应"与"精益涌现"等都具有传统乡镇社会治理所不具有的新内涵与新特征。这些新概念范畴的引入有利于使乡镇社会治理的理论与实践转向复杂性时代的行政话语。①

诚然，"乡镇社会治理复杂性"还只是一个新的研究领域，开启这一研究领域，有很长的一段路要走。除了要剖析供需复杂性与系统复杂性、创新乡镇社会治理机制外，今后还要在乡镇社会治理的思维方法、体制改革、制度创新和微观机理等方面进行研究和探索：

第一，树立乡镇社会治理的复杂科学思维方法。复杂科学的思维方法是一种"万法归一的研究方法"②。用复杂系统的思维与方法进行乡镇社会治理，就要充分地认识到乡镇社会治理需求的日增复杂性和乡镇社会治理系统本身的复杂性，以持久的、动态的乡镇社会治理机制创新供给复杂性需求。具体而言，就是要利用多学科交叉范畴，以非线性思维，从乡镇社会治理系统的演化性和整体性出发，应用综合方法解决复杂性乡镇社会治理问题。

第二，推进乡镇社会治理体制的增量改革。应对乡镇社会治理复杂性，进行乡镇组织改革是关键。但是乡镇改革绝不能简单地停留在

---

① 韩志明：《从"独白"走向"对话"——网络时代行政话语模式的转向》，《东南学术》2012年第5期。
② 李兵、卢正鼎：《万法归一论——浅论复杂科学特点与研究方法》，《湖北大学学报》（自然科学版）2002年第1期。

机构撤并、人员精简、职能重组等表层，必须从乡镇的"内核"启动，进行体制内的增量变革。例如，湖北"咸安政改"就是一个很好的范例。"咸安政改"与其他乡镇改革的不同之处，在于它一开始就有一个比较完整的改革思路和系统、可行的改革方案，而不是"摸着石头过河"的尝试，它由"内核"启动并逐渐由"内核"向"边层"扩展，形成一种体制内增量改革的改革路径。[1] 从咸安经验看，体制内的增量改革，除了从"内核"启动外，还需要积极争取上级政府的强力支持和建立有效的保障机制，才能取得成功。

第三，建立向乡村社会赋予权力的制度。这是拓展社会权利自主空间的一个基本途径。建立向社会赋权制度的基本目标就是要赋予并尊重各类社会组织的相应权力，推动社会主体实行自我组织、自我教育、自我服务、自我管理等自主治理。建立向社会赋权制度的基本措施有两个方面：一是认真落实基层自治制度。通过扩大政府投入和法制建设，不断扩大基层群众自治范围和民主实践，保证基层群众自治在法治的轨道上健康有序地发展。二是要建立健全政府职能的转移制度。把政府职能的转移作为一项复杂的系统工程来抓，在建立"权力清单"和"职能清单"的基础上，明确不同乡镇社会治理机构的权力与职能的性质，并评估其履行的方式，从而建立职能转移的目录及转移秩序，把属于社会的职能分步骤、有计划地转移给社会组织[2]，最终达到增强社会自治能力和提高社会组织协同社会治理的积极性。

第四，重视复杂系统失效的微观机理。复杂性科学表明，"复杂组织的失效实际上是系统微观结构失衡的长期累积和叠加效应的结果，并对组织结构变化敏感。对复杂系统失效的干预只能从结构微调上入手"[3]。因此，应加强乡镇社会治理各子系统微观组织结构失效

---

[1] 吴理财：《改革与重建——中国乡镇制度研究》，高等教育出版社 2010 年版，第 171—172 页。

[2] 郁建兴、任泽涛：《当代中国社会建设中的协同治理：一个分析框架》，《学术月刊》2012 年第 8 期。

[3] 许正权、宋学锋：《组织复杂性管理：通过结构敏感性管理复杂性组织》，经济管理出版社 2009 年版，第 128 页。

的内在机理研究，从组织结构敏感性的视角来管理复杂组织，具体研究乡镇社会治理体制化结构与边界化结构互动中形成的共生结构的实态运行机理，以有效地应对乡镇社会治理的复杂性需求，防止乡镇社会治理复杂系统的失效。

附录五　大数据驱动下乡镇政府整合型组织结构实践模式[*]

曾维和　杨星炜

（南京信息工程大学，江苏南京，210044）

[摘要]　地方基层公共服务模式创新是服务型政府建设的一个重要引擎。在大数据战略推动下，我国地方基层涌现了不少公共服务创新模式，迫切需要进行理论总结。盛泽行政服务局智慧服务就是一个创新范例，该实践模式在内容上包括三大智慧服务实现平台、四个智慧服务提供机制和"五化"标准智慧服务制度设计，在三重整合的基础上，该实践模式形成了一种由技术支持、公众参与和经营策略三个要素整合叠加而成的地方基层整合型服务模式创新路径。盛泽模式对于推进地方基层公共服务模式创新具有重要的示范意义。

[关键词]　智慧服务；整合型服务模式；基层治理创新

大数据是一场正在来临的数据革命，它改变着商业和公民的生活，也正改变着政府和公共服务，① 大数据时代背景下，运用大数据推动经济和社会发展、提升社会治理和公共服务能力正成为一种全球性的大趋势，有关发达国家相继制定实施大数据的战略性文件，例如：英国财政部2009年颁布了《打造前沿服务政府：智慧政府》，制

---

[*]　本部分内容是由笔者及笔者的研究生发表在《阅江学刊》2017年第2期的论文《大数据驱动下地方基层整合型服务模式创新——以盛泽行政服务局智慧服务为例》修改而成。

①　涂子沛：《大数据：正在到来的数据革命》，广西师范大学出版社2015年版，第308—311页。

定了打造智慧政府的三个行动方案；美国总统奥巴马于 2012 年签署了《建立 21 世纪为美国人民更好服务的平台》，为美国智慧服务平台的构建制定了战略方向。针对我国基层公共服务需求日益增长，基层政府治理能力不足和服务能力滞后的尴尬情况，开发大数据关键技术，充分发掘和释放数据资源的潜在价值，创新公共服务模式，将成为提升政府治理能力和推动公共服务改革的新途径。

一 智慧服务：大数据驱动下的整合型服务模式

大数据驱动（big data driven）就是以大量的动态数据为驱动力，通过数据收集环节、信息存储环节、组织加工环节对获得的数据信息进行分析处理的过程。大数据驱动的本质就是要让数据说话，彻底改变服务模式，量化服务的各个环节。文森佐·莫拉比托（Vincenzo Morabito）在《数字业务创新的趋势与挑战》一书中对大数据的驱动程序和特点作了归纳性的描述，他指出大数据具有四种驱动程序和五大特性：四种驱动程序就是指社交网络、移动技术、物联网和云计算；五大特性就是指大数据所具有的大量化、快速化、多样化、可访问化以及准确化的特性，其中准确化特性涉及数据的质量和数据的可信度，是其他四种数据特性可用度的基本保证。该书从技术和管理水平层面对大数据的主要驱动和特征进行了阐述，并通过案例讨论进行总结，提供了从实践因素和战略要点上关注的见解，较好地支持了大数据驱动的决策制定和经营绩效。[①] 文森佐·莫拉比托还在《大数据和分析：战略和组织的影响》一书中对大数据驱动的内容进行了一系列研究，他认为利用大数据可以获得动态竞争优势、转变商业模式，并从战略层面上讨论了与大数据驱动有关的目标营销、驱动设计创新等方面的内容。[②] 目前，公共管理、医疗健康、金融管理、服务业等领域和行业都对大数据驱动进行了相应的运用，大数据日益成为公共

---

① Vincenzo Morabito, *Trends and Challenges in Digital Business Innovation*, Berlin/Heidelberg: Springer International Publishing Switzerland, 2014: 4-7.
② Vincenzo Morabito, *Big Data and Analytics: Strategic and Organizational Impacts*, Berlin/Heidelberg: Springer International Publishing Switzerland, 2015: 6-9.

服务、管理决策创新的重要技术手段，它在诊断问题、设定目标、制定方案等公共管理方面发挥了积极的导向作用。

大数据驱动了公共服务模式的变革与创新，即通过以大数据的服务提供技术和方法，运用情感分析、数据整合、数据挖掘等一系列大数据处理手段对资源的潜在价值进行揭示，以达到服务价值增值的目的。智慧服务（smart service）就是在智慧城市、智慧政府等大数据驱动的治理改革政策引导下所产生的一种整合型服务提供模式。智慧城市（smart cities）理念最先起源于 2008 年 IBM 借助信息技术建设提出的"智慧地球"的设想，它是为了抗击"城市病"，运用大数据的智慧与技术而打造的一个基于社会运行数据的城市立体生态系统，该系统承载着具有竞争力的环境导向功能设置和成本意识的公共服务提供。智慧政府（smart government）是智慧城市建设的内在需要和组织保障，它的核心特征包括智慧网络办公平台、智慧规划和智慧政策、智慧政务服务等方面，[①] 它的落脚点是以合作伙伴提供（partner the delivery）方式为公众提供一种便捷的、个性化的整合型服务。[②] 这种智慧服务整合行为可以在组织中释放出巨大的潜在价值，如服务成本减少、服务问题解决和创新能力产生。[③]

近年来，我国开始了智慧服务的政策制定与实践探索。2012 年 11 月住房城乡建设部办公厅发布了《关于开展国家智慧城市试点工作的通知》《国家智慧城市试点暂行管理办法》和《国家智慧城市（区、镇）试点指标体系》，该《通知》指出，智慧城市是通过综合运用现代科学技术、整合信息资源、统筹业务应用系统，加强城市规划、建设和管理的新模式，智慧城市建设将作为推动新型城镇化，提升城市管理能力和服务水平的一个重要举措。为了更好地适应智慧城

---

① 关静：《智慧城市中的智慧政府：核心特征与目标设定》，《长白学刊》2013 年第 3 期。

② HM Government, "Putting the Frontline First: Smarter Government", Presented to Parliament by the Chief Secretary to the Treasury by Command of Her Majesty, 2009: 9.

③ Mila Gascó-Hernández, *Open Government: Opportunities and Challenges for Public Governance*, New York: Springer, 2014: 191.

市的建设，2013年11月，民政部发布了《关于推进社区公共服务综合信息平台建设的指导意见》，提出了推进社区公共服务综合信息平台建设的四大重点任务：建设社区公共服务信息系统、整合社区公共服务信息资源、完善社区公共服务综合信息平台规划布局、加强社区公共服务综合信息平台运行管理。这四大任务所要建设的智慧社区公共服务综合信息平台，实际上是一种整合型服务提供的大数据平台，它不仅勾勒出了我国基层智慧政府建设的基本方向，呈现了智慧政府建设的雏形，而且为智慧服务的发展提供了强劲的政策推动力。地方层面的智慧服务发展，有力地推动了国家层面的大数据发展战略的制定。2015年8月，国务院印发的《促进大数据发展行动纲要》从战略层面上提出了公共服务大数据工程，通过利用大数据创新服务模式，如"整合各类政府信息平台和信息系统"、"整合分散的数据中心资源"、"结合信息惠民工程实施和智慧城市建设，推动中央部门与地方政府条块结合、联合试点，实现公共服务的多方数据共享、制度对接和协同配合"。① 这就从信息、资源、部门三个方面整合的视角提出了一个构建大数据驱动下整合型服务模式创新路径。

政策上对整合型服务模式的诉求，推动了不少地方政府打造"智慧城镇"、"智慧乡镇"的实践及智慧服务的有益探索，江苏省吴江市盛泽行政服务局的智慧服务正是这种探索的领跑者。自2012年以来，盛泽镇行政服务局以全国经济发达镇行政管理体制改革试点为契机，较好地顺应大数据时代对地方基层服务创新提出的新要求，围绕解决盛泽镇传统基层服务提供中的分散化、两头跑、体外循环、信息孤岛等困境，以智慧服务的品牌统领公共服务提供机制的建设与发展，推进数据的统一管理，实现了"一站式"办公与服务，形成了以智慧服务为品牌的镇域特色行政服务新模式。但是，理论研究明显滞后于实践的发展，国内学界对智慧服务的研究主要集中在图书馆服务领域，主要探讨了图书馆智慧服务门户网站、资源共享智慧服务平

---

① 国务院：《促进大数据发展行动纲要》，中华人民共和国中央人民政府官网，http://www.gov.cn/zhengce/content/2015-09/05/.content_10137.htm。

台和个性化智慧服务体系等方面内容，还有少量的研究散见于智慧城市的研究成果之中，而对基层政府的智慧服务模式缺乏系统的实践分析和理论总结，为此，本文将基于盛泽智慧服务对这一实践模式的产生背景、主要内容和创新路径进行系统分析，为我国地方基层在大数据时代进行公共服务提供模式的创新提供启示。

二 盛泽智慧服务的实现平台、提供机制与制度设计

盛泽智慧服务作为一种公共服务提供机制的实践模式创新，在平台、机制和制度三个方面较好地体现了大数据驱动下的政府治理理念，实现了先进技术与先进制度的高度整合。

1. 三大智慧服务实现平台

政务服务是指通过运用政务内网或专网为政府工作人员或部门提供公共服务和业务服务，并按照服务对象（部门、个人、企业、公民等）将电子政务划分为 G2G、G2E、G2B、G2C 四个类别，而原有的 G2G 实际上与 G2B、G2C 存在着交叉业务，即很多时候政府业务对企业、公民服务的部分在互联网上运行，内部审核、数据汇聚、并联审批的环节在政务内网或专网上运行；随着智慧政府公共服务云平台的推广，网络环境、服务对象、服务性质这三者之间呈现出一种相互作用、相互促进的发展趋势（见附图 5-1）。①

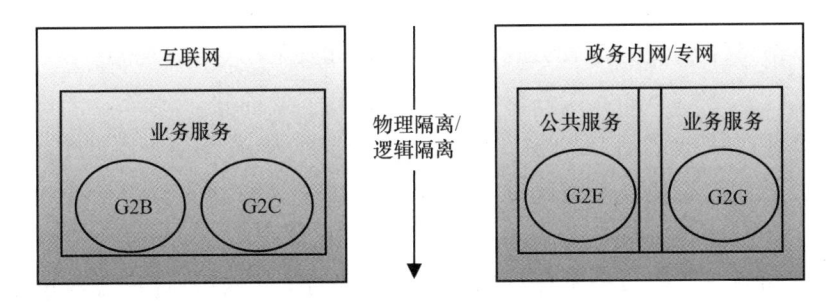

附图 5-1 网络环境、服务对象、服务性质三者间的关系

---

① 王克照：《智慧政府之路：大数据、云计算、物联网架构应用》，清华大学出版社 2014 年版，第 123—124 页。

盛泽镇行政服务局,较好地运用了公共服务云平台的基本原理,在整合上述政务服务运行系统的基础之上又引入了"智慧服务"理念,形成了由门户网站、手机 App 和智慧审批系统三大智慧服务实现平台。

(1) 门户网站。大数据驱动政府搭建一个统一的共享公共数据平台。盛泽镇通过民意调查,发现市民与网络的接触越来越频繁,为了更好地适应大数据时代网络服务的发展趋势,实现"一站式"办公和"一条龙"服务,盛泽镇行政服务局将门户网站建成了一个智慧行政服务的管理平台,该网站平台通过积极挖掘网络资源,将已入驻行政服务局的服务项目进行分门别类创造超链接,并在此基础上设置了个人办事服务导航和企业办事服务导航两大服务指南:按主题分类,个人办事服务包括公共教育、婚姻生育、公共卫生、民政等六类服务项目,企业办事服务则主要有项目审批、医疗卫生、企业登记、财政物价、建设管理等 13 种服务项目;按特定对象分类,个人办事服务又可分为低保对象、教师、医师、律师、会计师这五种,而企业办事服务也可分为娱乐业、传媒业、教育业、农林渔牧业等八种类别。按主题和特定对象进行分门别类整合相关服务内容,使部门、个人、企业、公民等服务主体能够根据自己的需求,在门户网站上第一时间找到自己的办事服务项目,从而提高办理服务的整体效率。该网站平台还开设了政务公开、新闻资料、政策文件、问题解答、窗口电话等栏目,实现了公共数据的整合与共享。盛泽行政服务局的门户网站充分地体现了大数据整合型服务平台的经济性、快捷性和安全性等多个特点。

(2) 手机 App。大数据驱动政府走向"智能化"服务,手机作为智能时代的高科技产物,在"智慧服务"中发挥着巨大的作用。手机是一种高科技网络终端,在推动信息获取和社交行为便捷的同时,还促使我国网络信息社会步入了"微时代",这个时代改变了政府和公众话语权的整体格局,给政府传统的服务治理模式提出了挑战,政府要充当的角色也变得复杂化与多元化。[1] 为了适应这种

---

[1] 李景怡:《论大数据微时代政府治理能力的提升》,《赤峰学院学报》(自然科学版)2015 年第 31 卷第 12 期。

变化，2014年6月，一款名为"盛泽智慧行政服务"的手机App系统应运而生，该系完成了全功能开发，完善了网上查询、预约等便捷行政服务。这个手机App应用主要通过安卓和苹果两大手机操作系统来实现，打开这个手机App系统，主界面主要由政务公开、新闻资料、政策文件、服务窗口、意见反馈、友情链接及公告等信息板块构成，只要点开一个板块就能了解到与该板块相关的详细信息，尤其是服务窗口板块，承载了相关办理事项简介以及相应的联系方式。[①]

（3）智慧服务审批系统。智慧服务审批系统是指以门户网站和手机App系统为载体来实现"一站式"全程业务办理服务的智能化网上审批系统。智慧服务审批系统是同手机App系统一同开发出来的智慧行政服务手段之一，该套智慧审批系统汇集资料库、证件照、项目库以及决策咨询为一体，有效地整合了各服务窗口的信息资源，实现了公共服务事项网上申报、网上受理、网上审批和网上动态监管等功能的一体化，凸显出"串并互动"、"自主审批"优势，打造了"一个平台集成、一个窗口对外"的智慧服务格局。

为了使市民更好地使用手机App系统，盛泽镇在推行"智慧城市"的发展道路上实现了免费网络主干道及公共广场全覆盖，这种免费网络建设采取了"点线面结合、快速推进"的总体思路，全面提高了盛泽镇的整体信息化水平，为市民通过手机App系统享受信息化便捷服务提供了应有的网络平台。

上述三大智慧服务平台都是云计算、移动互联网等现代信息技术应用的产物，普遍具有"集约"、"整合"等功效，通过这些信息资源开放共享平台，围绕市民需求进行服务配置，应用手机App、微博、微信等新媒体手段，将基层服务资源分解整合，并根据需求公平公正、公开透明地配置到相应的部门、单位以及个人，实现了服务效益的最大化。

---

① 陈小婕：《盛泽智慧行政服务 让百姓办事更便捷》，盛泽镇人民政府官网，http://www.shengze.gov.cn/VideoDetails/2568.html。

2. 四个智慧服务提供机制

盛泽镇行政服务局在推行智慧服务的过程中形成了一套较为完善的数据化服务体系,盛泽镇党委副书记、行政服务局局长孙广琦将其形象地概括为四大内容:"一站式"、"云平台"服务体系,数据库分析服务体系,服务效率提升体系和数据库集中审批体系。① 也有官方报道指出,智慧服务就是要在"互联网+"的时代,将盛泽行政服务打造成全国经济发达镇行政服务改革创新的第一新高地,促进服务体系的"快、优、准"。② 在这些文献的基础之上,本文立足于盛泽镇行政服务局智慧服务的实际运行状况,将智慧服务体系概括为以服务和决策为主要特色的四个服务提供机制。

(1) 大数据驱动下的行政服务改革机制。行政服务改革机制就是运用大数据来驱动行政服务改革。2008年9月4日,《自然》刊登的"Big Data"专辑首次提出了大数据概念,2009年,奥巴马政府创造性地将"大数据"概念全面引入公共行政领域,并开始致力于"数字化"公共服务提供的研究,围绕"数据"分析对美国政府进行了一系列的改革。③ 可见,"大数据"虽然是信息社会发展的新生事物,但是它却具有技术属性,能够产生巨大价值的产品和服务,从而推进数据化系统管理及政府治理转变,最终成为变革之力。④

为了顺应大数据驱动下的政府治理变革,盛泽镇行政服务局充分运用大数据技术手段,对行政服务的提供进行了一系列改革创新,并形成了一套智慧服务提供模式。这种模式的运行主要依靠大数据和人力资源来打造:①用好大数据这张网,使服务提供更加信息化。盛泽镇行政服务局充分利用集中审批优势,从网上受理、网上预审、网上监察这"三网"入手,实现网上全程审批及跟踪服务,为便企利民

---

① 陈小婕:《争当全国经济发达镇行政服务改革创新领头羊——走进绸都盛泽,感受"智慧服务"》,《新华日报》2014年8月29日。
② 《盛泽打造全国经济发达镇行政服务改革创新第一新高地纪实》,吴江新闻网,http://www.jssbb.gov.cn/showinfo.action?infoid=402885f14f00a0f3014f026335a90058。
③ 刘叶婷、唐斯斯:《大数据对政府治理的影响及挑战》,《电子政务》2014年第6期。
④ 姜奇平:《大数据的时代变革力量》,《互联网周刊》2013年第1期。

铺设了一条"快车道";通过大数据技术建立审批信息知识库,使数据库、证照库和项目库"三库"信息合并,"让数据跑路",更好地提供服务于政府、企业和群众;②大数据驱动了多功能服务提供的"铁军团队"产生。按照大数据时代服务提供"一岗多能、一窗多责"的要求,最大限度地利用现有的物理空间和人力资源,通过"串并结合式"服务,打破各窗口间的界限,依托"智慧服务大讲堂"平台对每一个进入行政服务局的人员进行多岗位适应、多角色转换、多业务集成培训,从而为实现盛泽镇行政服务局改革夯实"精简、统一、效能"的服务人才基础。

(2) 云平台下的"一站式"服务提供机制。"一站式"服务起源于英国撒切尔夫人执政时期政府改革,它是通过将相关职能部门的审批业务集中到一处,使企业和公民的申请事务能够在一个地点集中办完,这不仅提高了政府工作效率,还改善了政府提供公共服务形象。①"一站式"服务提供机制就是要在云平台下打造"一站式"服务体系。云平台是大数据时代逐渐兴起的一种资源共享平台,它依靠有线无线一体化网络技术、统一通信技术和云计算技术,把电子政务内网和电子政务外网、互联网、城市应急卫星通信网、短波通信网、集群通信网以及3G通信网络整合为一个庞大的网络资源池,使各类离散的信息资源聚合成应急信息资源云。②

盛泽镇的智慧服务就是在"一站式"服务的基础上,运用大数据、互联网等高科技手段,以达到"一条龙"服务和"全程代办"的服务目的。盛泽镇行政服务局在开展自主审批服务的同时,还通过互联网等高科技手段与各银行、工商部门等服务单位都建立了云平台,实现了数据共享,真正做到了"一个窗口受理、一站式审批、一条龙服务、一个窗口收费"的服务提供模式,延伸了相应的行政服务功能,使"一站式"服务模式在大数据驱动下得到应有的技术功能

---

① 方洁:《相对集中行政许可权理论与实践的困境与破解——以行政服务中心"一站式服务"为视角》,《政治与法律》2008年第9期。
② 徐继华、冯启娜等:《智慧政府:大数据治国时代的来临》,中信出版社2014年版,第189页。

拓展。盛泽行政服务局"一站式"的云平台服务自运行以来,已完成自主审批达1.5万余件,日均办件30余件,节约办事成本300余万元,节省时间成本1000多个工作日,充分展现了云平台服务提供机制的优势。

(3) 云数据支撑下的政企决策预测机制。政企决策预测机制就是运用云数据来支撑政企的决策工作。云数据主要是指利用云计算等高科技手段对数据流进行分析处理,从而得出有用的信息资源,并将这些信息推送到网络服务平台的一种数据集成处理平台。数据,作为一种生产要素已渗透到了各行各业之中,有研究表明,93%的人类行为是可以预测的。① 政府决策、企业决策全部通过云数据进行,用数据说话,让数据做主,这种云数据决策方式不仅影响着政府产业政策的制定、企业的投资方向,还对公民的生活品质产生一定的冲击。

盛泽镇行政服务局在"智慧服务"提供的过程中充分运用云数据为政府、企业和市民这三大主体提供了精确的服务:第一,云数据政府应用的典型主要体现在环保决策上。2015年,随着"智慧环保"云平台的推出,以"环保一张图"、"在线监控系统"、"移动执法功能"、"环境管理业务平台"和"办公系统"为手段,对企业的最新数据进行解析和均值统计,以红色标点和绿色标点作为标记,一旦发现红色超标数据就发出短信警报,在移动执法的过程中更是将数据分析发挥到极致,利用云数据对执法工作提供了有利的理论依据,这种数据平台的开通还有利于及时发现污染点从而快速展开治污工作。② 第二,云数据在企业决策中的运用主要体现在企业投资决策上。2014年,在公安部、国家质检总局对车辆检验领域的民营资本实施开放政策的情况下,盛泽镇行政服务局利用"云数据"分析进行项目筛选,得出"僧多粥少"的"预警"信息,这样的数据分析结果,导致部分盛泽民资改变了投资方向。第三,云数据对市民个体项目也发挥着重要作用。盛泽镇项目审批筛选机制利用云数

---

① 陈臣:《图书馆个性化智慧服务体系的构建》,《图书馆建设》2014年第11期。
② 吴江记者:《盛泽自主研发"智慧环保"云平台》,《吴江日报》2015年3月6日。

据能够对项目的行业前景进行预测,例如,在"经济综合服务"窗口,工作人员根据前来咨询的工商户提供的材料,利用电脑中预存的后台数据库,对行业前景进行数据分析,若数据分析后显示是"两高一低"项目,工作人员会向个体户说明其中的风险利弊,并提供有力的数据分析证据。

(4) 智慧审批下的服务效率提升机制。服务效率提升机制就是运用智慧服务体系来提升服务办事效率,比如智能高效的审批平台建设。盛泽镇的审批平台利用智慧服务体系为项目审批开辟了一条绿色审批通道,提高了单位时间的行政服务效率。这条审批通道通过完善统筹协调、信息互通互动、全程代办陪伴、跟踪督查等工作机制,充分发挥了资源集聚优势和综合协调职能,对涉及多个部门交叉办理的项目进行联审联办,共同营造出一种流程最短、手续最简、效率最高、服务最优、成本最低的审批环境。

智慧审批模式的审批速度和质量明显提高。例如,2014年吴江市虹胜宾馆有限公司要办一家民营五星级酒店,按照原来的审批模式起码要花上半年的时间,在智慧服务改革体系之下,只花了4个月的时间就跑完了全部的流程。这种审批把关更严,效率却更高了。此外,在智慧服务体系下,盛泽镇还进行了"三证合一"改革,使得"三证"的办理流程能够得到全面的整合,以高效率为企业和群众"减负",真正做到了"全程受理,服务并行"。服务效率提升机制的运行使审批服务插上了"隐形的翅膀",促进了各类重大项目早开发和早投产。

盛泽镇行政服务局的四大智慧服务提供机制之间并不是孤立的,而是相辅相成、有机统一的服务提供机制整体:大数据驱动下的行政服务改革机制是促进智慧服务发展的动力机制,该机制为智慧服务的创新发展提供了根本路径,是强大的服务推动力;云平台下的"一站式"服务提供机制是智慧服务提供的基础性平台,政府、企业和市民都要通过这个平台来获得服务;云数据支撑下的政企决策预测机制是"一站式"服务功能的延伸与拓展,通过该机制的灵活运行,可以最大限度地减少政企决策风险,提升决策科学性;智慧审批下的服务效率提升机制是智慧服务高效运行的保障机制,保障其他三大机制高效、便捷地运行。

3. "五化"标准智慧服务制度设计

盛泽镇行政服务局作为经济发达镇行政管理体制改革的国家级试点镇,推出了一套功能齐全化、流程标准化、手段信息化、审批精细化、服务个性化的"五化"标准智慧服务制度设计。中国江苏网以"强镇扩权盛泽"为主题对这"五化"标准制度设计进行了专题报道,①下文将结合这个专题报道及其他相关文献概述这些制度设计的基本内容(见附表5-1)。

附表5-1　　　　　"五化"标准智慧服务制度设计

服务标准	制度设计
服务功能齐全化	以集中办公、"一站式"受理为特色,为政府、企业和市民提供了"加"、"减"、"乘"、"除"四类功能齐全化的公共服务
服务流程标准化	引入ISO9001：2008标准质量管理体系等服务认证手段,力求做到窗口管理规范化、制度制定规范化、考核绩效规范化、人员培训规范化等标准化目标
服务手段信息化	实现WiFi网络在主城区繁华中心地段向公共区域免费开放的工作,为政府、企业和市民提供了"一键式"便民生活服务、"一站式"政务办公和"一揽子"企业信息化服务等
服务审批精细化	注重在行政审批与便民服务领域的细节化内容,以"细节化"推动"规范化",提升集中办公、现场办公等审批手段,掌握审批流程、环节、时间等要素,为项目提供审批增值等服务,以"精细化"打造智慧服务品牌
服务提供个性化	利用大数据分析等高科技手段,在掌握各方数据资料的基础上,对企业和市民项目投资的倾向和喜好进行分析,以此开通个性化的审批服务平台,为企业和市民提供个性化的公共服务

(1)服务功能齐全化。盛泽镇行政服务局以集中办公、"一站式"受理为特色,为政府、企业和市民提供了功能齐全化的公共服务:①"加法"就是拓展行政服务的各项功能,通过梳理各类服务

---

① 《盛泽镇行政服务局构建特色行政服务新模式》,中国江苏网,http://sz.jschina.com.cn/zt/shengzeqiangzhenghuoquan/201408/t1548674.shtml。

事项，征求社会各界意见，按照"集中审批、集成服务"的原则拓展审批服务，在各类窗口上培养"一岗多能"的人才，使窗口服务多功能化；②"减法"就是运用大数据分析等手段提供项目预测服务，并建立项目审批筛选机制，使各大主体能够获得安全高效的服务；③"乘法"就是利用大数据提高服务办事效率，通过信息互通互动，开辟绿色审批服务通道，从而提供便捷化服务；④"除法"就是借助各大服务平台，实现数据共享，从而推动数据交流互换，为群众提供集中审批、并联审批等高质量服务。通过这四个方面达到快速落实服务的强大合力。

（2）服务流程标准化。自2013年盛泽镇行政服务局通过ISO9001：2008标准质量管理体系认证以来，服务局加强了对现有各规范化体系的梳理、健全和完善，在四个方面进行了服务流程标准化建设：①窗口管理规范化。盛泽镇在各类服务窗口都制定了相应的服务管理条例，例如在医保窗口，新颁发的医保政策就明确要求保证报销流程的标准化、规范化和制度化。②制度制定规范化。盛泽镇行政服务局通过召开专家会议和民主会议，广纳各方意见，使制度制定符合人心，制度制定的过程也注重公开化和透明化，并利用大数据等高科技手段使制度制定避免了隐性风险。③考核绩效规范化。盛泽镇也明确颁发了窗口人员考核办法和细则，如通过制定工作手册使考核标准定型化，有据可依。④人员培训规范化。盛泽镇行政服务局开设了"智慧服务大讲堂"定期为人员提供思想培训和业务能力培训，培养了一批"一岗多能"的人才。例如，2015年，盛泽镇行政服务局将实现"三大转变"，其中探索服务标准化建设，促使粗放型审批向标准型服务转变将成为服务局建设的重点之一。①

（3）服务手段信息化。大数据时代，信息化成为整个社会行政服务的重要载体。2013年，盛泽镇为了更好地实现信息化，推进并完

---

① 吴江记者：《盛泽打造"五化"行政服务新高地》，《吴江日报》2015年4月10日。

成了 WiFi 网络在主城区繁华中心地段公共区域免费开放的工作，免费网络的普及为政府、企业和市民提供了"一键式"便民生活服务、"一站式"政务办公和"一揽子"企业信息化服务等。盛泽镇行政服务局通过以下两个手段实现了服务提供的信息化：①三大智慧服务平台将行政服务带入大数据时代。盛泽镇行政服务局通过手机 App 客户端、门户网站和智慧审批系统等信息化手段，使政府、企业和市民能够通过这些网络信息平台随时随地全面了解各窗口的服务内容和办事流程，并通过网上审批系统实现了"一站式"全程业务办理服务。②数据共享让服务更便捷。随着"跨界"、"融合"等经济发展热词的出现，盛泽镇行政服务局也抓住契机，实现了工商营业执照、组织机构代码证和税务登记证"三证合一"的智慧服务改革，实现相关部门数据交换、信息共享，统一发放营业执照，减少市场主体准入环节，从而借信息化手段提高办事效率。①

（4）服务审批精细化。2012 年，盛泽镇行政服务局在原镇行政服务中心的基础上进行提升运作，以达到国家级试点的要求：首先，注重在行政审批与便民服务领域的细节化内容，并以"细节化"推动"规范化"；其次，在各个窗口都落实了服务承诺制和首问负责制，在明显位置设置意见箱以接受群众的监督，还有定期的现场验收等手段来确保精细化服务审批的提供，杜绝马虎和犯错问题的出现；此外，随着审批手段的提升，即使审批流程涉及 10 多个部门，盛泽镇也能通过审批科牵头设计方、建设方等相关部门，以集中办公和现场办公的方式为项目审批优化流程，简化手续，在审批环节一个不少的情况下超前完成任务并提供细节化服务。2014 年，行政服务局展开了深入一线的工作，对重点项目的推进情况都进行了跟踪服务和项目对接等工作，摸清了项目审批流程、环节、时间等要素，为改进项目服务水平和完善联审机制掌握了第一手材料，帮助企业和群众及时协调处理在项目审批过程中遇到的各种矛盾，提供

---

① 《盛泽"三证合一""合"出智慧服务新味道》，吴江新闻网，http://www.wjdaily.com/2015/0828/22757.shtml。

相关政策指导等审批增值服务，以"精细化"审批成功地打造了智慧服务品牌。

（5）服务提供个性化。盛泽镇行政服务局智慧服务的最后一个特色就是服务提供的个性化。盛泽镇行政服务局十分注重大数据分析手段的运用，在掌握各方数据资料的基础上，对企业和市民的项目投资数据进行分析，从而开通一系列网上审批平台，使审批服务从线下服务上升为线上服务，方便了广大群众。此外，在广纳各方意见和调研的基础之上，盛泽镇按照"足不出镇、全程办结"的理念，将与企业和群众密切相关的行政服务事项及相关收费事宜均纳入行政服务大厅进行办理，并形成一楼主要面向群众、二楼主要面向企业的办理格局，构建"一个窗口受理、一站式审批、一条龙服务、一个窗口收费"的运行模式。继续拓展服务渠道，增强服务优势，为企业和群众做好专业化服务，并不断推陈出新，提供个性化服务将成为行政服务局智慧服务发展的一个基本方向。

上述"五化"标准智慧服务制度设计有效地克服了"没有标准规范的数据大灾难"[①]，为智慧服务做出了有力的顶层设计制度保障，以完善标准化的政务服务平台，全面提升了团队的综合素质，从而提高了智慧服务的质量与效率。

三 大数据驱动下地方基层整合型服务模式创新路径

地方基层公共服务模式创新是服务型政府建设的一个重要引擎。盛泽智慧服务实践模式的三大智慧服务实现平台、四个智慧服务提供机制和"五化"智慧服务标准制度设计形成了一个集"平台、机制和制度"于一体的整合型服务系统（见附图5-2），对地方基层公共服务模式创新具有典型的示范意义。

如附图5-2所示，大数据驱动下的地方基层整合型服务模式主要体现为三重整合：一是服务平台的整合。利用大数据分析技术，建

---

① 徐继华、冯启娜等：《智慧政府：大数据治国时代的来临》，中信出版社2014年版，第189页。

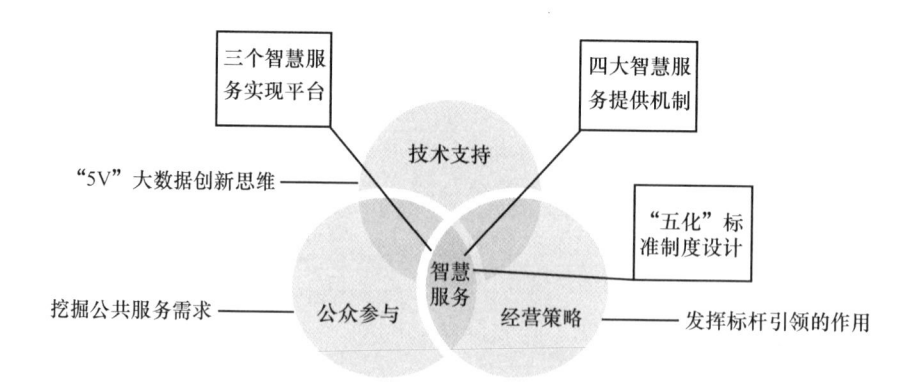

附图5-2 大数据驱动下地方基层整合型服务模式

设三大智能协作的服务平台，形成了大数据治理中的"主数据整合和业务流程整合"，① 有效地消除了信息孤岛，实现了数据的统一管理和数据间的无缝隙整合。二是服务提供机制的整合。四个智慧服务提供机制有效地利用了云平台、云数据和智慧审批等大数据关键技术手段实现了公共服务提供机构的职能归并和跨部门协同。三是服务制度的整合。"五化"标准智慧服务制度设计能够产生强大的制度合力，有效保障智慧服务平台和智慧服务提供机制的高度整合。在这三大整合的基础上，进而形成了一个集技术支持、公众参与和经营策略于一体的地方基层整合型服务模式创新路径。

1. 技术支持："5V"大数据创新思维

随着大数据时代的到来，2013年，国务院出台了《推进物联网有序健康发展的指导意见》，这标志着大数据发展正式纳入到国家产业政策之中。2015年，国务院颁发的《促进大数据发展行动纲要》的通知，明确了建设数据强国的战略目标，这些政策和纲要的颁布表明中国数据化进程的逐步深入，数据已成为国家的基础性战略资源。作为一种技术变革的大数据，道格·莱尼（2001）将其总结为"3V"特征：量（volume），即数据多少；速（velocity），即资料输入、输出

---

① ［美］桑尼尔·索雷斯：《大数据治理》，匡斌译，清华大学出版社2014年版，第238页。

的速度；类（variety），即多样性。此后，有学者在此基础上提出了大数据的"4V"特征：数量（volume），即数据巨大；多样性（variety），即数据类型繁多；速度（velocity），即处理速度快；真实性（veracity），即追求高质量的数据。[①] 最近，一些学者提出了大数据的"5V"特征，即数量（volume）、速度（velocity）、多样（variety）、价值（value）和数聚（variable）的"5V"空间理论。[②] 盛泽镇行政服务局审时度势，抓住了强镇扩权改革的先机，将大数据思维引入改革进程，使改革轨迹走向了国家级试点的道路。

具体而言，盛泽镇行政服务局的智慧服务充分地体现了"5V"大数据创新思维：一是把握数据"量"，形成"上伸、中联、下延"的数据联动格局。近年来，盛泽镇行政服务局利用数据化平台建设，将物理空间和行政服务资源进行了有效的整合，依托信息化，将省、市、区审批的项目数据都集成到网络服务平台上，并将这一平台向下延伸，使村（社区）也建立相应的服务站，通过整合这些数据实现"协同服务联盟计划"，以大量的服务数据带动周边镇服务资源的开放和补充。二是数据获得的"多样性"，形成个性化服务平台。正如上文所述，盛泽镇行政服务局十分注重服务提供的个性化，依托信息化等手段，逐步推行了网上申报、网上预审、网上审批等线上服务平台，并依据民众的需求将所需项目集中到一个平台，实现了"一站式""全程代办""全程跟踪服务"等。此外，手机 App 客户端、门户网站以及免费网络的普及都为数据获得的"多样性"途径奠定了良好的技术基础。三是提升数据处理"速度"，形成直通快捷服务平台。在数据处理速度方面，有个著名的"一秒定律"，即要在秒级时间范围内给出分析结果，超出这个时间，数据就会失去价值。[③] 秉承"一

---

① 徐继华、冯启娜等：《智慧政府：大数据治国时代的来临》，中信出版社 2014 年版，第 4—6 页。
② 连玉明：《DT 时代：从"互联网+"到"大数据×"》，中信出版社 2015 年版，第 16 页。
③ 徐继华、冯启娜等：《智慧政府：大数据治国时代的来临》，中信出版社 2014 年版，第 49 页。

秒定律",盛泽镇行政服务局建立了直通快捷、智能高效的审批绿色通道,该通道运用信息化等智能手段,整合各方资源,优化了服务再造流程,使审批服务在原有环节不变的基础上提升了服务效率,节约了时间成本,为企业节省了宝贵的时间,大大促进了企业的发展。四是确保数据"真实性",把握成功决策的基础。盛泽镇行政服务局自开办以来就十分注重数据分析的运用,通过"云数据"提供政府和企业决策的依据,避免风险性决策,确保政策的顺利实施,如在政府环保决策上,通过"智慧环保"平台数据分析,运用污染源在线系统对污染数据进行实时更新,以确保数据的真实可靠性,为环保决策及治污工作的展开提供有利的数据依据;在企业和市民投资上也采取了"云数据"分析手段,对"两高一低"等项目进行调研,摸清实情,避免信息失真,从而在源头上实现了对风险性项目的筛选。

2. 公众参与:挖掘公共服务需求

大数据为挖掘公众需求提供了良好的条件。随着信息技术的发展,每个人都拥有了"麦克风",人人都可以通过网络终端来了解、获得以及评价政府公共服务的提供。现代信息技术催生公众参与的网络化,据麦肯锡全球研究院统计,截至 2014 年 7 月,中国网民已达 6.32 亿,普及率达 46.9%。[①] 2017 年 1 月 22 日,中国互联网络信息中心发布的第 39 次《中国互联网络发展状况统计报告》显示:截至 2016 年 12 月,中国网民规模达 7.31 亿,相当于欧洲人口总量,互联网普及率达到 53.2%。[②] 公众参与的网络化就是依托大数据等网络平台,辅之以社交网站、微博、微信等大量的新媒体工具,使公众能够在网络中无背景地交流互动,以此来表达服务需求,传递服务信息,并形成相应的公众行为数据。在这个网络普及的新媒体时代,网络服务营销策略将成为任何一种服务提供模式的新手段,这是一种利用公众网络参与来进行的数据竞争手段。神州数码作为中国最大的信息技

[①] 华强森等:《中国的数字化转型:互联网对生产力与增长的影响》,麦肯锡全球研究院,2014 年,第 1 页。

[②] 信娜:《2016 年中国网民数量达 7.31 亿 相当于欧洲人口总量》,凤凰网,http://news.ifeng.com/a/20170122/50614799_0.shtml。

术整合服务提供商，在2010年提出了全面建设智慧城市的战略，这是网络服务营销策略的一种表现形式，就是通过运用公共服务提供平台，使每个人都能获得同等的公共服务，同时通过累积大量的公众行为数据，对公众的生活服务需求进行分析和预测。[①]

盛泽智慧服务通过广泛的公众参与，不断挖掘服务需求，较好地适应了江苏信息化建设的进程。20世纪90年代初，江苏省就启动了信息化建设，确立了信息化在社会发展中的重要地位，2010年至2014年，江苏省启动了智慧城市试点，智慧江苏雏形初现。自2014年以来，智慧江苏建设由点到面进入全面提升阶段，推出"中国制造2025"计划，标志着"智慧"建设进入了顶层设计阶段。[②] 盛泽镇行政服务局顺应"智慧江苏"的发展需要推出了免费网络、智慧环保平台建设、手机App客户端等一系列信息化服务手段，将大数据优势所带来的智能化与大众分享，使公众能够通过多渠道、多手段获得公共服务，以确保公共服务提供的普及性，促使智能应用发展到智慧益民，形成了全民智慧理念普及运动。盛泽的智能服务使得每个家庭都具备了使用信息技术的能力，它的网络服务以"云"的形式为公众提供智能化的服务。挖掘公众的公共服务潜在需求是盛泽智慧服务的一大亮点。例如，盛泽镇行政服务局通过打造三大智慧服务云平台，不仅为公众提供了水、电、气等网上缴费项目，而且还通过云平台收集了大量的行为数据，挖掘并满足公众的服务需求倾向和偏好，从而更好地为公众提供智能化、个性化的公共服务。

3. 经营策略：发挥标杆引领作用

经营策略是指企业在竞争环境中结合自身的优劣情况所制定的一系列符合自身发展并形成优势的反应措施，这种策略并不是一成不变的，它随内部条件和外部环境的变化而变化，但是其经营策略的目标总体方向一般不会发生大的改变。盛泽智慧服务的成功在于它具有明

[①] 涂子沛：《数据之巅：大数据革命，历史、现实与未来》，中信出版社2014年版，第309—312页。

[②] 朱维宁、周毅彪等：《新江苏的"智慧之翼"——走进新常态下的智慧江苏》，新华网江苏频道，http://www.js.xinhuanet.com/2015-08/06/c_1116168382.htm。

晰的经营策略,不断地树立质量标杆和服务标杆,为了更好地锁定智慧服务对象,制定了一套明晰的经营策略:

首先,注册国家商标,奠定智慧服务的形象基础。2014年10月23日,盛泽镇行政服务局"智慧服务"成功注册为国家商标,其图形商标由"S"和"Z"组合而成,既是盛泽汉语拼音的首字母,又有"智慧"和"服务"的用意,该商标的成功注册打响了"智慧服务"品牌,形成了一系列的品牌效应,在全省经济发达镇行政管理体制的改革和公共服务改革中发挥了引领示范的作用。①

其次,完善服务标准化建设,成为国内首批标准化试点。盛泽镇行政服务局自创办以来就十分注重标准化建设,如推出了"五化"服务制度设计,"标准化"就是其中重要的一环。2013年,江苏省机构编制委员会办公室委托盛泽镇行政服务局草拟制定了《江苏省经济发达镇便民服务机构规范化建设意见》,该《意见》的通过打上了省内首个镇级便民服务标准"盛泽制造"的标签,为盛泽镇今后的服务标准化建设打通了道路。2014年4月,盛泽镇行政服务局成为了第一批国家级社会管理和公共服务综合标准化试点项目承担单位,以"标准制定者"这一角色打响了盛泽智慧服务品牌,塑造了江苏经济发达镇行政服务名牌。②

最后,抓住智慧服务特色,以"智慧服务"品牌优势引领省内行政服务发展。盛泽镇行政服务局自从成为国家级试点以来,就成为了标准制定者,建立健全了各项服务标准体系,完善了标准化的政务服务平台,全面推进了服务质量的提升,并以打造"智慧服务"为着力点向全国传播着盛泽服务经验。

总之,以智慧服务为特征的盛泽整合型服务模式不仅是一种具有典范意义的改革模式,体现了大数据分析家文森佐·莫拉比托(Vincenzo Morabito)所说的大数据驱动政府创新中的"公共服务新理念"

---

① 吴江记者:《行政服务局"智慧服务"成为国家高标》,《吴江日报》2014年10月24日。
② 吴江记者:《盛泽"智慧行政"迸发大能量》,《吴江日报》2014年5月20日。

(new notions of public service),① 而且还探索出了一条具有可操作性的改革路径,实现了先进的技术理念、广泛的公众参与和明晰的经营理念的高度融合,这对示范我国地方基层公共服务提供模式创新,提升公共服务供给品质具有重要的启示意义:一是在地方基层公共服务模式创新中要大力引进大数据关键技术,构建整合型服务的大数据服务平台和服务提供机制;二是建立规范化的制度标准体系,形成制度合力,为大数据服务平台和服务机制提供坚实的制度保障;三是要推进先进技术与先进制度的高度整合,形成一种跨部门协同、智能协作的整合型服务模式,为公众提供便捷性、个性化的公共服务。

---

① Vincenzo Morabito, *Big Data and Analytics: Strategic and Organizational Impacts*, New York: Springer, 2014: 23.

主要参考文献

白钢、史卫民：《中国公共政策分析》，中国社会科学出版社 2000 年版。

陈吉原：《中国农村社会变迁（1949—1989）》，山西经济出版社 1993 年版。

陈小京、伏宁、黄福高：《中国地方政府体制结构》，中国广播电视出版社 2001 年版。

陈振明：《政府再造——西方"新公共管理运动"述评》，中国人民大学出版社 2003 年版。

董向芸：《组织结构功能转型与内卷化——云南农垦发展透视》，人民出版社 2013 年版。

方雷：《地方政府学概论》，中国人民大学出版社 2010 年版。

费孝通：《乡土中国》，上海人民出版社 2006 年版。

费孝通：《学术自述与反思》，生活·读书·新知三联书店 1996 年版。

国家统计局：《2001 中国统计年鉴》，中国统计出版社 2001 年版。

国务院农村综合改革工作办公室：《农村税费改革十年历程》，经济科学出版社 2012 年版。

胡税根等：《扩权强镇与权力规制创新研究——以绍兴市为例》，浙江大学出版社 2011 年版。

胡伟：《政府过程》，浙江人民出版社 1998 年版。

金太军：《村庄治理与权力结构》，广东人民出版社 2008 年版。

剧锦文：《转轨过程中乡镇政府的角色与行为——甘肃省华亭县砚峡乡调查》，中国社会科学出版社 2010 年版。

李和中：《中国地方政府规模与结构研究》，科学出版社2012年版。
李军鹏：《公共服务型政府建设指南》，中央党校出版社2006年版。
李俊清：《民族乡政府管理》，人民出版社2009年版。
林尚立：《国内政府间关系》，浙江人民出版社1998年版。
刘靖华、姜宪利等：《中国政府管理创新》（施政卷），中国社会科学出版社2004年版。
刘志峰：《第七次革命》，中国社会科学出版社2003年版。
马戎、刘世定、邱泽奇：《中国乡镇组织变迁研究》，华夏出版社2000年版。
祁勇、赵德兴：《中国乡村治理模式研究》，山东人民出版社2014年版。
潜龙：《政府与市场：干预更多还是更少》，载刘军宁等编《自由与社群》，生活·读书·新知三联书店1998年版。
全国人大常委会办公厅联络局：《县乡人大换届选举工作资料汇编》，中国民主法制出版社2001年版。
汝信、陆学艺：《2001年：中国社会形势分析与预测》，社会科学文献出版社2001年版。
芮明杰：《管理学——现代的观点》，上海人民出版社1999年版。
孙迎春：《发达国家整体政府跨部门协同机制研究》，国家行政学院出版社2014年版。
吴理财：《从"管治"到"服务"——乡镇政府职能转变研究》，中国社会科学出版社2009年版。
吴理财：《从"管治"道"服务"：乡镇政府职能转变研究》，中国社会科学出版社2009年版。
吴理财：《改革与重建——中国乡镇制度研究》，高等教育出版社2010年版。
吴理财：《县乡关系：问题与调适——咸安的表述（1949—2009）》，中国社会科学出版社2011年版。
谢立中：《西方社会学名著提要》，江西人民出版社2007年版。
谢庆奎：《中国地方政府体制概论》，中国广播电视出版社1998

年版。

谢庆奎、燕继荣、赵成根:《中国政府体制分析》,中国广播电视出版社1995年版。

谢庆奎等:《中国地方政府体制概论》,中国广播电视出版社2005年版。

徐勇:《非均衡的中国政治:城市与乡村的比较》,中国广播电视出版社1992年版。

许才明:《乡镇政府管理改革研究》,江西人民出版社2009年版。

许正权、宋学锋:《组织复杂性管理:通过结构敏感性管理组织复杂性》,经济管理出版社2009年版。

曾维和:《当代西方国家公共服务组织结构变革》,中国社会科学出版社2010年版。

詹成付:《基层政权建设和社区建设》,中国社会出版社2009年版。

张成福:《行政组织学》,中央广播电视大学出版社2008年版。

张国庆:《公共行政学》,北京大学出版社2013年版。

张静:《基层政权:乡村制度诸问题》,浙江人民出版社2000年版。

张全在、贺晨:《镇政府管理》,中国广播电视出版社1998年版。

张云伦:《中国机构的沿革》,中国经济出版社1988年版。

赵树凯:《乡镇治理与政府制度化》,商务印书馆2010年版。

赵英兰、李勇:《县乡财政问题研究》,山东人民出版社2014年版。

中国社会科学院语言研究所词典编辑室:《现代汉语词典》,商务印书馆1998年版。

中国行政管理学会课题组:《中国群体性突发事件》,国家行政学院出版社2010年版。

朱光磊:《当代中国政府过程》,天津人民出版社2002年版。

祝灵君:《授权与治理:乡镇政治过程与政治秩序》,中国社会科学出版社2008年版。

邹谠:《二十世纪中国政治:从宏观历史与微观行动的角度看》,(香港)牛津大学出版社1994年版。

[澳]欧文·休斯:《公共管理导论》,彭和平译,中国人民大学出版

社 2002 年版。

［德］哈贝马斯：《在事实与规范之间：关于法律和民主法治国的商谈理论》，童世骏译，生活·读书·新知三联书店 2003 年版。

［德］马克斯·韦伯：《经济与社会》，林荣远译，商务印书馆 1998 年版。

［法］埃德加·莫兰：《复杂性思想导论》，陈一壮译，华东师范大学出版社 2008 年版。

［法］皮埃尔·布迪厄：《实践与反思：反思社会学引论》，李猛译，中央编译出版社 1998 年版。

［美］F. J. 古德诺：《政治与行政》，王员译，华夏出版社 1987 年版。

［美］艾米·R. 波蒂特等：《共同合作：集体行为、公共资源与实践中的多元方法》，路蒙佳译，中国人民大学出版社 2011 年版。

［美］彼得·布劳、马歇尔·梅耶：《现代社会中的科层制》，马戎、时宪民、邱泽奇译，学林出版社 2001 年版。

［美］戴维·H. 罗森布鲁姆、罗伯特·S. 克拉夫丘克：《公共行政学：管理、政治和法律的途径》，张成福等校译，中国人民大学出版社 2002 年版。

［美］戴维·奥斯本、彼得·普拉斯特里克：《摈弃官僚制：政府再造的五项战略》，谭功荣等译，中国人民大学出版社 2002 年版。

［美］戴维·奥斯本、彼得·普拉斯特里克：《摒弃官僚制：政府再造的五项战略》，周敦仁译，中国人民大学出版社 2002 年版。

［美］戴维·伊斯顿：《政治体系——政治学状况研究》，马清槐译，商务印书馆 1993 年版。

［美］杜赞奇：《文化、权力与国家——1900—1942 年的华北农村》，王福明译，江苏人民出版社 1994 年版。

［美］杜赞奇：《文化、权力与国家——1900—1942 年的华北农村》，王福明译，江苏人民出版社 1996 年版。

［美］弗莱蒙特·卡斯特：《组织与管理》，傅严等译，中国社会科学出版社 2000 年版。

［美］弗里曼、毕克伟、塞尔登：《中国乡村，社会主义国家》，陶鹤

山译，社会科学文献出版社 2002 年版。

［美］黄宗智：《长江三角洲小农家庭与经济发展》，中华书局 2000 年版。

［美］加布里埃尔·A. 阿尔蒙德、小 G. 宾厄姆·鲍威尔：《比较政治学：体系、过程和政策》，曹沛霖译，上海译文出版社 2007 年版。

［美］简·莱恩：《新公共管理》，赵根成译，中国青年出版社 2004 年版。

［美］杰克·普拉诺等：《政治学分析辞典》，胡杰译，中国社会科学出版社 1986 年版。

［美］拉塞尔·M. 林登：《无缝隙政府》，汪大海等译，中国人民大学出版社 2002 年版。

［美］理查德·H. 霍尔：《组织：结构、过程与结果》，张友星等译，上海财经大学出版社 2003 年版。

［美］理查德·L. 达夫特：《组织理论与设计精要》，李维安等译，机械工业出版社 2003 年版。

［美］林南：《社会资本——关于社会结构与行动的理论》，张磊译，上海人民出版社 2005 年版。

［美］罗伯特·D. 帕特南：《使民主运转起来》，王列等译，江西人民出版社 2001 年版。

［美］罗伯特·K. 默顿：《社会理论和社会结构》，唐少杰、齐心等译，译林出版社 2008 年版。

［美］罗伯特·阿格拉诺夫、迈克尔·麦圭尔：《协作性公共管理：地方政府新战略》，李玲玲等译，北京大学出版社 2007 年版。

［美］罗伯特·登哈特：《公共组织理论》，扶松茂、丁力译，中国人民大学出版社 2003 年版。

［美］罗恩·阿什克纳斯等：《无边界组织》（原书第 2 版），姜文波译，机械工业出版社 2005 年版。

［美］罗恩·阿什肯纳斯等：《无边界组织》，姜文波等译，机械工业出版社 2016 年版。

[美] 罗纳德·波特：《结构洞——竞争的社会结构》，任敏等译，格致出版社、上海人民出版社 2008 年版。

[美] 迈克尔·汉南等：《组织生态学》，彭璧玉等译，科学出版社 2014 年版。

[美] 尼古拉斯·亨利：《公共行政与公共事务》，项龙译，华夏出版社 2002 年版。

[美] 斯蒂芬·戈德史密斯、威廉·D. 埃格斯：《网络化治理：公共部门的新形态》，孙迎春译，北京大学出版社 2008 年版。

[美] 唐纳德·凯特尔：《权力共享：公共治理与私人市场》，孙迎春译，北京大学出版社 2009 年版。

[美] 约翰·H. 霍兰：《隐秩序：适应性造就复杂性》，周晓牧等译，上海科技教育出版社 2000 年版。

[美] 约翰·H. 米勒：《复杂适应系统：社会生活计算模型导论》，隆云滔译，上海人民出版社 2012 年版。

[美] 约翰·H. 米勒等：《复杂适应系统：社会生活计算模型导论》，隆云滔译，世纪出版集团、上海人民出版社 2012 年版。

[美] 约翰·罗尔斯：《正义论》，何怀宏等译，中国社会科学出版社 1988 年版。

[美] 詹姆斯·S. 科尔曼：《社会理论的基础》，邓方译，社会科学文献出版社 1999 年版。

[美] 詹姆斯·W. 费斯勒、唐纳德·F. 凯特尔：《行政过程的政治：公共行政学新论》，陈振明等译，中国人民大学出版社 2003 年版。

[美] 詹姆斯·汤普森：《行动中的组织——行政理论的社会科学基础》，敬乂嘉译，上海人民出版社 2007 年版。

[日] 今井贤一等：《内部组织的经济学》，金洪云译，生活·读书·新知三联书店 2004 年版。

[日] 西尾胜：《行政学》，毛桂荣等译，中国人民大学出版社 2006 年版。

[英] J. S. 密尔：《代议制政府》，汪瑄译，商务印书馆 2011 年版。

[英] 戴维·米勒、韦农·波格丹诺：《布莱克维尔政治学百科全

书》，中国问题研究所等译，中国政法大学出版社1992年版。

［英］赫尼斯：《组织边界管理：多元化观点》，佟博译，经济管理出版社2005年版。

［英］尼尔·保尔森、托·赫尼斯：《组织边界管理：多元化观点》，佟博译，经济管理出版社2005年版。

IUD领导决策数据分析中心：《10年间全国撤并乡镇9341个》，《领导决策信息》2010年第25期。

《"乐从模式"：智慧城市先行者》，《计算机软件光盘软件与运用》2013年第5期。

《大鹏镇"两票制"推选镇长的程序及过程》，《中国民政》2000年第8期。

《乡镇领导体制改革启动地方官员群体悄然"瘦身"》，《当代广西》2005年第1期。

本刊记者：《"强镇扩权"的张浦样本》，《群众》2014年第2期。

蔡继明、杨万友：《减轻农民负担的重要举措——乡镇政府机构改革》，《经济学动态》2003年第12期。

蔡宁、潘松挺：《网络关系强度与企业技术创新模式的耦合性及其协同演化——以海正药业技术创新网络为例》，《中国工业经济》2008年第4期。

曹虹剑：《中国战略性新兴产业组织创新：异质性与复杂性的视角》，《社会科学》2015年第7期。

陈道江、黄峰：《制度变迁的演进论述评》，《社会科学家》2003年第5期。

陈敏等：《乡村社会治理中基层党组织功能调适与实现路径》，《学校党建与思想教育》2016年第1期。

陈朋：《农村公共产品的供给模式与制度设计思考》，《教学与研究》2006年第10期。

陈世伟：《地权变动与村治转型——浙江省宁波市镇海区农村社区化管理的调查与思考》，《湖北行政学院学报》2011年第4期。

陈世伟、尤琳：《封闭抑或开放：农村社区化管理中新旧组织的冲突与共生——基于浙江镇海乡村社区的实证考察》,《湖北行政学院学报》2012年第3期。

陈天祥、魏晓丽、贾晶晶:《多元权威主体互动下的乡村治理——基于功能主义视角的分析》,《公共行政评论》2015年第1期。

陈益元:《建国以来农村基层政权建设研究述评——兼论当代中国国家与社会在乡村控制中的关系变化》,《文史博览》2007年第4期。

陈元中、高佳红:《乡镇公推直选制度创新与乡村权力关系变迁》,《理论探讨》2014年第1期。

程熙:《政党调适与中国共产党集中教育活动的演变逻辑》,《社会主义研究》2015年第3期。

崔连锐、徐鲁航:《政府机构改革中的"怪圈"探析——兼议完善大部制改革的走向》,《广东工业大学学报》(社会科学版)2012年第5期。

崔永军、庄海茹:《"乡政村治":一项关于农村治理结构与乡镇政府职能转变的个案研究》,《社会科学战线》2006年第4期。

戴祥玉、杜春林:《行动者网络视域下农村公共服务的多元合作供给》,《西北农林科技大学学报》(社会科学版)1999年第1期。

丁建军:《后农业税时代的乡村关系及其治理逻辑》,《云南行政学院学报》2009年第4期。

丁俊萍等:《1978年以来农村基层党政关系的历史考察及其启示》,《江苏行政学院学报》2010年第1期。

杜英歌:《我国国家治理体系结构复杂性分析》,《国家行政学院学报》2016年第2期。

樊红敏:《村民自治的发展路径与走向——河南省中牟县白沙镇村治经验及其启示》,《河南大学学报》(社会科学版)2012年第1期。

范如国:《"全球风险社会"治理:复杂性范式与中国参与》,《中国社会科学》2017年第2期。

方军:《乡镇政府社会治理路径创新:群众路线和农民参与相结合》,《甘肃社会科学》2012年第2期。

冯锋等:《长三角区域技术转移合作网络治理机制研究》,《科学学与科学技术管理》2011 年第 2 期。
宫银峰、刘涛：《乡村社会的变动与村民自治的实践——国家与社会视角下的乡村政治解析》，《长白学刊》2010 年第 1 期。
龚常、曾维和、凌峰：《我国大部制改革述评》，《政治学研究》2008 年第 3 期。
龚俊、杨廷文：《多元主体共同参与社会治理机制探析》，《人民论坛·学术前沿》2011 年第 11 期。
郭俊霞：《当代中国乡村互动关系的演变》，《学术研究》2010 年第 6 期。
郭月梅：《从农村税费改革看乡镇财政困难的成因和对策》，《财政研究》2005 年第 3 期。
何春海：《乡村关系研究的视野与路径——以甘肃省若干乡镇为例》，《兰州工业高等专科学校学报》2010 年第 4 期。
何君：《国家转型、农村正式制度变迁与乡镇政府行动》，《经济社会体制比较》2014 年第 6 期。
何沛东：《乡镇干部行为失范的危害及其对策思考》，《唯实》1999 年第 7 期。
何平：《中国乡村治理模式的嬗变：农村社区建设与村民自治的共生共建》，《宁波经济》2011 年第 10 期。
何艳玲、李丹：《机构改革的限度及原因分析》，《政治学研究》2014 年第 3 期。
贺雪峰：《"海推"：杨集实验的实质》，《决策咨询》2002 年第 10 期。
贺雪峰：《论乡村治理内卷化——以河南省 K 镇调查为例》，《开放时代》2011 年第 2 期。
贺雪峰：《取消农业税对国家与农民关系的影响》，《甘肃社会科学》2007 年第 2 期。
贺雪峰、何包钢：《民主化村级治理的两种类型——村集体经济状况对村民自治的影响》，《中国农村观察》2002 年第 6 期。
贺雪峰、罗兴佐：《农村公共品供给：税费改革前后的比较与评述》，

《天津行政学院学报》2008 年第 5 期。

贺雪峰、苏明华：《乡村关系研究的视角与进路》，《社会科学研究》2006 年第 1 期。

胡荣：《符号互动论的方法论意义》，《社会学研究》1989 年第 1 期。

胡荣：《社会互动的类型与方式》，《探索》1993 年第 6 期。

黄根兰、杨集：《"海推直选"书记镇长》，《中国改革》2003 年第 7 期。

黄丽萍：《我国社会治理中的"内卷化"风险及其规避之道》，《理论导刊》2015 年第 7 期。

纪程：《"国家政权建设"与中国乡村政治变迁》，《深圳大学学报》（人文社会科学版）2006 年第 23 卷第 1 期。

金太军：《"乡政村治"格局下的村民自治》，《社会主义研究》2000 年第 4 期。

金太军：《推进乡镇机构改革的对策研究》，《中国行政管理》2004 年第 10 期。

蓝志勇、魏明：《现代国家治理体系：顶层设计、实践经验与复杂性》，《公共管理学报》2014 年第 1 期。

乐观清：《对乡村关系的深层次思考》，《行政与法》2015 年第 3 期。

乐园：《公共服务购买：政府与民间组织的契约合作模式》，《中国非营利组织评论》2008 年第 1 期。

李伯阳、张亮、张研：《基于复杂网络的我国农村卫生保健服务体系分析理论探讨》，《中国卫生经济》2016 年第 10 期。

李刚、周加来：《共生理论视角下的区域合作研究——以成渝综合试验区为例》，《兰州商学院学报》2008 年第 3 期。

李和中、高娟：《地方政府结构合理化的三维透视》，《中国行政管理》2011 年第 5 期。

李后强：《中国社会治理的复杂性探析》，《人民论坛·学术前沿》2015 年第 24 期。

李琪：《论行政体制的内涵、构成及其与政治体制的关系》，《社会科学战线》1990 年第 2 期。

李水金:《三维行政组织结构:一种新的研究视角》,《云南行政学院学报》2007年第3期。

李宜钊:《我国乡镇党委关系问题与对策——以海南省为例》,《重庆科技学院学报》(社会科学版)2010年第19期。

李宜钊、孔德斌:《公共治理的复杂性转向》,《南京农业大学学报》(社会科学版)2015年第3期。

李熠煜:《社会资本视阈下两种农村民间组织比较研究——以湖南四县民间组织为例》,《公共管理学报》2009年第3期。

李玉基:《经济法视域下循环经济政府治理"碎片化"分析及化解》,《兰州大学学报》(社会科学版)2014年第5期。

李媛媛、陈国申:《从"放权"到"收权":"简政放权"的怪圈——莱芜经验的反思》,《社会主义研究》2005年第5期。

林璧属:《旅游研究中的案例方法》,《珞珈管理评论》2009年第1期。

刘洪:《组织结构变革的复杂适应系统观》,《南开管理评论》2004年第3期。

刘杰等:《城乡基层社会治理的复杂性生态及其公共性构建》,《领导科学论坛》2016年第3期。

刘晓峰:《乡镇政府中的非正式规则》,《深圳大学学报》(人文社会科学版)2013年第6期。

刘筱红、柳发根:《乡村自主治理中的集体搭便车与志愿惩罚:合约、规则与群体规范——以江西Y乡修路事件为例》,《人文杂志》2015年第5期。

刘友金、袁祖凤、周静、姜江:《共生理论视角下产业集群式转移演进过程机理研究》,《中国软科学》2012年第8期。

刘云、石金涛:《授权理论的研究逻辑——心理授权的概念发展》,《上海交通大学学报》2010年第1期。

柳亦博:《由"化繁为简"到"与繁共生":复杂性社会治理的逻辑转向》,《北京行政学院学报》2016年第6期。

陆学艺、张厚义:《农民的分化、问题及其对策》,《农业经济问题》

1990年第1期。

罗重谱：《我国大部制改革的政策演进、实践探索与走向判断》，《改革》2013年第3期。

毛飞：《微观问题与宏观困境：村民自治背景下乡村关系的问题分析》，《中共杭州市委党校学报》2003年第4期。

穆晓利：《宁波·镇海："全域城市化"的农村社区发展实践》，《社区》2011年第21期。

南开大学周恩来政府管理学院课题组：《"大部门"体制的国际借鉴》，《理论参考》2008年第5期。

南岚：《港口物流产业集群共生结构的构建》，《改革与战略》2009年第12期。

潘荣江、陈朋：《选举民主与协商民主共生发展：乡村的实践与价值——浙江泽国镇的案例启示》，《中国特色社会主义研究》2009年第4期。

潘维：《质疑"乡镇行政体制改革"——关于乡村中国的两种思路》，《开放时代》2004年第2期。

彭勃、金柱演：《国家与乡村社会关系的发展沿革——"资源—体制"框架的可行性分析》，《中共福建省委党校学报》1999年第1期。

彭勃、李姚姚：《协商民主有效性的认识路径：基于程序—结果的分析框架》，《社会科学》2014年第10期。

彭少峰、张昱：《迈向"契约化"的政社合作》，《内蒙古社会科学》（汉文版）2014年第1期。

彭智勇、王文龙：《新农村建设中的乡村治理机制探析》，《理论探讨》2006年第4期。

綦淑娟：《政府与农民互动关系的分析——以三门峡水利移民为个案》，《社会学研究》1996年第4期。

曲延春：《乡镇机构改革三十年：实践演进与理论研究的双重审视》，《东岳论丛》2014年第8期。

沈荣华、何瑞文：《整体政府视角下跨部门政务协同——以行政服务中心为例》,《新视野》2013 年第 2 期。

沈志坚:《湖北省咸宁县汀泗人民公社的集市贸易》,《经济研究》1961 年第 2 期。

石磊:《中国新一轮乡镇改革:一个简略的评论》,《青年研究》2005 年第 7 期。

时和兴:《复杂性时代的多元公共治理》,《人民论坛·学术前沿》2012 年第 6 期。

史丽萍等:《网络关系强度、全面质量管理实践与组织学习关系研究》,《管理评论》2014 年第 5 期。

宋秋:《论边界共生旅游资源开发中的合作问题》,《云南民族大学学报》(哲学社会科学版) 2005 年第 1 期。

宋文魁:《协商民主:村民自治背景下处理乡村关系的可能》,《西安社会科学》2009 年第 27 卷第 1 期。

孙立平:《积极社会治理:应对复杂挑战良方》,《廉政瞭望》2012 年第 6 期。

孙溥:《完善乡镇党政正职"一肩挑"运行机制的思路》,《领导科学》2009 年第 10 期。

汤玉权、徐勇:《回归自治:村民自治的新发展与新问题》,《社会科学研究》2015 年第 6 期。

唐皇凤:《大数据时代的中国国家治理能力建设》,《探索与争鸣》2014 年第 10 期。

唐绍洪、刘屹:《在基层治理中实现社会秩序"动态稳定"的协商民主路径》,《社会主义研究》2009 年第 1 期。

汪波:《公推直选中乡镇党委书记与乡镇长的四种关系》,《重庆师范大学学报》(哲学社会科学版) 2006 年第 3 期。

汪志强、袁方成:《乡镇行政权力的运作:模式与绩效》,《北京行政学院学报》2006 年第 5 期。

王春侠、高新军:《我国乡镇级地方政府治理中的潜规则刍议》,《经济社会体制比较》2005 年第 5 期。

王建华、林丽慧:《协商民主视角下的议事程序》,《社会科学研究》

2007 年第 6 期。

王景新、彭海红等：《集体经济村庄》，《开放时代》2015 年第 1 期。

王庆兵：《英国地方政府公共服务改革：最佳价值模式的评析》，《中国行政管理》2003 年第 5 期。

王荣武、王思斌：《乡村干部之间的交往结构分析——河南省一乡三村调查》，《社会学研究》1995 年第 3 期。

王亚华、商瑞：《走向稳定、秩序与良治——现代化进程中的乡村公共事务治理》，《人民论坛·学术前沿》2015 年第 3 期。

王中华：《论乡镇基层政权政治生态关系网络的重塑与优化》，《佳木斯大学社会科学学报》2014 年第 1 期。

吴春梅、邱豪：《论乡村治理中的沟通网络》，《理论探讨》2011 年第 3 期。

吴理财：《从"咸安政改"看压力回应型制度创新》，《中国乡村发现》2010 年第 2 期。

吴理财：《村民自治与国家政权建设》，《学习与探索》2002 年第 1 期。

吴理财：《农村税费改革与"乡政"角色转换》，《经济社会体制比较》2001 年第 5 期。

吴理财：《咸安政改：体制内的增量改革——咸安横沟桥镇综合配套改革调查》，《社会主义研究》2006 年第 1 期。

吴理财：《县乡关系的几种理论模式》，《江汉论坛》2009 年第 6 期。

吴理财：《乡镇机构改革：可否跳出精简——膨胀的怪圈》，《贵州师范大学学报》（社会科学版）2006 年第 6 期。

吴理财、张良：《"以钱养事"何去何从？——基于湖北省咸安区乡镇事业单位改革的调查与思考》，《决策咨询通讯》2009 年第 1 期。

吴茜、梁君丽：《论合作型乡镇政府农村公共服务供给模式——基于江苏 S 镇社会管理创新考察》，《宁夏党校学报》2016 年第 4 期。

吴小华：《村级协商民主的实践样本——基于"谢家路经验"的解读》，《福建省社会主义学院学报》2014 年第 5 期。

吴晓燕等：《跨村联合议事：村民自治的新扩展》，《西华师范大学学报》（哲学社会科学版）2012年第5期。

吴新叶：《基层社会管理中的政党在场：执政的逻辑与实现》，《理论与改革》2010年第4期。

项继权：《乡村关系行政化的根源与调节对策》，《北京行政学院学报》2002年第4期。

谢方意：《从单位制党建向区域化党建的转变》，《理论视野》2011年第7期。

谢洪明：《社会资本对组织创新的影响：中国珠三角地区企业的实证研究及其启示》，《科学学研究》2006年第1期。

谢洪明、葛志、王成：《社会资本、组织学习与组织创新的关系研究》，《管理工程学报》2008年第1期。

谢忠文：《当代中国社会治理的政党在场与嵌入路径》，《西南大学学报》（社会科学版）2015年第4期。

徐庶：《政治体制的涵义及其它》，《政治学研究》1987年第5期。

徐勇：《"服务下乡"：国家对乡村社会的服务性渗透——兼论乡镇体制改革的走向》，《东南学术》2009年第1期。

徐勇：《大鹏一小步 中国一大步》，《马克思主义与现实》2000年第3期。

徐勇：《内核—边层：可控的放权式改革——对中国改革的政治学解读》，《开放时代》2003年第2期。

徐勇：《县政、乡派、村治：乡村治理的结构性转换》，《江苏社会科学》2002年第2期。

徐勇：《现代国家建构与村民自治的成长——对中国村民自治发生与发展的一种阐释》，《学习与探索》2006年第6期。

徐勇：《政权下乡：现代国家对乡土社会的整合》，《贵州社会科学》2007年第11期。

闫丽萍：《关于乡村基层治理的几点思考——基于深化乡镇政府机构改革的视角》，《东岳论丛》2012年第11期。

杨桂菊：《基于社会资本理论的网络组织演化机制新阐释》，《软科学》2007年第4期。

杨军：《县乡关系视角下的乡镇机构改革研究》，《湖北社会科学》2014年第1期。

杨龙：《多民族国家治理的复杂性》，《社会科学研究》2010年第2期。

杨善华：《从"代理型政权经营者"到"谋利型政权经营者"——向市场经济转型背景下的乡镇政权》，《社会学研究》2002年第1期。

杨雪冬等：《构建与公共参与扩大相适应的乡镇治理机制》，《当代世界与社会主义》2010年第4期。

杨志晨：《优化政府结构和推进大部门制改革的对策》，《行政论坛》2013年第1期。

叶麒麟：《打破职责同构：政府机构改革的新思路》，《学术探索》2007年第2期。

叶云、李斌琪：《试析社会网络视角下多元主体参与美丽乡村建设的结构平衡——基于湖北X村的实践》，《中南民族大学学报》（人文社会科学版）2017年第5期。

尤琳：《后税费时期乡镇政府治理能力研究》，《社会主义研究》2013年第6期。

于建嵘：《乡镇自治：根据和路径》，《战略与管理》2002年第6期。

于金龙：《复杂性方法论：多元·实践·融合——基于复杂性认知隐喻的探析》，《科学技术哲学研究》2012年第2期。

於兴中、葛洪义：《寻求法律与政治的平衡——国际法哲学与社会哲学协会（IVR）第21届世界大会评述》，《中外法学》2003年第6期。

俞可平：《增量民主："三轮两票"制镇长选举的政治学意义》，《马克思主义与现实》2000年第3期。

俞晓波：《大数据时代政府信息系统协同运行研究》，《电子政务》2015年第9期。

袁方成、汪志强：《"以钱养事"：农村公共服务的创新机制——湖北咸安乡镇站所改革经验探索》，《长江论坛》2006年第6期。

袁建伟：《"公推直选"：基层党内民主建设实践的新探索——河南省

公推直选乡镇党委书记试点工作的调查与思考》,《中州学刊》2006年第4期。

袁小平、吕益贤:《关系网络与中国乡村社会关系变迁》,《安徽农业科学》2008年第3期。

袁正昌、宋海云:《村级党政"一肩挑"的初步尝试》,《改革与开放》1993年第11期。

曾凡军:《整体性治理分析框架下的公私合作伙伴关系重构》,《湖北行政学院学报》2013年第1期。

曾维和:《创新乡镇社会管理:一个复杂系统的分析框架》,《社会科学》2013年第4期。

曾维和:《从"企业家政府"到"整体政府":当代西方政府改革组织创新的逻辑及方法》,《华中科技大学学报》(社会科学版)2008年第5期。

曾维和:《当代西方"整体政府"改革:组织创新及方法》,《上海交通大学学报》(哲学社会科学版)2008年第16卷第5期。

曾维和:《当代西方国家公共服务组织结构变革——基于服务需求复杂性的分析框架》,《经济体制改革》2013年第6期。

曾维和:《国外大部制改革的动因、过程与内容——兼论与我国大部制改革的比较及启示》,《河北科技大学学报》(社会科学版)2009年第1期。

曾维和:《国外大部制改革的推进方略及借鉴》,《湖南农业大学学报》(社会科学版)2008年第6期。

曾维和:《后新公共管理时代的跨部门协同——评希克斯的整体政府理论》,《社会科学》2012年第5期。

曾维和:《整合性公共服务:当代西方国家公共服务提供的新模式》,《上海行政学院学报》2012年第1期。

曾维和、杨星炜:《制度的周期:乡镇授权型组织结构变革——基于乡镇党委与乡镇长公推直选实验的比较分析》,《甘肃行政学院学报》2016年第6期。

曾维和、张云婷:《关系重组下乡镇调适型组织结构变革——基于跨案例的比较分析》,《领导科学论坛》2017年第1期。

詹成付:《关于深化乡镇体制改革的研究报告》,《开放时代》2002年第2期。

张定淮等:《关于"两票制"镇长选举制度改革学术研讨会综述》,《马克思主义与现实》2000年第4期。

张汉:《政党调适理论视野中的城市商圈党建》,《中共浙江省委党校学报》2016年第3期。

张继焦:《关系网络:少数民族迁移者城市就职中的社会资本》,《云南社会科学》2006年第1期。

张康之:《论高度复杂性条件下的社会治理变革》,《国家行政学院学报》2014年第4期。

张康之:《在完善社会治理体制中降低行政成本》,《行政论坛》2007年第1期。

张康之、李东:《任务型组织之研究》,《中国行政管理》2006年第10期。

张良:《从"汲取式整合"到"服务式整合":乡镇治理体制的转型与建构——基于国家政权建设的视角》,《中共浙江省委党校学报》2010年第2期。

张明皓、万文凯:《"共生式积累":乡村内生资本积累形态研究——以豫南李村"小大户"土地经营实践为例》,《现代经济探讨》2017年第3期。

张明军:《新时期建构服务型的马克思主义执政党的价值及实现路径》,《马克思主义研究》2013年第7期。

张乾友:《变革社会中的服务型政府建设——任务型组织的途径》,《北京行政学院学报》2004年第1期。

张新光:《论我国乡镇的建制规模、职能定位与机构设置》,《西南民族大学学报》(人文社会科学版)2005年第9期。

张英秀:《利益共谋:解读县乡村关系的一个视角》,《中共福建省委党校学报》2015年第5期。

赵宬斐:《中国特色政党制度中主体间调适性问题探析》,《云南行政学院学报》2007 年第 5 期。

赵泉民、李怡:《关系网络与中国乡村社会的合作经济》,《农业经济问题》2007 年第 8 期。

赵树凯:《从十省(区)二十个乡镇的调查看残缺的乡镇政府权力体系》(中),《科学决策》2005 年第 2 期。

赵树凯:《乡村关系:在控制中脱节——10 省(区)20 乡镇的调查》,《华中师范大学学报》(人文社会科学版)2005 年第 5 期。

赵树凯:《乡村治理:组织和冲突》,《战略与管理》2003 年第 6 期。

郑杭生、杨敏:《从社会复合主体到城市品牌网群:以组织创新推进社会管理创新的"杭州经验"》,《中共杭州市委党校学报》2011 年第 4 期。

郑家昊:《政府引导社会管理:复杂性条件下的社会治理》,《中国人民大学学报》2014 年第 2 期。

郑建艇:《乡镇党委政府在村级组织选举过程中的行政行为研究》,《中共福建省委党校学报》2012 年第 8 期。

郑景元:《合作社商人化的共生结构》,《江淮论坛》2016 年第 2 期。

郑石明等:《我国行政服务中心网上联合审批研究——基于整体政府理论的分析》,《中国行政管理》2012 年第 9 期。

郑有贵:《乡镇政权组织与制度变迁的特点、机构膨胀的成因及对策探讨》,《中国农村观察》2000 年第 4 期。

周飞舟:《从汲取型政权到"悬浮型"——税费改革对国家与农民关系之影响》,《社会学研究》2006 年第 3 期。

周志忍:《英国执行机构改革及其对我们的启示》,《中国行政管理》2004 年第 7 期。

朱俊成:《都市区多中心共生结构与模式研究》,《江淮论坛》2010 年第 4 期。

朱俊成等:《长三角地区多中心共生机理、结构与模式研究》,《经济体制改革》2011 年第 3 期。

祝灵君:《政治授权:理论与实践》,《政治学研究》2005 年第 2 期。

邹树彬、大鹏:《"三轮两票制"改革悄然终止》,《中国改革》2003

年第 7 期。

邹树彬、黄卫平、刘建光:《乡镇长选举方式改革中诸种力量的博弈——大鹏镇与步云乡直选改革命运的个案分析》,《中国农村观察》2003 年第 4 期。

[美] 威尔逊:《行政学研究》,竹立家译,《国外政治学》1987 年第 6 期。

[挪威] 汤姆·克里斯滕森、佩尔·勒格莱德:《后新公共管理改革——作为一种新趋势的整体政府》,张丽娜等译,《中国行政管理》2006 年第 9 期。

[英] 卡洛林·安德鲁等:《从地方政府管理到地方治理》,周红云编译,《马克思主义与现实》1999 年第 5 期。

郝耀武:《中国农村村民自治权研究》,博士学位论文,吉林大学,2009 年。

宁华宗:《共生的秩序:当代中国乡村治理的生态与路径》,博士学位论文,华中师范大学,2014 年。

潘丽娜:《"强镇扩权"背景下中心镇规范权力运行的研究——以绍兴钱清镇为例》,博士学位论文,浙江大学,2010 年。

桑娜:《我国乡镇便民服务中心建设中存在的问题及对策研究——以山东省菏泽市为例》,硕士学位论文,山东大学,2014 年。

孙广琦:《强镇扩权:苏南乡镇治理模式的重构——以苏州经济发达镇为研究对象》,博士学位论文,苏州大学,2014 年。

吴理财:《治理转型中的乡镇政府——乡镇改革研究》,博士学位论文,华中师范大学,2006 年。

尤琳:《中国乡村关系——基于国家治能的检讨》,博士学位论文,华中师范大学,2013 年。

余军华:《论我国政府机构设置科学化》,硕士学位论文,华中师范大学,2004 年。

陈芳:《跨村联合议事 村道上的路灯亮了——温江区永盛镇探索跨村联合议事制度解决跨区域问题》,《成都日报》2010 年 3 月 21 日。

陈家刚：《协商民主与当代中国民主政治的发展》，《学习时报》2006年8月28日。

陈建先、李凤：《以全球视角认识"大部门体制"》，《重庆日报》2008年1月7日。

陈剑文、张胜利、罗序文：《适时的"瘦身运动"：来自全省乡镇综合配套改革试点的报道》，《湖北日报》2005年2月21日。

陈善哲：《大部制的深圳初恋》，《南方都市报》2008年3月7日。

陈小婕：《争当全国经济发达镇行政服务改革创新领头羊——走进绸都盛泽，感受"智慧服务"》，《新华日报》2014年8月29日。

陈奕敏：《参与式预算的路径与前景》，《学习时报》2014年12月29日。

高戬：《江苏首个镇级便民服务标准盛泽造》，《姑苏晚报》2013年6月20日。

何红卫：《领导减了四成干部减了一半》，《农民日报》2003年3月1日。

胡亮：《乡镇机构改革进入第二阶段》，《中国经济时报》2009年4月20日。

胡新科：《农民协商共治　建设美丽乡村——第十届中国农村发展论坛在蕉岭共商"农村综合改革和基层治理创新"》，《南方农村日报》2014年11月25日。

李建锋：《"一组两会"加强农村党组织建设》，《学习时报》2015年6月8日。

李建军、张玉伟：《文化部积极推进乡镇文化站建设试点工作》，《中国文化报》2008年8月22日。

李鹏：《积极推进县级机构改革》，《人民日报》1992年5月23日。

梅丽红：《"公推直选"要求改革基层权力结构》，《学习时报》2009年7月20日。

孟白：《乡镇适宜党政领导交叉任职》，《农民日报》2008年8月11日。

秦立东：《镇官"海选"》，《中国社会报》2002年10月9日。

盛若蔚：《推进乡镇机构改革：已完成和正在进行的乡镇过半》，《人民日报》2009年5月21日。

谭震林：《为提前实现全国农业发展纲要而奋斗（1960年4月6日在第二届全国人民代表大会第二次会议上）》，《中华人民共和国公务员公报》，1960年。

唐鸣、项继权、陈伟东：《基层民主政治建设的新常态——城乡社区协商三人谈》，《中国社会报》2015年7月23日。

吴江记者：《盛泽"智慧行政"迸发大能量》，《吴江日报》2014年5月20日。

吴江记者：《盛泽打造"五化"行政服务新高地》，《吴江日报》2015年4月10日。

吴江记者：《盛泽自主研发"智慧环保"云平台》，《吴江日报》2015年3月6日。

吴江记者：《行政服务局"智慧服务"成为国家高标》，《吴江日报》2014年10月24日。

郗小骥：《行政服务局"智慧服务"成为国家商标》，《吴江日报》2014年10月24日。

徐勇：《找回自治：探索村民自治的3.0版》，《社会科学报》2014年6月5日。

袁志国：《湖北乡镇机构改革出现"三赢"局面 探索出一条适应新时期的农村公益事业服务新机制》，《中国信息报》2005年10月12日。

张天峰、江峰：《启东乡镇建起便民服务中心》，《南通日报》2008年9月5日。

郑铨史：《自然村设置村委会切莫一哄而上》，《中国社会报》2014年3月7日。

郑铨史：《自然村设置村委会切莫一哄而上》，《中国社会报》2014年3月7日。

《安徽巢湖试点乡镇党政主官合一 三成乡镇被撤并》，安徽农网，http：//www.ahnw.gov.cn/2006nwkx/html/200606/%7B68297754-B3

53-4339-AF74-0D20C1C03FB0%7D. shtml。

《安徽庐江县：撤乡并镇创出新天地》，新华网，http：//news. xinhuanet. com/newcountryside/2006-07/10/content_ 4812386. htm。

《安徽省乡镇党委换届结束共精简领导干部近4000人》，新华网，http：//news. xinhuanet. com/politics/2006-09/01/content_ 5033370. htm。

《广东梅州镇级机构"大部制"改革 仅一办一中心》，搜狐网，http：//news. sohu. com/20140621/n401137802. shtml。

《广东省深圳市大鹏镇："三轮两票"选举镇长》，中国政府创新网，http：//www. chinainnovations. org/index. php？m = content&c = index&a = show&catid = 190&id = 1116。

《湖北省乡镇综合配套改革的实践和成效》，新华网，http：//news. xinhuanet. com/politics/2009-04/28/content_ 11274041. htm。

《机构设置》，乌江镇人民政府官网，http：//wj. hx. gov. cn/default. php？mod = article&fid = 21。

《龙池镇政府工作报告》，蒲城县人民政府官网，http：//www. pucheng. gov. cn/gk/bmgk11/51888. htm。

《南宁市江南区"三步走"全面推进乡镇站所"四所合一"工作》，广西壮族自治区机构编制委员会办公室官网，http：//www. gxbb. gov. cn/gxgzdt/gxbbdt/2c9298b44ffa339d015044db0c0c000a. html。

《农村基层选举的基本情况和影响》，世界与中国研究所官网，http：//www. world-china. org/book/chuangxin/chap1. htm。

《全国乡镇综合文化站工作会议在江城武汉隆重召开》，中华人民共和国中央人民政府官网，http：//www. gov. cn/gzdt/2008-11/28/content_ 1162870. htm。

《文化春风拂万家——咸安推进基层公共文化服务纪略》，咸安区人民政府官网，http：//www. xianan. gov. cn/page452？article_ id = 3359。

《宣城率先试点乡镇领导体制改革》，安徽农网，http：//www. ahnw. gov. cn/2006nwkx/html/200412/%7B2D905CF0-185D-4225-A6EA-FD1C51BEC8C2%7D. shtml。

《张浦镇便民服务中心机构简介》，张浦镇便民服务中心官网，http：//www.zpzx.ks.gov.cn/lbnr.aspx? id = b574e59c-e323-40db-bf4d-e3c8ccc6eae8。

《走进乐从》，乐从镇人民政府官网，http：//lecong.shunde.gov.cn/data/main.php? id = 62068 – 4130001。

安徽省政府发展研究中心课题组：《安徽"十二五"时期乡镇政府改革研究系列之一：安徽"十一五"时期乡镇政府改革综述》，安徽发展研究网，http：//www.dss.gov.cn/News_wenzhang.asp? ArticleID = 321172。

安徽省政府发展研究中心课题组：《安徽"十二五"乡镇政府改革研究系列之二：安徽"十二五"乡镇政府改革的重点和任务研究》，安徽发展研究网，http：//www.dss.gov.cn/News_wenzhang.asp? ArticleID = 321173。

国家统计局：《2015 中国统计年鉴》，中华人民共和国国家统计局官网，http：//www.stats.gov.cn/tjsj/ndsj/2015/indexch.htm。

胡锦涛：《高举中国特色社会主义伟大旗帜　为夺取全面建设小康社会新胜利而奋斗——在中国共产党第十七次全国代表大会上的报告》，新华网，http：//news.xinhuanet.com/newscenter/2007 – 10/24/content_6938568.htm。

乐从镇党委办：《乐从镇党委办（政府办、人大办、公共决策资讯办、法制办）概况》，乐从镇人民政府官网，http：//lecong.shunde.gov.cn/data/main.php? id = 3592 – 4130870。

乐从镇综治信访维稳办公室：《2015 年上半年综治信访维稳办公室工作总结》，乐从镇人民政府官网，http：//lecong.shunde.gov.cn/data/main.php? id = 4388 – 4130875。

林艳兴：《中编办：上级"条条"不得干预乡镇机构设置和人员配备》，新华网，http：//news.xinhuanet.com/politics/2006 – 11/22/content_5362860.htm。

民政部：《2015 年民政工作报告》，中华人民共和国民政部官网，http：//images3.mca.gov.cn/www/file/201605/1462763666281.pdf。

南宁市机构编制委员会办公室：《关于进一步理顺乡镇"四所合一"机构管理体制和运行机制的通知》，南宁市邕宁区机构编制委员会办公室官网，http：//www.yongning.gov.cn/bianban/contents/384/117851.html。

沙边村委会：《我村圆满完成第六届村委会换届选举工作》，乐从镇人民政府官网，http：//lecong.shunde.gov.cn/data/main.php?id=99751-4130251。

王圣志：《安徽省乡镇机构改革调查》，新浪网，http：//news.sina.com.cn/o/2009-05-30/101715705689s.shtml。

蔚力：《什么是村民自治?》，中国国情网，http：//guoqing.china.com.cn/2014-07/04/content_32856887.htm。

吴瑶等：《如皋长江镇"三大平台"建设：品牌服务擦亮"窗口"》，人民网，http：//leaders.people.com.cn/n/2013/0516/c356819-21501797.html。

张新光：《"乡镇撤并"这一招为何不灵验》，中国乡村发现网，http：//www.zgxcfx.com/sannonglunjian/76625.html。

震泽综治办：《震泽依托"两所一庭"联调中心建立社会矛盾化解新机制》，震泽镇执法网，http：//www.wjzfw.gov.cn/ldwz/zzzzfw/jcjy/201203/t20120327_832057.shtml。

震泽综治办：《震泽镇人民调委会荣获"江苏省人民调解委员会规范化建设示范点"称号》，震泽镇执法网，http：//www.wjzfw.gov.cn/ldwz/zzzzfw/tszs/201612/t20161206_1907472.shtml。

中国（海南）改革发展研究院：《"乡村治理与乡镇政府改革"专家问卷调查》，中国改革论坛网，http：//www.chinareform.org.cn/inquiry/cirdsurvey/201011/t20101124_107971_5.htm。

中华人民共和国国务院新闻办公室：《2012年中国人权事业的进展》，中华人民共和国中央人民政府官网，http：//www.gov.cn/zwgk/2013-05/14/content_2402180.htm。

Arsons, T., *Social System*, New York: Free Press, 1951.

Bakvis, H. and L. Juillet, *The Horizontal Challenge: Line Departments*,

Central Agencies and Leadership, Ottawa: Canada School of Public Services, 2004.

Bardach, E., *Getting Agencies to Work Together: The Practice and Theory of Managerial Craftsmanship*, Washington DC: Brookings Institution, 1998.

Ben Jupp, *Worker Together: Creating a Better Envirionment for Cross-sector Partnership*, Demos: The Panton House, 2000.

Christopher Pollit, "Joined-up Government: A Survey", *Political Studies Review*, 2003 (1).

Ewan Felie, L. Ashumrner, L. Fiagerad and A. Pittigrew, *The New Management in Action*, Oxford: Oxford University Press, 1996.

Granovetter M. S., "The Strength of Weak Tie", *American Journal of Sociology*, 1973 (78).

Hallgan, J., "Public Management and Departments: Contemporary Themes-Future Agendas", *Australia Journal of Public Administration*, 2005, 84 (1).

Jonathan Boston, John Martin, *June Pallot and Pat Walsh: Public Management, The New Zealand Model*, Oxford: Oxford University Press, 1996.

Kenneth J. Meirer, "Executive Reorganization of Government Impact on Employment and Expenditures", *American Journal of Political Science*, 1980 (3).

Lda Vincent, et al., "Collaboration and Integrated Services in the NSW Public Sector", *Australian Journal of Public Administration*, 1999 (3).

Mila Gascó-Hernández, *Open Government: Opportunities and Challenges for Public Governance*, New York: Springer, 2014.

Parsons, T., *Social System*, New York: Free Press, 1951.

Peter Wilkins, "Accountability and Joined-up Government", *Australian Journal of Public Administration*, 2002 (1).

Ranson, Stewart, Bob Hinings, and Royster Greenwood, "The Structuring of Organizational Structures", *Administrative Science Quarterly*, 1980 (25).

Rosenbloom, David, *Public Administration: Understanding Management, Politics and Law in the Public Sector*, New York: Clarinda Company, 1993.

Tom Christensen and Per Lægreid, *New Public Management: The Transformation of Ideas and Vincenzo Morabito, Big Data and Analytics: Strategic and Organizational Impacts*, Berlin/Heidelberg: Springer International Publishing Switzerland, 2015.

Vincent, L. E., "Collaboration and Integrated Services in the NSW Public Sector", *Australian Journal of Public Administration*, 1999, 58 (3).

Vincenzo Morabito, *Big Data and Analytics: Strategic and Organizational Impacts*, New York: Springer, 2014.

Vincenzo Morabito, *Trends and Challenges in Digital Business Innovation*, Berlin/Heidelberg: Springer International Publishing Switzerland, 2014.

Wilkins, Peter, "Accountability and Joined-up Government", *Australian Journal of Public Administration*, 2002 (1).

后　　记

　　本书是在由我主持的国家社会科学基金项目"社会管理复杂性视角下乡镇政府组织结构变革研究"（12CGL084）结项成果的基础上修改而成。此书与我以前出版的《当代西方国家公共服务组织结构变革》《中国地方公共服务组织结构变革》一起构成公共组织结构变革研究的"三部曲"，形成了较为系统的组织结构变革理论体系与较为丰富的组织结构创新的实践图式。

　　从课题立项到付梓出版，历时5年，要感谢的人很多。首先，感谢课题调研中的多个乡镇负责人及村民，涉及的人太多，在此就不一一列举姓名了，他们都是一些"无名英雄"，有的是扎根一线的基层干部，有的是勤劳耕作的村民……正是他们的努力与坚守，形成了广袤而深厚的乡镇政府组织结构变革与创新的土壤。其次，要感谢参与研究报告写作的学生与同事。在研究的过程中，我指导的本科生张云婷同学依托课题写出了1篇省级优秀本科毕业论文，同时和我合作在《新视野》《领导科学论坛》等期刊上发表了系列论文，她参与了研究报告的案例整理、附件材料编辑，以及部分内容的初稿写作；我指导的研究生杨星炜同学参与研究报告的案例整理与部分内容的初稿写作，并和我在《中国行政管理》《甘肃行政学院学报》《阅江学刊》等期刊上发表了系列成果。她们两人的这些成果很多内容都整合到了书稿的章节内容之中，在此就不详细列举了，对她们的努力表示深切的感谢！同事咸鸣霞老师也参与书稿中一些内容的初稿写作，同时对全部书稿进行了仔细的校对和编辑，为她的付出表示诚挚的感谢！

　　最后，要感谢周小俊女士对课题研究报告与书稿进行了多轮的修改、校对与编辑,并承担了大量的家务,感谢草儿快乐地学习、无忧地成长,从不打扰爸爸的研究工作,并不时地将我凌乱的书房整理得井井有条。感谢刘艳编辑的辛劳编辑,没有她的努力本书也不会这么快出版。我在课题立项时曾踌躇满志地要写一部自己满意的专著,但这期间行政工作极其繁重,呈现给读者的成果可能未能如愿,今后将以当初的豪情自勉,不忘初心,努力前行!

曾维和

2019年6月3日